내가 본 저승세계

지자경 • 편저

제4권

머리말

나는 지금까지 심령세계에 관한 책을 몇 권씩이나 펴내어 사회의 관심을 받아 왔다.

까닭인즉 내가 지금껏 살아오는 동안에 얻은 많은 체험과 영계(靈界)―이른바 '저승'― 에 관하여 많은 것을 배우는 동안 영계가 존재한다는 것을 확신하게 되었기 때문이다.

영계의 존재를 확신함과 동시에 이승해서 해야 할 사명(使命)은, 이 영계에 대하여 한 사람이라도 더 많은 이들이 그 존재를 알고, '저승'에 대한 불안감을 없애고 주워진 '이승'에서의 '삶'을 어떻게 살아야 하는가를 알리는 데 늘 믿고 있기 때문이기도 하다.

이런 뜻에서 쓰여진 내 저서(著書)는 다행히 많은 독자들의 눈에 띨 수 있었으나, 또한 갖가지 의문도 낳게 되었던 것이었다.

그래서 이 책에서는 영혼(靈魂) 그 자체에 대하여 내 나름대로 고찰(考察)해 보았다. 본문 속에는 독자들로부터 받은 질문에 대답한 곳도 있으니 꼭 읽어 주신다면 다행한 일이라고 생각한다. 본서는 일본의 대표적인 심령능력자이신 단바 데쯔로우씨의 저술들을 참고하여 편저하였다.

편저자

차 례

프롤로오그 ― 영계 존재를 실증하기 전에 ──── 7

제1부 영계는 존재한다
증명의 입구=다시 태어나는 것 ──────── 19

제2부 유체이탈과 영계
육체와 유체·영체 ──────────────── 47

제3부 빙의현상과 인생
사후의 세계는 즐거운가, 괴로운가? ────── 67

제4부 심령현상과 영계
영계를 증명하는 심령현상 ─────────── 81

제5부 영계와 수호령
수호령이란 누구인가? ───────────── 113

차 례

제6부 영능자에 의한 증명
영능자와 영계 ──────────── 127

제7부 죽는 순간에 나타나는 증명
죽는 과정의 모델 ──────────── 143

제8부 내가 보는 영계상
죽는 순간과 유체이탈 ──────────── 167

제9부 과학도 하나의 가설이다
영계는 어떻게 되어 있는가? ──────────── 201

제10부 심령현상의 가짜와 진실
심령현상은 존재하는가? ──────────── 243

제11부 악령에 빙의된 사람들
제령과 공양은 어떻게 하는가? ──────────── 291

프롤로오그 — 영계 존재를 실증하기 전에

인간은 죽으면 끝인가?

본서의 1권 〈전생인연의 비밀〉에서는 수호령이나 사후생(死後生) 즉, '저 세상'에 대하여 언급한 바 있었으나 이번에 다시 '영계(靈界)'의 존재에 대해 다시 집필하는 것은 종전과 같은 발간 목적때문이다.

그러니까 '나의 일생' '당신의 일생'이 이 세상만으로 끝나는 것이 아니다'라는 것을 다시 확인하기 위해서다. 현세를 말세라고 비판하는 사람이 증가되면서 더욱 현세가 혼돈 속으로 비정상화 되기 때문에 나는 이것을 더욱 강조하고 싶다. 또한 여기에서는 '영계는 존재한다'는 것을 여러 가지 각도에서 실증하려고 한다.

우선 인간은 '죽으면 그것으로 끝이다'라는 생각과 '생명은 영원하다'라는 확신중, 어느 쪽이 인간계에 기여하는가? 또는 유효한가를 생각할 필요가 있다.

'죽으면 그것으로 끝이다'라고 한다면 이기적인 욕심때문에 유괴살인하는 악덕범이나, 자기 몸을 내던져 자식을 구한 사람이나 결국은 같은 것이 되고 만다.

그렇다면 자기 이익만을 위해 살아가는 동안에 악한 행동을 하게 되고 타인을 생각하지 않게 되는 말세적인 세상이 되고 말 것이다.

'죽으면 그것으로 끝이다'라는 가설(假說)과 '생명은 영원하다'는 가설을 동등한 입장에서 생각할 때, '죽으면 그것으로 끝이다'고 느끼는 사람은 기차 여행중 중간 역에서 내리는 것과 같고 '영원한 생명'을 믿는 사람은 종점까지 안심하고 여행하는 사람과의 차이라고 비교할 수 있다.

기차 여행중 도시락 그릇이나 신문지 같은 것을 어지럽히는 데 있어서도 중간에서 하차하는 것과 종점까지의 승차 태도는 그 정도가 달라진다.

주위를 어지럽히는 것은 결코 다른 승객들에게 호감을 주는 일이 못된다. 인간이란 원래 개인적인 존재가 아니므로 가급적 주위 사람에게 호감을 느끼게 하고 동시에 반응에 따라 자기도 즐거운 마음으로 여행하는 것이 가장 바람직하다.

인생도 이와 같이 '중간 정거장에서 내리는 것이 아니므로 종착역까지 간다'는 태도로서 이웃 사람들과 협조하면서 애교를 부리고 서로 양보하며 인생을 끝낼 수 있는 것이 행복하다.

이와 같은 실례에서 알 수 있듯이 전술한 바 영리를 추구하는 유괴살인범이나, 몸을 던져 자식을 구한 사람이 똑같다는 사고방식 즉, '인간은 죽으면 그것으로 끝이다'라는 생각보다는 '생명은 영원할 것이다'라는 것을 믿고 사는 생활태도가 어느 관점에서 보거나 절대적으로 우리 인간 생활에 기여한다고 나는 느끼고 있다.

'생명의 영원성'을 강조하면서 나도 믿고 있으니까 당신도 그것을 믿는 생활태도가 바람직하다고 권고하는 것과, '죽으면 그것으로 끝이다'라고 스스로 생각하면서 이것을 다른 사람에게까지 끌고 가는 것과는 엄청난 차이가 있다는 것을 생각할 필요가 있다.

여기에는 하늘과 땅만큼의 차이가 있다는 것을 누구나 쉽게 알 수 있다.

'생명은 영원하다'는 사고의 혜택

그리고 이번에는 '저 세상'이 있다고 할때, 만일 내가 죽은 뒤 저승이 있다면 어떻게 되는 것인가를 가슴에 손을 얹어 놓고 조용히 생각할 필요가 있다.

죽은 뒤 저 세상에 가서 '이런 줄은 몰랐는데…'라고 후회하게 된다면 이미 때는 늦은 것이 된다.

'죽으면 그것으로 끝이다'라는 생각의 생활태도는 대소간에 이기주의 즉, 나만 좋으면 다른 사람과 관계가 없다는 생활 방식에 기울어지기 쉽다. 만일 죽은 뒤 저 세상이 있다는 것을 처음 알았을 때는 여기에서 엄청난 차이가 생기기 마련이다.

이것은 '인간은 건강할 때부터 몸에 주의를 기울이는 것이 가장 중요하다'는 사실과 같은 것으로, '영계(靈界)'에서는 무엇보다도 중요한 것이 '사랑이다'고 할때, 이 '사랑이란 것을 마음속 깊이 느끼고 실천하면서 인간 생활을 끝마치는 것이 가장 훌륭하고 현명한 것이다. 또 가장 무난한 생활 태도라고 할 수 있다.

전염병이 유행하고 있는 곳에 출장 간다면 미리 예방주사를 맞는 것이 현명하다는 것과 같다. '사랑'이란 모든 전염병, 즉, 모든 악령(惡靈)으로부터 몸을 지켜 주는 예방주사이기 때문이다. 그리고 만일 프랑스에 간다면 최소한 '봉쥴'이라는 인사말 정도는 암기하는 것이 좋다는 것과 같다.

결국, 평소에 준비가 소홀했다는 것이 되는데, 마음깊이 사랑을 확충하는 것, 요컨대 자기가 싫어하는 것은 남에게도 강요하지 않는 생활, 자기가 원하고 있는 것을 적극적으로 남에게 베푸는 태도 — 즉, 박애와 자비의 정신으로 세상을 산다는 것이 가장 중요하다.

만일, 영혼의 세계가 없다고 가정 하더라도, 또 '죽으면 끝이다'라고 해도 죽을 때까지 이와 같은 박애정신을 갖고 이웃이나 주위사람들과 접촉하는 경우에는 친분 관계, 가족 관계 기타 여러 가지 점에서 인생이 원만해질 수 밖에 없다. 물론 자기 스스로의 생활도 유쾌해진다.

이와 같은 의미에서도 '영혼의 세계가 있다'는 전제 밑에서 우리들의 생활태도를 영위하는 것이 현명하다. 그렇지 않으면 손해가 되돌아 온다는 사실도 이해하지 않으면 안된다.

이와 반대로 '인간은 죽으면 끝이다. 모든 것은 무이다'는 식으로 느끼고 믿으며 항상 이와같은 인생을 보낸다면 어떤 이익이 있겠는가를 생각해 볼 필요가 있다.

'인간은 죽으면 그것으로 끝이다'라는 생각으로 그렇게 살았을 때, 의외로 이익이 있다면 별문제이지만, '생명은 영원하다'는 생각으로 사는 것보다 '죽으면 끝이다'는 생활 태도가 우리 인간을 더 유쾌하게, 더욱 편안하게 할 수는 없다는 것을 명심해야 된다.

오히려 이기주의라는 것이 이 세상을 해롭게 만들고 그 해독이 나에게 되돌아 온다는 것을 알아야 된다.

심오한 심령과학

이제까지 기술한 바와 같이, '죽으면 끝이다'와 '생명은 영원하다'는 것을 똑같은 가설이라고 하더라도 '생명의 영원성'이 자기 자신뿐만 아니라 우리 인간 전체에 대해서도 더욱 바람직하다는 것을 솔직히 이해할 수 있을 것이다.

그런데, '죽으면 그것으로 끝이다'라고 생각하는 사람이 옛날보다는 감소됐으나 아직도 상당히 많은 편이다. 현재도 반정도가 된다고 추정할 수 있는데, 아직도 '죽으면 끝이다'라고 생각하는 사람이 외국보다 많은 것은 어설픈 과학 맹신주의 때문이다. 우리나라 사람이 이해하기 시작한 역사는 유럽 등 선진국에 비해 짧다. 즉, 과학의 표면상 장점이 모든 진리의 전부인 것처럼 과학만을 믿는 신앙이 확산되고, 과학에 의해 합리적으로 설명하지 못하는 것은 아무것도 존재하지 않는다는 아주 잘못된 인식을 갖게 되었다.

이와 같은 사고방식 때문에 '과학적'이라고 하는 표면상의 이

해만으로는 영혼의 세계를 믿기 어려운 것이다.

　일반적인 현상이지만, 우리 인간들은 적외선·전화·뇌파 등을 사실상 눈으로 볼 수가 없다. 그러나 이것들이 보이지는 않지만 확실히 존재하고 있다.

　어떻게 전파라는 것을 통해 TV를 볼 수 있고, 적외선이란 것이 우리 몸에 유효하며 강한 자외선이 유해하고 어떻게 우리를 죽게 만드는가… 사실상 보통 인간들은 확실히 알지 못한다.

　이러한 점에서 무엇인가 있다고 막연한 생각을 가지면서도 구체적으로 모르기 때문에 '과학'의 설명을 무조건 인정하는 것이다.

　말하자면 이것은 과학을 아직도 깊이 이해하지 못하기 때문이다.

　이것이 영혼의 세계 즉, 영계와 관계되는 지식이라면 더욱 이런 경향이 심각하다.

　그러나 지난 번 일본의 쓰쿠바(筑波)에서 개최된 '과학박람회'에서는 인간이 죽은 뒤 정령계(精靈界), 영계, 그리고 다시 생명으로 태어나는 과정까지를 입체 음향 효과의 혼합된 파노라마로 20분간 '체험'시킬 수 있다는 청사진이 완성되고 있다.

　40억엔이라는 막대한 예산을 투입하여 실현하겠다는 것은 '심령과학'이 이제 여기까지 개발되었기 때문이다.

　캐나다의 몬트리올신경연구소 소장을 장기간 역임했고, 의학과 이학박사인 펜휠드 박사는 뇌외과의 세계적인 권위자로 유명한데, 그는 '인간은 죽어도 마음은 남는다'고 생각하는 것이 과학적이다. 마음은 뇌에서 받은 에너지와 '다른 별도'의 에너지와 연결되어 틀림없이 생명을 계속하고 있다. 이제 영혼의 존재는 '과학의 입장'에서 실증될 단계에 도달했으리라고 말하고 있다.

심명과학이란 것은 이제까지의 과학을 더욱 깊이 탐구한 큰 과학세계인데도 일본인들은 종래의 일반적인 과학에만 집착한 나머지 그 본질을 이해하지 못하고 있다.

'영계'나 '영계과학'에 대해 연구했다는 이유로 도쿄대학에서 후주라이(福未友吉)박사가 추방된 것이 40여년 전인데 7, 8년 전까지도 각 대학에서 '영계'나 '초능력'에 대해 본격적으로 연구하려는 태도를 비정상적인 것으로 백안시하여 온 것이 오늘의 실정이다.

최근에 와서 방위대학에서 텔레파시의 연구에 착수하였는데 불과 예산이 1억 5천만엔에 불과하다. 소련에서는 300억불, 미국에서는 500억이라고 하는 방대한 예산을 갖고 연구에 몰두하고 있는데도 일본의 예산은 상난감 구입비에 불과하다고 하지 않을 수 없다. 한국은 전무하지만….

이런 상태에서는 '심령과학'이라는 '고차원의 과학'에 근접할 수가 없는 것이 당연하다. 결국 '죽으면 그것이 끝이다'라는 천박한 유물사상에서 헤어나지 못하고 있기 때문이라 할 수 있다.

확실히 심령계는 존재한다

나는 이제까지 '죽으면 그것으로 끝이다'라는 생각과 '생명은 영원하다'는 사고방식을 똑같이 가설(假說)로 규정하면서, 그러나 생명의 영원성을 믿는 것이 살아있는 동안 인간생활에 공헌하며 스스로 죽을 때도 편하다고 말해 왔다.

이 양자를 가설로 생각한 것은 '심령계'라든가 '저 세상'이라는 말에 대하여도 반발하는 사람들이 많다는 사실을 실감하고 있기 때문이다.

그러나 조용하게 나 자신을 '생명이 영원하다'는 것을 가설로서가 아니고 마음속 깊이 믿는다는 사실을 확인할 때가 되었다고 생각한다.

그렇다. 나는 '심령계' 즉, '저 세상', 또 '재탄생' 등 최근의 심령과학이 분명히 밝히고 있는 많은 사실을 '확실히 존재'하는 것으로 믿어 의심치 않는다.

자세한 내용은 이 책을 통해 밝혀질 것이지만, 이 분명한 사실이 책을 쓰게 된 동기이기도 하고 '생명이 영원하다'는 것을 느끼게 하는 것은 우리 스스로의 주위를 돌아보아도 얼마든지 존재한다.

우선 첫번째로 들 수 있는 것은, 가사(假死) 체험자 즉, '한번 죽었다가 소생한 사람들'의 보고라 할 수 있다. 이것은 몇년전의 저서인 《죽은 순간의 책》 등에서도 거론했으나 틀림없는 사실인 것이다.

종교인을 제외하고, 인간의 생사와 직접 관계되는 의사들 사이에는 가사상태에서의 체험이라는 것을 세계적으로 연구할 레포트가 방대하게 많다. 그리고 그 견고하게 움직일 수 없는 최대 공약수적인 사실이 산처럼 가득차 있다.

즉, 인간이란 죽으면 영혼과 유체가 이탈되고 어느 정도 상승된 영혼이 위에서 자기 시체를 내려다 본다. 그후 희게 빛나는 발광체와 만난다. 이 발광체와 만나자마자 영혼은 완전무결한 '사랑'이란 것을 온 몸으로 느끼고 되고, 자기의 죽은 몸에 되돌아 가려는 생각이 없어지면서 찬란한 발광체와 더불어 깊숙이 인간계를 떠나려는 강렬한 희망에 둘러싸인다.

이때 인간의 5감(感), 그 위에 6감, 7감, 8감이란 것이 발동되는 것을 자기 스스로가 경험한다. 8감이란 자기가 태어나서 지금까지, 또는 오늘부터 미래에 이르는 모든 것을 투시하는 초감각으로 인간관계에서는 나타나지 않는 현상이다.

이와 같은 공통점을 가진 레포트가 산처럼 많은 것이다.

이같은 가사적(假死的)체험이 이 현세의 출구를 실증한다면 당연히 입구도 실증되어야 한다. 말하자면 저 세상〔저승〕에서 이 세상〔이승〕에 태어나는 때가 있어야 된다.

이것은 다시 태어나는 것과 관계가 깊은 것으로 '전생(前生)을 기억하고 있는 아이들'을 의미한다.

이와 같이 전생을 기억하는 아이들을 어떻게 이해해야 되는가?

끝까지 '인간은 죽으면 끝이다'와 같은 굳어진 마음이 아니고 '생명의 영원성'을 믿는 편이 본인뿐만 아니라 주위 사람, 전인류, 전세계를 위하여 박애정신으로 조화를 이룰 수가 있다. 이같은 점에서도 생명이 영원하다는 것을 솔직하게 받아들일 필요가 있다.

이와 같은 온유한 눈으로 관찰할 때, 전생의 체험을 기억하고 있다는 사실은 저승을 한번 다녀 온 사람이라고 할 수 밖에 없다.

이 가사적인 체험과 다시 태어난 실례에 의해 즉, 이 세상 〔이승〕의 출구와 입구를 이해했을 것이다.

이제 상세한 예증은 뒤에서 언급하기로 하고 '출구'와 '입구'가 존재하면 틀림없이 그 '중간'도 있다고 생각하는 것이 당연하다.

그러면 이 '중간'의 존재를 어떻게 탐색할 수 있는가? 이것은 여러 가지의 심령현상에서 추측할 수도 있고 특별한 안테나를 가진 유능한 심령능력자나 초능력자의 힘을 빌리는 경우가 있다.

또 마아야즈 통신이라든가 기타의 영계통신을 받을 수 밖에 없으나 냉정하고 공평한 입장에서 이것을 감지했을 경우, 심령계의 존재를 의심할 수 없는 현상이 얼마든지 있는 것이다.

나는 여러 번 반복한 바와 같이 '생명은 영원하다' '사후세계는 존재한다'는 확신을 갖고 있다. 이 확신을 나에게 준 여러 가지 현상을 이제부터 설명하려고 한다.

제 *1*부

영계는 존재한다

증명의 입구=다시 태어나는 것

전생의 기억을 갖고 태어난 아이들

이제 '다시 태어나는 것'을 비롯하여 '사후생(死後生)'이나 '영계'의 존재를 현세에서 증명하려고 할때, 여러 가지 심오한 관련성이 있다는 것을 앞에서 설명했으나, 도대체 어떻게 다시 태어난다는 사실이 알려졌는가를 잠깐 생각해 보기로 하자.
　'다시 태어나는 것'은 모든 인간에게 있다. 즉, 나도 당신도 몇 번 이 세상에 태어난 것이지만 나에게는 전생에 대한 기억이 전혀 없다. 아마 당신에게도 없을 것이다. 사실은 보통 사람의 경우, 다시 태어날 때 전생의 기억이나 영계의 기억이란 것을 전부 없애버리고 태어나도록 구조가 되어 있기 때문이다.
　그러나 그 중에는 전생의 기억을 갖고 탄생하는 아이들이 있다. 그리고 그 실질적인 내용이 역사적으로 볼때 사실로 증명되는 것이 있는 것이다. 아무것도 모르는 어린애의 이야기가 사실이었다고 한다면 틀림없이 영계를 통해 다시 태어난 것이다. 즉 영계가 있다는 증거가 되는 것이 아니겠는가?

'왜 다시 태어났는가?' 또 '무슨 까닭으로 보통 사람은 기억이 없는가?'에 대하여는 뒤에 설명하기로 하고, 우선 '다시 태어난' 사실을 증명하는 '전생의 기억'을 갖고 탄생한 사람들의 실례를 보자.

인도의 마티아부라테슈주에 있는 샤풀이라는 곳에서 1948년 3월 2일, 스완라타라고 하는 계집아이가 탄생하였다. 이 스완라타는 소녀시절에 두가지 전생의 기억으로 가족과 주위 사람들을 놀라게 했다.

스완라타의 가족은 교직에 근무하는 부친때문에 주 내의 여러 곳으로 전근하였는데, 1950년 차타라풀로 이사한 뒤 스완라타가 3세일 때 이곳에서 동쪽으로 약 40마일 떨어진 판나라는 촌으로 이사했다.

어느날 부친은 그녀를 데리고 판나에서 170마일 정도 떨어진 쟈프롤시로 놀러 갔다. 그런데 110마일쯤 떨어진 카트니시에 도착했을 때, 돌연 트럭 운전사에게 '우리 집에 가요'라고 말했다.

일행은 카트니시에서 휴식을 취하면서도 차를 마셨는데 딸아이는 또 '우리 집에 가면 차를 마실 수 있는데…'라고 말하는 것이었다. 그때부터 이 아이는 점점 이상한 말을 하기 시작했다고 한다.

즉, 스완라타는 '자기의 전생이 카트니시의 파삭이란 가문 딸이었고 이름은 비야라고 하며 결혼 후 두 아들이 있었다'는 것이다. 물론 두 아들의 이름도 기억하고 있었다.

그녀가 5, 6세로 성장했을 때, 노우공이라는 곳에 살고 있었는데 이번에는 벵갈 지방의 추수를 기원하는 춤을 돌연 추기 시작했다고 한다.

가사는 벵갈 지방의 언어였으므로 가족뿐만 아니라 노래하는 본인 자신도 뜻을 알지 못했다. 그리고 그녀의 춤은 전생의 기억에 의해 조종되고 있는 모습이었다.

더욱 경탄스러운 것은 이 춤을 어머니 옆에서 춘 다음부터 벵갈 지방의 전생의 생활에 대하여도 이야기를 계속하는 것이었다. 그러나 가족들은 이것을 사실로 믿으려 하지 않았다.

증명된 스완라타의 두 번 전생(前生)

1958년 부친이 차타라풀의 부장학관으로 그 곳에 이사했을 무렵 부터의 기록을 심령연구가인 버나지가 1959년 3월부터 조사한 결과, 이 스완라타의 전생 기억이 크게 화제가 되었다.

역사적인 조사 결과 카트니시에 파삭가(家)가 있었고, 그 집은 스완라타가 이야기한 것과 같은 건물이었다. 그 뒤 스완라타가 파삭가 사람들과 만난 결과 모든 사실은 식별됐다. 그녀가 3세 때부터 말한 것이 사실로 증명되었다.

한편, 춤에 대하여도 벵갈 지방의 전생을 조사한 결과 앗삼주의 '디렛트에서 생활했던 사실이 거의 확정적이었다. 그 당시의 이름은 캄렛슈로 9세에 죽었다. 이 지방 디렛트는 1947년에 인도와 파키스탄과의 분할에 의해 방글라데시로 편입되었으므로 파삭가처럼 상세하게 입증되지는 못했을 뿐이다.

그러나 이 스완라타의 전생은 먼저 파삭가문에서 비야란 이름으로 1939년까지 살았고, 다음에 이어 앗삼주 디렛트에서 태어나 캄렛슈란 이름을 갖고 9년의 생애를 마치었고, 1948년에 미슈라가(家)에 태어나 두 번의 전생을 기억했었다는 것으로 판명되었다.

일반적으로 다음의 전생(前生)까지는 200년 정도 걸리는 것이지만 이 아이처럼 죽은 뒤 얼마 안된 경우는 전생의 기억이 생생할 때가 많다.

버어지니아대학에 의한 연구

이 스완라타의 '전생 기억'은 버어지니아대학의 연구팀이 세계 각국에서 수집한 인간으로 다시 태어난 2000명이 넘는 조사 중에서도 대표적인 것인데 증인이나 추적 조사가 가장 잘된 것 중 하나다.

이 대학에서 연구 조사된 것은 '전생을 기억하는 20명의 아이들'〔미국 버어지니아대학 출판부 발행〕에 수록되어 있다.

앞에서 설명한 스완라타의 경우도 이 책에 조사 경위가 상세히 기록되고 있다. 이 밖에도 전생에서 살해되고 다시 태어난 소년이 범인을 찾은 실례 등 흥미깊은 내용들이 수집되어 있다.

이 대학의 연구팀 조사에 의하면 전생에 관한 이야기는 대개 1~5세 정도에서 시작되고 10세 전후부터 기억이 흐려지거나 전생에서와 비슷한 인격적인 동일성을 가진 경우도 그 특징이 서서히 소멸되고 있다. 그것은 새로운 가족적인 분위기와 생활이 그 아이에게 침투되기 때문일 것이다.

앞에서 설명한 스완라타의 경우는 현재는 현세의 삶과 전생이 상당히 가깝지만 아주 오래된 전생의 기억이 확인된 경우도 있다.

어떤 미국의 평범한 주부는 최면술에 걸리자 마자 200년 전 스코틀랜드의 건어물집 처녀였다는 것을 수차 설명하였다. 그런데 그 중에서 아무도 듣지 못한 이해 곤란한 명칭이 한가지 있었다.

오랫동안 조사한 결과 200년 전에 스코틀랜드에서 10여년 간 이용되었던 화폐의 이름이었다. 이것을 알고 있는 화폐 수집 전문가는 극히 드물었는데 이것으로 200년 전에 스코틀랜드의 건어물집 아가씨였다는 확증을 얻을 수 있었다.

그런데 여기에서 한가지 주의할 점이 있다. 보통 사람은 전생에 대한 기억을 갖고 탄생되는 경우가 극히 드물다는 것이다.

스완라타 같은 경우는 영계에 들어가는 전단계인 정령계(精靈界)에서 다시 태어났기 때문에 기억이 남아있고 정확했다고 볼 수 있다.

그러나 몇 백년 전으로 거슬러 올라가면 생생한 삶의 기억이 남아있기 어렵다. 그것은 오랫동안 영계에서 지내다가 다시 태어났기 때문에 당연한 것으로, 전술한 미국의 주부처럼 최면술에 걸린 상태에서 깊은 기억의 밑바닥에서 반응이 나타나기도 하고, 탁월한 영능자(靈能者)나 초능력자의 힘에 의해 알려지는 방법밖에 없다.

전생(前生)을 읽을 수 있는 영능자란?

이와 같은 대표적인 영능자로는 20세기 최대의 '심령연구가'인 에드거 케이시가 있다. 케이시는 1909년부터 1940년 1월 3일 죽을때까지 실로 방대한 분량의 '리딩'을 남겨 놓고 있다.

이 '리딩'이란 그의 수제자가 심령상태가 된 뒤, 여러 가지 다양한 투시(透視)예언에 의해 90% 이상의 정확한 확률로 적중시킨 내용들이다.

여기에는 수많은 환자를 정확히 치료하는 의학 처방인 '피지컬〔건강〕리딩' 2만매와 '라이프〔전생 기억〕리딩' 3천매가 남겨져 있다.

미국의 평전(評傳) 작가인 제스 스턴에 의하면 이 '라이프 리딩'은 '현세에 가장 영향을 주고 있는 과거의 삶에 대한 윤곽을 묘사하기 위해 기획된 것으로, 다른 육체로 태어났던 전생에서 넘어온 태도나 기질, 인격 등을 분명하게 한다'는 것이다. 확언하면 다시 태어난 삶의 '리딩'이라 할 수 있다.

예를 들면 어떤 인물에 대해,

"당신은 200년전 오오사까(大阪)의 약방집에서 태어난 ○○란 이름이었고, 아버지는 ○○○, 어머니는 ○○○였다. 주로 거래하던 단골집은 ×××, ×××, ×××였다"고 정확히 맞히는 것이다.

다음에 사실을 확인하기 위해 오오사까에 가서 200년전의 역사 자료를 조사해 보면 틀림없는 것이다. 이것으로 그는 200년전 ○○가 다시 태어난 인물로 확인된다.

이것이 '라이트 리딩'한 것인 셈인데, 에드거 케이시는 무려 300매를 남겨 놓고 있다.

그러니까 현재라도 심령 연구를 계통적으로 하려면 먼저 버어지니아 비치에 있는 에드거 케이시센터(ARE)에 가서 '라이프 리딩'의 파일부터 연구하는 것이 상식으로 되어 있다.

그러나 이와 같은 연구는 타인의 잠재의식에 의한 심령에서 얻은 것을 해석해야 되는 탁월한 능력의 소유자가 아니면 불가능하기 때문에 역사적으로 유명한 영웅이나, 장군, 대통령이 자기의 전생이라고 쉽게 선전하는 사람이나 심령연구자는 의심스러운 것이다.

그리고 때로는 악령이 빙의되어 여러 가지를 말하게 만드는 경우도 있다.

'다시 태어난 것'으로 인정되는 케이스는 뭣보다도 철저한 조사 끝에 '그렇게 밖에는 생각할 수 없는' 분명한 확증이 필요한 것이다.

우리들 자신이 자주 경험하는 것으로 '여기에 온 것이 처음인데 확실히 전에 본듯한' 느낌이나 현상을 가질 때가 있다. 그러나 이것은 기시감(旣視感)이라는 이름의 기억, 착각일뿐 전생의 기억과는 전혀 다른 것이다.

티벳의 '다라이라마 찾기' 기적

이 '다시 태어나는 것'에 대한 과학적인 연구가 왕성해진 것은 최근이지만 세계적으로 본다면 옛날부터 각 지방에서 믿어져 왔다.
　가장 오랜된 것으로는 성경 속에서 예수 그리스도가 '예수 재림의 신앙'을 강력하게 사실인 것처럼 주장하고 있다.
　예를 들면 선천적으로는 눈먼 남자가 예수 앞에 끌려나와 '주여! 이 남자가 장님으로 태어난 것은 누구의 죄 때문입니까? 이 남자입니까? 아니면 부모님입니까?'라고 질문하고 있다.〔요한복음〕. 만일 이 '남자의 죄'라고 한다면 그것은 당연히 '이 남자 전생에서의 죄'라고 할 수 있다.
　그리스도교가 생기기 5천년 전에 이미 전생에서의 행위는 다음 재생했을 때 인과응보를 받는다는 사고방식이 널리 있었다고 오늘날 믿어지고 있다.
　이 재생, '다시 태어남'을 믿는 것으로 세계적으로 가장 유명한 것은 티벳의 '다라이라마 찾기'라고 할 수 있다.
　대대로 내려오는 다라이라마는 모두 '다시 태어남'에 의해 계승되고 있다.
　티벳에서는 현세의 정신적 지도자인 다라이라마는 관음보살의 재생으로 믿어져 왔고, 한 사람의 다라이라마가 죽으면 그 재생자가 나라 안에서 발견되는 것이다.
　가장 최근의 예를 들어보자.
　13대 다라이라마=톱뎅 캠처는 '물새의 해'〔티벳의 연호, 서기 1933년〕에 그 나라 서울인 라사의 여름 궁전에서 사망했다. 국가의 통치는 즉시 섭정으로 위임됐고, 라마의 고승들은 새로운 지도자, 즉 다라이라마의 재생자를 찾기 시작했다. 신탁〔神託: 신의 응답〕을 기원함과 동시에 여러 가지 마음에 떠오르는 심상(心象)을 실마리로 삼아 길조가 나타나기를 기도했다.

처음 나타난 길조는 성당 안에 안치된 다라이라마의 사체 얼굴이 동쪽편으로 약간 방향을 바꿈과 동시에 성당의 북동쪽 기둥에 큰 별모양의 버섯이 나타났다. 즉, 새 지도자는 서울인 라사의 북동쪽에서 발견될 것이라는 징조로 추정되었다.

또, 1935년 섭정을 맡은 사람이 성스러운 소수인 라모이 · 랏처에서 물 위를 보고 기도하고 있을 때, 3가지 티벳 글자가 수면에 나타났다. 알파벳 비슷하게 표현하면 Ah, Ka, Ma의 세 글자였다.

계속하여 녹색과 금색의 지붕으로 뒤덮인 승원과 청록색 기와집이 떠올라 왔다.

이 힌트[암시]를 갖고 라마의 고승과 고급 관리들이 각 지방을 누볐는데, 1936년 북동부 지방을 탐색하던 조사단이 쿰붐 승원에서 녹색과 금색의 지붕을 발견했고, 그 가까이에 있는 락쓰엘이라는 시골에서 청색 기와집을 발견했다. 그리고 그 집에는 젊은 부부와 2살이 안된 남자 아이가 있었다.

조사단의 엄밀한 테스트가 시작되었다.

조사단원들은 목적을 비밀로 하고 이 집을 방문했다. 단장인 세라승원의 라마 중은 의식적으로 옷을 남루하게 입었고, 젊은 로상이 단장인체 위장하였는데, 어린애는 바로 진짜 라마 중의 무릎에 올라가 앉는 것이었다.

그리고 라마 중이 목에 걸고 있는 13대 다라이라마가 물려 준 염주를 달라고 조르는 것이었다. 이때 라마 중이 내가 누구인지를 맞추면 주겠다고 하니까 놀랍게도 '세라 아가'(세라의 라마 중'이란 의미)라고 대답하고 그밖에 다른 사람들이 누구인지도 대답했다.

일행이 그날 밤 그 집에 묵었는데, 다음날 아침 이 아이는 '같이 가고 싶다'고 말했다.

그러나 테스트는 계속되었다. 조사단이 다시 그 집에 갔다. 많은 물건 중에서 그 아이는 다라이라마가 평소 갖고 다녔던 염주와 북, 지팡이만을 선택하는 것을 보았다. 섭정이 본 3가지 문자, Ah는 이 아이가 살고 있는 지구의 이름인 아마도, Ka는 굼붐, 또 Ka와 Ma로 가까이에 있는 승원인 카루마토루쥬를 지칭하는 것으로도 해석된다.

이 남자 아이가 다라이라마의 재생인가를 다시 확인하기 위해 다시 조사가 계속되다가 1939년에야 이 아이는 서울인 라사로 옮겨졌다.

그리고 라사에서 회의 끝에 이 남자 아이가 신탁과 라마 중의 말과 일치되고, 13대 다라이라마가 희망했던 '재생의 땅'과도 합치된다는 것을 인정되면서 '용의 해(1940)'에 14대 다라이라마로 추대된 것이다.

이 얼마나 놀라운 실례인가, 물론 전생을 기억하고 있는 실례가 아닌 경우라면 그 심층에 있는 것을 탐색해야 하기 때문에 에드거 케이시와 같이 타인의 잠재의식 속에 있는 심령에서 얻은바를 다시 해석할 수 있는 것과 같은 것이다.

티벳에서도 이와 같이 실천하고 있다고 생각할 수 있다. 즉, 전생(前生)이 있다는 사실을 솔직하게 믿고 기간과 공을 들여

탐구하면 당신의 전생을 찾을 수도 것이다.

그리고 전에 TV에서 방영된 J·리·톰푸선 감독의 명화 〈리잉카네이션(傳生)〉에서와 같이 주인공인 남자가 35년 전 어떤 남자의 재생이라는 암시에 의해 전생의 남자가 태어난 곳을 찾아가는 여러 가지 장면을 생각해 낼 수도 있을 것이다.

이 전생(다시 태어남)을 믿는 유명인사로는 벤쟈민 프랭클린, 볼테르, 간디 같은 사람을 들 수도 있다.

고즈미야꾸모(小泉八雲)가 기록한 일본인의 전생

이와 같은 윤회에 대한 기록은 일본에도 남아 있다. 에또(江戶)시대 말기의 무사시구니(武藏國) 다라궁(多磨郡) 나까무라다니(中村冬) 항구의 농민인 미나모 또노오사무(源藏)의 둘째 아들 가쓰고로(勝五郎)로 봉행소의 기록에 남겨져 있을 뿐이나 고즈미 야꾸모(小泉八雲)가 메이지 시대에 미국 보스톤시에서 《The resisht of KATSVGORO(勝五郎의 再生)》라는 책을 발간하고 있다.

가쓰고로의 윤회는 다음과 같다.

가쓰고로는 문정(文政) 5년(1882) 11월인 7세때 5살이 많은 누나 후사와 놀다가 '누나는 이 집에 태어나기 전 어디서 살았어'라고 물었다. 이에 누나는 '다시 태어나기 전에 어떤 일이 있었는지 어떻게 알 수 있니'라고 대답했다.

"누나, 누나는 태어나기 전에 무슨 일이 있었는지 몰라?"

"그럼 갓(勝)짱은 기억하고 있어?"

"물론 기억하고 있지! 데이와(程窪)에 살았던 나라히라(久乎)의 아들이었고, 그때의 이름은 후지사지(源藏)라고 했지."

이와 같은 대화를 주고받은 뒤, 처음에는 믿지 않았으나 누나 후사도 부모에게 말했다.

가쓰고로는 부모에게 전생을 다음과 같이 말했다.

"전에는 데이와(源藏)에 사는 나가히라의 아들이었고, 어머니 이름은 오시즈, 다섯살 때 아버지 나가히라가 돌아가시고, 그 뒤에 반시로오(伴四郞)라는 사람을 사위로 맞게 되었다. 그 분은 나를 상당히 귀여워했으나 다음 해 여섯살 때 천연두에 걸려 죽고 난뒤 3년 후 다시 이 집에서 떠났다."

이 가쓰고로에 대한 소문이 시골에 퍼지자 그곳 유지인 다몽뎅하찌로(多聞傳八朗)가 먼저 알아본 뒤, 다음 해 조정에 알렸으므로 장군 마쓰하라강야마(松平觀山)가 즉시 나까무라(中村)에 출동하여 조사에 착수했다.

그리고 할머니인 쓰야가 가쓰고로를 데리고 문정(文政) 6년 데이와(程窪)에 갔을 때 반시로오(伴四郞) 집까지 가쓰고로오가 앞장 서서 안내하는 것으로 보아 그의 전생 이야기가 대부분 옳다는 것이 판명되었다. 가쓰고로오가 레이와라는 촌을 찾았을 때, 신설된 담배집이 있었는데, '옛날에는 이 집이 없었다'고 말하고 반시로오의 집에 있는 나무에 대해서도 '전에는 여기에 없었다'고 정확하게 기억을 되살리는 것이었다.

가쓰고로오는 결국 이 정도에서 레이와의 반시로오 집을 물러나오고 말았다.

이것이 가쓰고로오 윤회이야기의 줄거리가 되는데, 전술한 스완라타의 경우와 거의 비슷한 과정을 통해 윤회가 이루어진 것을 짐작할 수 있다.

세계적으로 공통적 패턴

 더욱이 흥미가 있는 것은 가쓰고로오가 죽은 뒤, 미나모또 오사무(源藏)라는 집안에 태어날 때까지의 과정을 이야기하고 있다는 점이다.

 모두가 할머니에게 말한 것으로 '천연두로 죽게 되자 단지 속에 넣어져 언덕 위의 구덩이 속에 떨어졌다. 펑하고 떨어지는 소리를 지금도 기억하고 있다.

 그 뒤는 어떻게 됐는지 모르나 자기 집으로 되돌아 왔다. 그리고 자기 베개 옆 가까이에 있었다. 얼마가 지난 뒤 할아버지 비슷한 노인이 와서 나를 어딘가로 끌고 갔다.

 노인과 둘이서 걸어갔는데 하늘을 나르고 있는 듯한 기분이었다. 둘이서 뛰고 있을 때는 밤도 낮도 아닌 듯 했다. 항상 황혼과 비슷한 느낌이고 덥지도 춥지도 않고 배가 고프지도 않았다.

 둘이서 상당히 멀리까지 간듯한 기분이었으나 자기 집안사람들의 이야기는 전부 들을 수가 있었다. 염불소리도 들렸고 불단 앞에 공양된 모란떡 냄새도 맡을 수가 있었다. 그뒤 노인이 나까무라까지 데리고 가서 미나모또 오사무 집을 지적하면서 '여기에서 너는 다시 태어난다. 죽은 지 벌써 3년이 되는데, 이 집에서 재생하도록 되어 있다. 너의 할머니가 될 분은 아주 친절하기 때문에 이 집에 태어나면 행복할 것이다.'라고 말하고 그 노인은 사라졌다.

그후 '어머니가 나라에 봉사하는 남편을 따라 에또(江戶)로 갈런지도 모른다'는 말을 듣고 3일 정도 집에 들어가는 것을 보류했으나 국가 봉사가 중단됐으므로 3일만에 어머니의 뱃속으로 들어갔다.

전에 발간된 《죽는 순간의 책》을 읽은 독자들은 이 죽음의 과정이 세계적으로 공통된 패턴[모범적인 유형]임을 쉽게 이해할 수 있을 것이다.

가장 마지막 부분은 약간 기묘한 점이 있으나 이야기를 마무리하기 위해 가쓰고로오를 직접 조사한 사람이 무리하게 만들었는지도 모른다.

그러나 죽은 뒤 '나의 할아버지'에 이끌려 이곳 저곳 걸어 다니고 '다시 태어날 것'을 지시한 점은 상당히 흥미가 있다.

이것은 뒤에 설명하는 '인간이 윤회를 반복하는 이유'를 읽을 때 다시 한번 기억할 필요가 있을 것이다.

윤회에서 혼백이 언제 정착하는가?

윤회에 대한 실증 소개는 여기에서 끝내고 누구나가 가장 관심 갖는 의문에 대해 알아보자.

그것은 윤회전생할때, '혼=영혼이 언제 정착되는가?'하는 것이다. 여기에는 임신때, 탄생때, 생후 3개월 등 몇가지 주장이 있으나 나는 임신때라고 확신하고 있다.

최근 미국의 법의학계(法醫學界)는 '생명의 탄생은 임신때'라고 확정짓고 있다. 이것은 임신 중절과의 관계때문에 법의학적인 관점에서 규정한 것으로 생각된다. 그러나 발생 생물학적인 견해에서 보아도 임신과 동시에 인간을 형성하는 세포의 분화가 시작되고, 뇌세포라는 중요한 요소가 생성되기 시작하여 출생할 때까지 발달을 계속한다는 점에서 타당성이 있다.

그러나 최근에는 더욱 놀라운 사실이 의학계에 보고되고 있다. 그것은 배안의 태아가 상당히 일찍부터 모체 밖에서 발생되는 여러 가지 사건을 관찰하고 있다는 사실이다.

《태아는 보고 있다》라는 책은 최근 의학이 해명한 여러 가지 실증을 종합적으로 정리하고 있다. 이 보고에 의하면 — 모친의 체험은 옛날부터 태아에게 크게 영향을 준다는 것이 알려져 왔다.

중국에서는 이미 1천년 전부터 태교를 위한 진료소가 있을 정도였다. 그러나 이제까지 어느 정도 영향을 주는가를 구체적으로 밝혀 내지 못했다.

하루에 2갑 이상의 담배를 흡연하거나 카페인을 많이 섭취하는 임산부의 경우, 몸의 성장이 둔화되어 허약한 아이가 분만되는 등 육체적 영향이 크고, 심리적인 스트레스나 분노, 불만 같은 감정이 임신중 축척되어 있으면 분만된 후 모자간의 애정 형성이 늦어지는 등 심리적, 정신적 영향이 큰 것으로 알려지고 있다.

더욱 놀라운 사실은 엄마의 배를 태아가 차기도 하고 꿈에 나타나 말하는 경우도 있다는 보고가 발표되고 있다. 또 꿈에 나타나서 '밖으로 나가고 싶다'고 애원하는 바람에 잠을 깬 경우도 있다. 또 어떤 부인은 분만할 때가 아닌데도 꿈속에 몇 번 진통을 느꼈다. 그래서 서둘러 혹시나 하고 준비를 끝냈는데 적절하게 조산을 마칠 수 있었다고 한다.

그리고 태아가 배 안에서 난폭하게 동작하는 현상을 가끔 보는데, 이것은 원기가 왕성해서가 아니라 실제는 태아가 불쾌감을 표현하는 상태라는 것이다.

태교 음악이란 말이 가끔 대두되는데 비발디나 모짜르트 같은 음악은 가볍고 명랑하기 때문에 태아의 심장 고동을 안정시켜 얌전하게 만들지만, 베토오벤이나 록 음악은 격렬한 멜로디 때문에 태아를 광폭하게 만든다.

이런 현상은 임산부의 감정을 통해서가 아니라 태아가 직접 음악을 감상하기 때문인 것이다.

태아 때의 음악을 기억하는 지휘자

이 점에 대하여는 캐나다의 몬타리올주에 있는 히밀턴교향악단 지휘자인 보리스 풀룻드의 경험담이 흥미가 있다.

"이상하게 들릴지 모르나 내가 태어나기 전부터 음악은 나의 일부였지요."

그리고 이 의미를 이해하지 못하는 질문자에게 이어 다음과 같이 설명했다.

"나는 어렸을 때부터 나에게 이상스런 재능이 있지 않은가 하고 골돌하게 생각한 일이 있었습니다. 제대로 악보를 보지 못했을 때도 지휘가 가능했지요. 처음 지휘봉을 잡은 곡목이었는데도 첼로의 선율이 돌연 머리에 떠오르는 것이었지요. 그래서 악보를 보지 않아도 다음 선율을 알 수 있었습니다.

그래서 어느날 첼로 연주자인 어머니께 이 말씀을 드렸지요. 내 머릿속에 확실히 떠오르는 것은 항상 첼로의 멜로디였기 때문에 어머니도 상당히 흥미를 느끼시고 긍정적으로 이해하시는 듯 했습니다. 그리고 어머니가 그 곡이 무엇인가를 묻고 난 뒤 수수께끼가 해결됐습니다. 처음에 내가 지휘했던 곡은 바로 내가 엄마 태중에 있을 때 항상 어머니가 첼로로 연주했던 멜로디였기 때문이지요"

태아가 느끼는 불안감이나 공포감은 모친이 불안과 공포를 느꼈을 때 혈액 속에서 생기는 화학물질이 태아의 피에 흘러 들어가 태아의 감정에도 같은 변화를 일으킨다는 사실은 잘 알려져 왔는데, 지휘자 풀룻드의 말처럼 태아는 모친과는 달리 독자적으로 넓게 외부 세계를 '관찰한다'는 것이 된다.

영혼의 정착이 '임신했을 때'라고 주장하는 것은 탄생하기 전에 이미 이와 같이 넓은 세계를 볼 수 있게 성장하고 있다는 최근에 밝혀지고 있는 사실에서 실증되고 있기 때문이다.

빠른 윤회는 정령계에서 되돌아오기 때문이다

'인간은 몇 번 윤회'한다면 사후의 세계 즉 영계(靈界)의 존재 없이는 생각할 수 없다는 것을 이해할 수 있을 것이다.

그리고 앞에서 설명한 아주 드물게 전생 기억을 갖고 탄생하

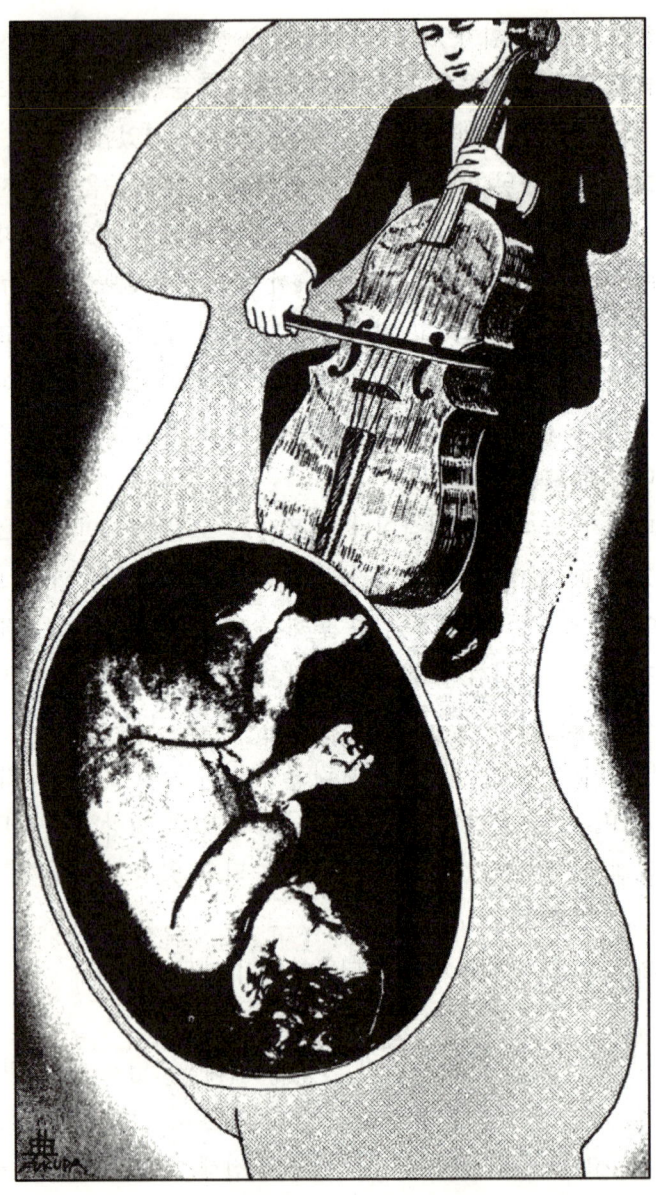

는 아이는 죽은 뒤 일시적으로 체류하는 정령계(精靈界)에서 영계로 들어가지 않고, 윤회전생된 것으로 생각하는 것이 자연스럽고 몇백년 지난 뒤에 윤회된 인간은 당연히 수백년간 '저 세상' 즉 영계에서 보냈다고 생각하지 않을 수 없다고 볼 수 있다.

영계에 대하여는 뒤에서 다시 설명하겠지만, 인간이 죽었다면 사실은 영계에서 계속 머물러 있는 분이 행복한 것이다. 여기에 대하여는 다른 저서에서 수차 강조한 것인데, 8세기에 구전(口傳)을 정리한 고전적 명저인 《티벳 사자의 서》에서 두 번 다시 태어나지 않도록 '자궁 문을 닫는 법'을 가장 중요한 사항으로 취급하고 있다는 점에서도 쉽게 이해할 수 있을 것이다. 그러나 나를 비롯하여 대부분의 사람들은 '다시 태어날' 즉 윤회전생을 반복하지 않을 수 없는 것이다.

'다시 태어남'은 단순히 영계의 존재를 증명하고 있는 것이 아니고, 오히려 영계가 있으므로 '다시 태어나는 것'이 필연적인 것이라고 보는 것이 옳은 판단이다.

그 이유는 어데 있는가?

이것을 명백히 하기 위하여는 '인간이 무엇때문에 탄생되는가'하는 것을 생각할 필요가 있다.

인간이 다시 태어나는 이유는?

인간의 영혼이 원래 가장 편하게 지내는 곳은 영계에 있는 '자기 마을'이다. 이 마을에 도착하여 영원히 지낼 수 있다면 그 이상 바랄 것이 없다. 그러나 그러기 위하여는 영혼으로서 높은 존재이어야 된다.

더욱 유감스럽게도 인간은 이 세상에서 선행도 하고 여러 가지 악행을 저지른다. 이것이 쌓이고 쌓여 업〔카르마〕을 만들고 꼭 붙어 다니고 있다.

나의 저서를 읽은 독자는 이해하겠지만, 인간에게는 누구나 수호령(守護靈)이 붙어 있다. 이 수호령이란 것은 자기부터 3대 이전의 할아버지 영혼이 가장 많은데, 인간이 현세에 있는 동안 항상 그를 지켜 주고 있다.

그러니까 수호령은 그 인간이 인간계에서 행한 선악의 행위 전부를 빠짐없이 알고 있다.

수호령의 입장에서 본다면 보호하고 있는 사람이 선인이던 악인이던 그 인간의 이익만을 생각하면서 지켜 왔으므로 마땅히 영계에서도 똑같이 보호한다.

그 수호령은 이 인간을 그대로 영계에 두는 것이 좋은가 아니면 다시 한번 인간계로 돌려보내 업보의 시련을 갖도록 하는 것이 좋은가를 생각한다.

그래서 다시 한번 인간 세상에 돌려보내는 것이 좋겠다고 판단되면, 바로 그보다 더 높은 위치에 있는 '수호신(守護神)'에게 정중하게 고견을 요청한다. 그리고 '수호신'이 같은 판단을 내리면 그는 인간계로 다시 재생하게 되는 것이다.

'수호신'이란 우주 유일 절대자를 받들고 있는 영격(靈格)이 높은 영혼으로 '직령(直靈)'이라고도 하는 '천사'와 같은 존재인 것이다. 그리고 이 수호령들은 각각의 수호신을 모시고 있기 때문에 중요한 일은 모두 이 '수호신'의 동의를 얻어 결정한다.

전생에의 기억은 왜 없는가?

그런데 만일 '다시 태어나는 것' 즉, 다시한번 인간계로 돌아가는 것이 결정되면 처음에 의식이 몽롱해지면서 대기소와 같은 장소에 누워 있게 된다. 즉 표면의식의 100%가 완전히 잠재의식으로 떨어지고 만다. 이것은 인간계에서 재생하는데 있어서 동반되는 고통때문에 의식을 없게 만드는 것이다.

그리고 다시 태어날 장소가 결정되면, 임신된 태아의 몸에 영(靈)으로서 보내진다. 이 영은 의식을 잃고 있으므로 전생의 기억도 없으며 영계에 대한 기억도 없다. 이 영은 전술한 바와 같이 태아의 혼이 되어 태아의 신체적 발달과 더불어 다시 아무것도 모르는 상태에서 성장되는 것이다.

그리고 전생에서의 여러 가지 행위에 의한 '업보'가 어떤 것인가는 알려지지 않고 있으므로 인간계에서의 새로운 생활태도가 어느 정도 이 업보를 제거시킬 수 있느냐가 인간에게 있어서 가장 중요한 것이 된다.

'다시 태어난다'는 것은 이와 같이 영계와 직접 관계되는 중대한 사실이다. 흔히 '질병, 상처, 경제적 빈곤 등이 전생의 악업에 의한 응보'라고 말하여지고 있는데 사실 그렇다. 그러나 그렇다고 해서 체념하여 자포자기해서는 안되는 것이다.

이와 같은 전생의 악업이 있음으로써 바로 이 업보를 제거하기 위해 다시 인간계에 태어났기 때문에 이와는 달리 스스로를 경계하는데 도움이 되고 명랑하게 살면서 세상 사람들을 위해 봉사하는 것, 이것이 '업보'를 제거하는 역할을 하고 영격(靈格)도 높이게 되는 것이다.

그러면 어째서 전생을 기억하는 아이들이 있는가? 라는 의문이 생기는데, 이것은 정령계(精靈界)에서 다시 귀환했다는 것과, 어떤 역할〔영계의 존재를 분명히 알린다는〕을 갖고 탄생되는 것이 아닌가 하고 나는 생각한다.

수자령(水子靈)의 재앙은 없다

임신했을 때 혼령이 정착한다는 점에서 태아에게도 물론 영이 있다. 따라서 임신중절 등에 의한 수자령(水子靈)도 존재할 수가 있는데 우리에게 재앙을 주는가 하는 것은 완전히 별개의 문제인 것이다.

그 이유는 인간계에 다시한번 탄생하게 된 것은 업을 제거하기 위해서다.

그러나 자기의 업보가 어떤 것인지는 본인 스스로 모를 수밖에 없으나 재생한 후 다시 업을 배신하는 행위를 하게 되는 경우가 있는 것이다.

아니 말세라고 말할 정도인 현세에서 '영계'나 '사후의 재생'을 믿고 정신차려 올바르게 사는 사람들보다도 이와 같은 업보에 무관심 할 수 있는 가능성이 증가되고 있다고 해도 과언이 아닐 것이다.

그런데 '수자(水子)'는 아주 깨끗한 청정(淸淨)상태에서 다시 영계로 되돌아 가기 때문에 새로운 업보에 대한 배신행위에서 해방된 것이 된다.

그리고 전혀 인간계의 욕구를 알 수 없으므로 지박령(地縛靈)이나 악령처럼 될 요소는 거의 없다. 수자 자신에 있어서는 영계라고 하는 살기 편한 곳으로 귀환되기 때문에 '앙갚음'할 필요는 완전히 없게 된다.

나는 이같은 이유에서 '수자령의 재앙'은 없다고 믿고 있다.

다만 태아라고 해도 인간인 것이다. 그러므로 제멋대로 향락이나 부정(否定)에 의한 결과로 중절을 했을 경우 당사자들은 심리적 부담을 갖게 된다. 그 상처 즉, 양심의 가책에 악령들이 들러붙는 것이다. 그러나 이것은 '수자령의 보복'과는 전혀 다른 것임은 설명할 필요가 없을 것이다.

카르마의 제거와 인생

여기에서 독자의 이해를 돕기 위해 '업'에 대해 나도 공명하는 몇가지를 제시하기로 한다.

이들 예는 앞에서도 언급한 바와 같이 미국의 초능력자 에드거 케이시의 라이프 리딩을 분석한 사미널리 여사의 《전생(前生)의 비밀》이란 책 내용을 정리한 것이다.

▼ 선천적으로 장님이었던 대학교수는 4회의 전생을 갖고 있었다. 그중 하나는 기원 전 1,000년경의 페르샤제국. 때로 그는 야만인종의 한 사람이었으며 포로가 된 적군의 눈을 시뻘

건 인두로 짓이겼다.

　이 사건이 육체적 악업으로 나타나 장님으로 태어난 것이다.

　▼ 어렸을 때부터 소아마비였던 34세의 여성. 두 번의 연애가 있었는데 첫 애인은 전사했고, 두번째는 병으로 고생했다. 약혼했는 데도 완쾌되자 의사와 결혼했다.

　이 결혼뿐만 아니라 모든 생활이 불행과 불운의 연속이었다.

　이 여성의 전생은 사실상 로마시대로 궁전의 관리 집안이었다. 당시 로마는 인간과 인간의 격투, 인간과 맹수의 격투가 상당히 유행되고 있었다.

　그녀는 이같은 비인간적인 격투를 보는 것이 큰 즐거움이었다. 그것이 현세의 불행(카르마)으로 연결되었다.

　▼ 47세의 여성으로 첫번째 결혼은 얼마 후 남편의 죽음으로 끝났고 두번째도 얼마 뒤에 이혼했다. 그녀는 노르웨이 태생으로 뉴욕에서 근무했으나 항상 고독했다. 그녀는 전생에의 두 어린아이의 어머니였으나 남편이 사회적인 불명예로 매도되자 자살했다.

　이 어린 아이에 대한 책임 회피의 카르마가 현세에서 우울증을 만들었고, 어김없이 생활을 고독하게 만들었다.

　이 밖에도 전생에의 원수와 같은 집안의 아이들이 형제간으로 태어나는 경우, 서로 적대시하던 부부가 부녀간이 되는 경우 등 여러 가지의 카르마가 많이 소개되고 있다. 여기에 대해 관심이 있는 분은 본서를 읽으면 도움이 된다.

　'다시 태어나는 것'(재생)을 마무리함에 있어서 윤회전생을 증명하는 여러 가지 사례는 바로 '사후생=영원한 생명' 즉, 영계의 존재를 증명하는 것이라는 사실, 또 '다시 태어난다'는 것 자체가 '영계'와 깊이 관계된다는 것을 잘 이해하기 바란다.

그리고 '사후생'이나 '영계'가 있다고 믿는다면 너무 억척스럽지 않게 원만히 인생을 지낼 수 있을 것이고, 가까운 사람이 돌아간다고 해서 비탄에 빠진 인생을 살지 않게도 되는 것이다.

그 이유는 현세에서 모습을 볼 수 없으나 '영계'에서 반드시 재회할 수 있기 때문이다.

최근에 배우 생활을 같이 했던 오끼(沖)씨가 사망했다. 그와 사무실을 같이 쓸 때도 있었고, 함께 공연하기도 했는데 나 자신이 이와 같은 사고방식을 지니고 있으므로 크게 비탄에 빠지거나 자극을 받지 않는다.

다만 자살은 안된다. 카르마의 제거를 중간에서 스스로 포기하는 것이므로 영계에 갔을 때 좋은 자리를 차지할 수 없다. 나 자신이 좋아하는 친구인 오게(沖)군에 대해 이와 같은 생각으로 슬픔으로 달래는 것이다.

자살이 좋지 않은 이유는 다음에 설명키로 한다.

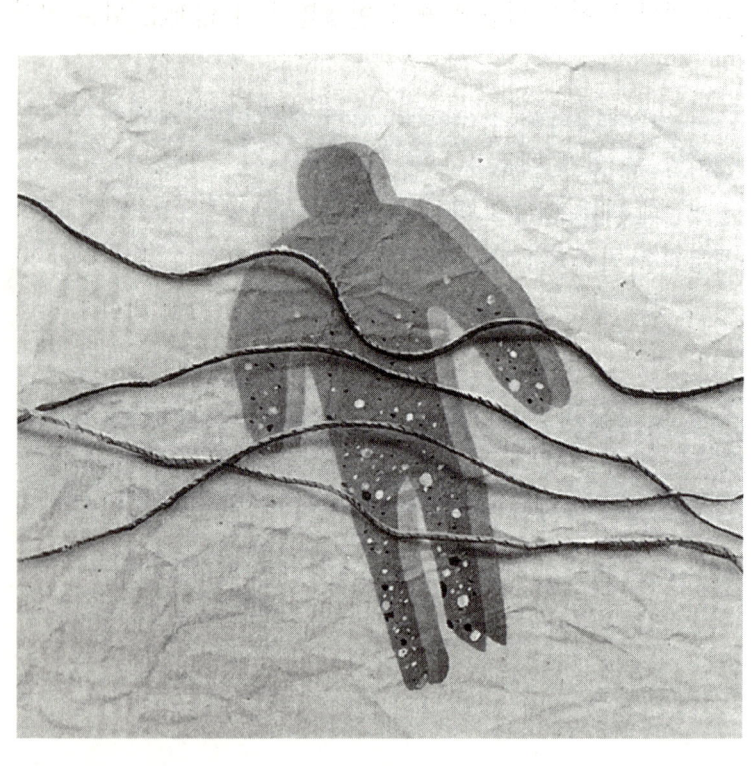

제 *2* 부
유체이탈과 영계

제2부

유게이틀과 운데

육체와 유체·영체

세계적으로 유명한 영국 공군 의무관의 예

 이제 '유체이탈'에 대하여 설명키로 한다.
 유체란 인간의 신체, 결국 육체와 복합적으로 존재하는 또 하나의 신체와 같은 것이다. 육체가 여러 가지 기관(器官)을 갖고 있으면서 생명을 인간계에서 유지하고 있다면, 유체는 그 인간의 영적(靈的)인 부분과 불가분의 관계를 맺고 있는 것이라고 할 수 있다.
 영적인 부분과 유체가 일체인 이유는 가사(假死)체험자의 경우나 특수한 케이스로 유체가 육체에서 이탈된 실례, 결국 유체이탈 경험자의 어떤 체험자에서 확실히 의식을 갖고 모든 것을 보는 것은 유체 쪽의 자기이고, 육체 쪽에서 유체를 보았다는 예가 전혀 없었다는 사실에서 알 수가 있는 것이다.
 그러므로 유체는 영혼이나 영계 쪽에 있는 것이고, 유체이탈이 일어난다는 것은 영계나 영혼이 있다는 증명의 한가지가 되는 것이다.

유체이탈은 육체적으로 중상을 당했거나 심한 고통상태에서 나타나는 경우가 있는데 괴로운 육체에서 유체가 이탈하게 되면 고통이 완전히 없어진다. 즉, 이것은 육체와 전혀 별개의 것으로 특히 의식=혼은 유체쪽에만 있다는 것을 표시하고 있는 것이다.

이 유체이탈에서 세계적으로 유명한 것은 영국 공군의 고문의사였고 정부에서 훈장까지 받은 의무관의 이야기이다.

그는 제1차 세계대전 중인 1916년 4월, 프랑스의 크레르말레에 주둔하고 있던 왕립항공대 제2여단의 의무관으로 배속되어 있었다. 그 당시는 의학도였으나 전쟁이 그의 능력을 필요로 하였다.

어느 날, 그는 다른 비행장의 긴급한 사고 소식을 듣고 파일럿과 함께 출동했으나 조종사의 잘못 포착으로 추락하기 시작했다.

이 의무관은 기체가 땅에 추락하기 전에 실신하여 지면과의 충돌을 알지 못했다. 그가 느낄 수 있는 것은 60미터 정도의 상공에서 유체(幽體)가 되어 땅과 충돌한 비행기 날개와 누어 있는 자기 몸을 보고 있는 것이었다. 그리고 상처가 없는 파일럿과 두 사람의 상관이 자기 몸을 향해 뛰어가는 것이 보였다.

격납고에서 구급차가 달려 왔고 간호병이 올라탔으나 무엇인가 잊은 것이 있는지 정지했다가 간호병이 무엇을 갖고 다시 승차하자 달려가는 모습이 관찰되었다.

그 뒤 의무관은 자기 스스로가 초고속으로 비행장을 떠나고 있는 느낌을 감지했다. 가까운 곳에 있는 도시를 지나 바다쪽으로 달리는듯 했다.
 돌연 '경련이 생겼구나'하고 느낀 뒤에도 어디에 자기가 있는지 알 수가 없었다. 그러나 다음 순간 간호병이 어떤 자극물을 자기 자신의 목안에 흘려넣자 마자 평소와 같은 세계로 되돌아오게 되었다.
 젊은 의무관의 보고를 청취한 상관 두 사람은 사고 당시의 모든 것을 조사한 결과 이 의무관의 증언과 같은 순서로 사고가 진행된 것을 확인할 수 있었다.

신체를 이탈하기도 하는 혼백

 확실히 기묘한 경험으로 보일지도 모르나 이와 같이 자기의 신체에서 유체가 이탈되는 것은 여러 가지 직업·연령·건강상태 등의 인간에게서 나타나고 있다.
 육체를 떠난 본인은 '자기 육체의 복제물, 또는 어떤 일종의 투명체라든가 본래의 자기 육체와는 별개의 것으로 되어 있다'고 느끼는 경우가 많다.
 외국에서는 이와 같은 유체이탈의 체험을 out—of—body experience거나 escomatic state 등으로 부르고 있는데, OOB, OOBE, OBE라는 약자도 사용되고 있다. 이 OBE의 기록은 앞에서 설명한 젊은 의무관 이외에도 많이 남겨져 있다.
 '1978년에 초심리학자 D·스콧드·로고가 자기의 OBE체험을《신체를 초월한 혼백》이란 책에서 정리, 보고하고 있다. 요약하면 다음과 같다.

"1965년 8월 어느 무더운 날 오후에 학생이었던 나는 수업이 끝나자 마자 습관적으로 낮잠을 자기 위해 침대에 누웠다. 그러나 한기때문에 몸이 떨려 잠을 이룰 수가 없었다. 옆으로 누웠을 때, 몸 전체가 크게 떨려 마비된 것처럼 된 것을 알 수 있었다.

그 직후, 나는 내 몸이 우주에 뜬 것처럼 느껴졌고 침대 옆에 서서 나 자신을 관찰하고 있었다.

나는 돌연히 오른쪽으로 돌아가 복도와 통해진 문 쪽으로 걸어갔다. 나의 동작은 마치 젤리 위에 미끄러진 것과 같은 모양이었다. 균형을 잃어 넘어진 것으로 기억된다.

자기 신체처럼 보이는 희끄무레한 주위는 구름같은 것으로 둘러쌓여 있었다. 그 얼마 후에 침대에서 나는 의식을 회복하고 있었다."

이 스콧드 로고의 체험은 평소와 같은 상태에서 유체가 이탈하는 전형적인 상황을 나타내는 것으로 유명하다.

일본에도 많은 유체이탈

일본에도 이와 비슷한 실례가 있다. 현재 자기 사업을 하고 있는 M씨는 수년전 대학생 때 시내의 하숙집에서 '이상한 체험'을 갖게 되었다. 그에 의하면,

"나는 원래 빨리 잠이 못드는 편이었다. 평소에도 잠자리에 들면 이 생각 저 생각으로 잠을 이룰 수가 없는 것이다. 그날 밤도 어렸을 때부터의 일이 계속 머리에 떠오르며 잠이 안오고

가슴이 뛰어옴을 느꼈다.

　침대에 누워 보았으나 눈이 떠있는 것도 아니고 자는 것도 아닌 막연한 상태에서 돌연 몸이 꼼짝도 못하게 굳어가는 느낌이었다. 방안에서는 뿡, 뿡……소리가 나고 마치 콤프레셔〔공기압축기〕가 돌아가는 듯한 소리가 들렸다.

　이 소리에 맞춰 이불속의 공기가 빠져나가는 듯하고 목덜미 아래가 완전히 푸대속에 들어가고 그 속이 진공상태인 듯이 느껴지는 것이었다. 이불이 완전히 몸에 붙어있으므로 움직일 수 없었다.

　물론 이것은 감각적으로 느낄 뿐 실질적인 것은 아니다. 그러나 몸을 움직이려 해도 전혀 불가능하다. 잠에 취해 멍청한 듯 생각되었으나 눈으로 보이는 방 모양은 조금도 다름이 없다. 천정이나 벽, 책꽂이의 책도 어둠 속에서 전과 다름없다.

　귀신에 홀린다는 상태가 이것처럼 생각되기도 한다.

몸이 하늘까지 떠오른다

　나는 두려운 마음으로 필사적 노력을 시도했으나 전혀 불가능했다. 더 이상 참을 수 없다고 생각했을 때였다.

　몸에 대한 압박이 더욱 강해졌다고 느꼈을 때, 몸이 쑥 빠져나오는 듯하다가 다음 순간 나는 공중으로 떠오르는 것 같았다.

　나는 초능력자가 된 것처럼 반신반의 하면서 공포와 스릴을 느끼게 되었고, 몸은 점점 상승되었다.

책꽂이나 창문 등이 점점 아래로 내려가는 것이 보인다. 나 자신 현세의 신체는 아래쪽에 있었다. 몸은 계속적으로 움직일 수 없고 눈앞에 '유령'같은 것도 없으며, 다른 물체가 있는 것 같지도 않다.

30초 정도 지나 천정까지 순간 올라갔다가 정지되었다. 신체는 수평 상태가 된 것 같으나 확실히 알 수가 없다. 몸을 움직이기가 두렵다. 그러나 호기심을 갖고 이리저리 눈동자만을 움직여 좌우를 살펴보았으나 자기 방의 모양이 평소와 다름없다.

이 상태에서 1~2분 지났을까 할때 위로 올라갈 때와 비슷한 속도로 이번에는 반대로 내려가기 시작했다. 등 뒤가 침대에 닿자마자 이불속으로 공기가 들어오는 느낌이면서 진공상태가 없어지고 몸이 자유스럽게 되었다.

나는 다시 몸을 일으켜 주위에 있는 집기 등을 살펴보았으나 아무런 변화가 없었다.

나는 다른 사람들 보다 비교적 감정적이고 내성적이며 집중력이 강해 매사에 대해서 염려하는 습관이 있는 편이지만, UFO나 신령을 만난 경험도 없고 전혀 초능력과도 인연이 없다.

혹시 이 하숙방에 어떤 문제가 있는 것인가 생각되어 집 주인에게 여러 가지 물어보았으나 아무 일도 없었다. 이 이야기를 친구에게 말했더니 그것은 '유체이탈이다. 조금 더 자유스럽게 움직이면 어디든지 갈 수 있다. 영계도 갈 수 있었을 것'이라고 말했다.

제2부 유체이탈과 영계 53

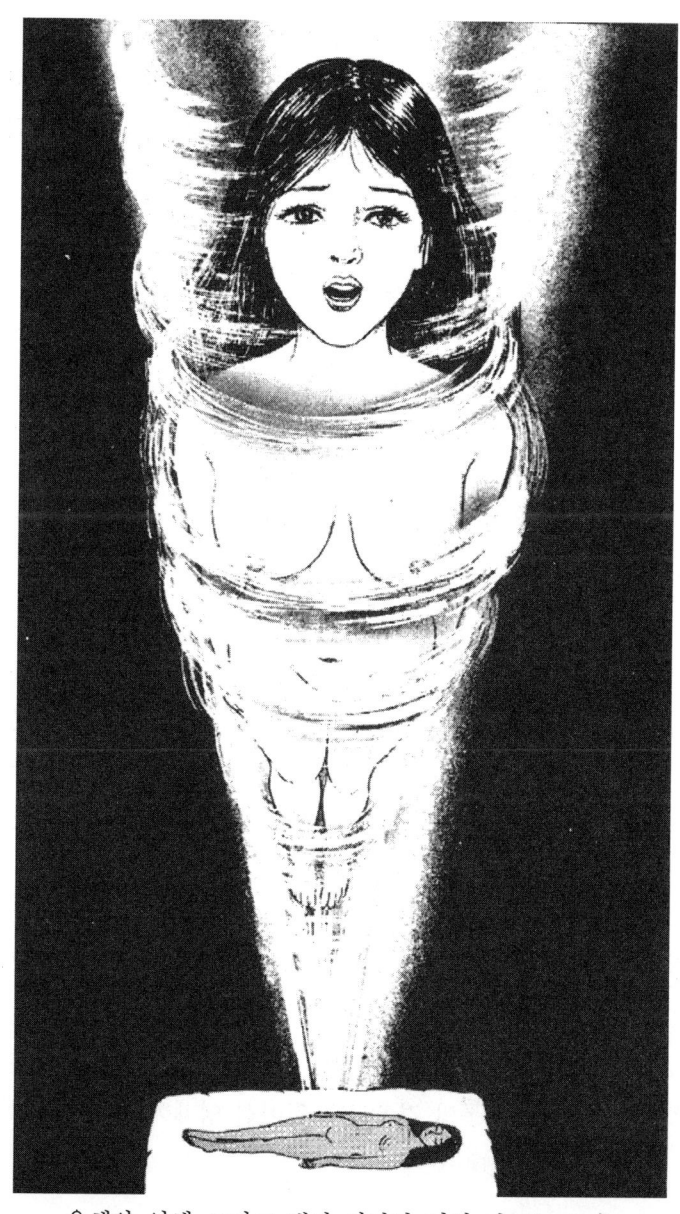

육체와 영체 그리고 내가 하나가 되어 나르는 모습

그러나 자기 스스로가 그런 상태였다면 '두려움 때문에 그런 여유가 없었을 것이다'라는 생각이 옳을 것이다. 다음 기회에 자유로운 동작을 기대했으나 행인지 불행인지 다시는 기회가 없었다.

어떤 독자의 유체이탈 경험

이와같은 M씨의 체험은 사실상 여러 사람에게서도 경험되고 있다. 다음의 K씨 체험은 상당히 흥미 깊은 것이다.

나는 이제까지 여러 번 꿈꾸는 베갯머리에서 아이들이 나타나고 몸이 전혀 요지부동이 되는 경험, 또 최근에는 유체이탈을 처음 느꼈다.

요지부동일 때는 아주 심하게 괴로운 나머지 '이제 이런 몸은 쓸모가 없다'고 생각되고 전부터 책에서 읽은 유체이탈을 회상하게 되면서 호기심과 자기 의지로 어떻게 되는가를 실험해 보고 싶은 생각을 갖게 되었다. 이제는 몸이 굳어진 상태에서도 침착해지는 상태가 되었으므로, 온 몸에 힘을 넣어 일어서려고 노력해 보았다.

마치 젯트코스타가 언덕을 내려갈 때와 같이 가슴에 이상한 거부감이 느껴지고 등에 식은땀이 흐르면서 동시에 상반신이 쑥 빠져나와 일어서는 것이었다.

잠시 동안 어리둥절하여 멍하고 있었는데 눈으로 보이는 방향이 이상했다. 보통의 경우라면 일어선 영체가 눈앞에 보이는 것이 정상인 것인데······.

사실은 제3자의 위치에 있는 내가 생체와 영체를 뒤편의 높은 곳에서 내려다보고 있는 것이다. 그 다음에 어떻게 됐느냐 하면, 전부가 각각 떠난 줄 생각되었는데, 방 옆에 있는 계란을 영체가 서서히 밝고 있는 것이다.

계란을 힘껏 밟았다는 느낌은 확실히 있다. 그런데 약간 내려가서 계란 위를 올려 보았을 때, 그 순간 보이는 시점이 영체로부터 벗어나고 계란 위에서 영체를 제 3자인 내가 쳐다보고 있다. 그때 영체는 아무것도 보지 않고 있다.

항상 의식과 시점은 하나밖에 없다. 순간 정신 차렸을 때, 육체와 영체 그리고 제3의 내가 하나가 되어 나르는 것이었다.

무섭다거나 두려운 생각은 전혀 없었다. 자기의 의지로 실험한 것이므로 '해치웠다'는 기분이 먼저 앞섰다. 지금 생각하면 무섭다는 느낌이 들지만…….

이때 '빠져나오고 싶다'는 목적을 달성하기 까지는 자기 의지가 강했으나 그 뒤는 전혀 자기 의지로 움직일 수 없었던 것처럼 생각되었다. 이 K라는 여성은 이밖에도 어린애의 영혼을 보거나 꿈속에서 전생의 죽는 순간 같은 것을 본 일이 있고 상당히 영적인 능력을 가진 것처럼 생각되는데 유체이탈의 체험을 이상과 같이 기록하고 있다.

여기에 나오는 '제3의 나'라는 존재는 상당히 희귀한 보고라고 할 수 있다.

육체와 유체·영체

이 K씨의 체험에서 연상되는 것으로, 만화가이면서 심령에 대해 연구했던 H씨가 '드디어 영혼을 만났다'는 보고가 소개되고 있다.

그의 보고에 의하면 육체·유체·영체중 하나가 없어진 사례다. 그분은 직장 여성으로 25세였는데 H씨에게 편지가 왔을 때 즉시 '위험하다'는 것을 직감으로 느꼈다고 한다. 그 편지에서,

〈그것은 '현실감의 상실'로 자기가 살고 있는 것처럼 느껴지지 않는, 즉 존재감이 없었다.……그리고 가끔 내가 없어지는 것이다. 자기의 신체이면서 마음이 없거나 의식이 전혀 없는 것이다…….'

예를 들면, 자가용 차를 운전하고 있는 도중에 도중까지는 기억하고 있으나 어떤 시점부터 의식이 없어진다. 더욱이 그 때,

"나는 운전하고 있는 자기를 차의 바깥에서 보고 있었다. 분명히 내 몸은 차를 운전하고 있었다. 그러나 나 자신은 달리고 있는 차와 같은 속도로 하늘을 나르면서 약간 오른 쪽의 차 밖에서 자기 모습을 관찰하고 있었다.〉

그리고 편지는 계속하여,

〈흔히 말하는 저 세상에를 다녀왔습니다. 추운 겨울 목욕탕에 있을 때였지요. 문 앞에 시내와 꽃밭이 보이고 어떤 여자가 어서 오라고 손을 흔들고 있었다〉는 문장도 보였다.

H씨는 이 편지를 보고 '이것은 분명히 유체이탈이고, 이 상태에서는 그녀가 언제 죽을지도 모른다'고 직감했다.

이 편지의 주인공이 상경 후에 H씨에게 와서 상세히 설명하였으므로 그는 의사의 자문을 받았으나 확실한 진단이 나오지 않아 영능자에게 문의했다. 그는 '신이 들린 것'같다고 하므로 다른 심령과학자에게 의견을 타진했다.

그는 '귀신이 빙의된 것이 아니다. 유체이탈이 생겼다니까 유체를 봉쇄해 주겠다'고 하면서 그 방법을 가르쳐 주었는데 그 뒤에는 '항상 컴컴한 굴속에 구속되어 있는 기분이 심해지고 여기에서 탈출할 수가 없었다'고 한다.

그래서 다시 H씨는 잘 알고 지내는 영능자에게 다시 데리고 갔다. 그녀를 보자마자 '육체 위에 영체가 겹쳐 있는 것은 확실한데 유체가 보이지 않는다. 이런 사람은 아주 드물다'라고 말했다. 괴상한 영혼이 유체를 육체로부터 떼어내 어딘가에 가둬 놨기 때문이라는 것이다.

결국 '육체'와 '영체'를 일체화 시키려면 '유체'가 없어서는 안 된다는 것이다. 이와 같은 기묘한 상태의 그 여자를 완치시킨 것은 P라는 다른 유능한 영능자였다고 한다.

P시의 영시력에 의해 젊은 직장 여성의 유체가 다른 차원의 터널같은 곳에 밀폐되어 있는 것이 확인되고 그녀의 의식을 일차적으로 그곳까지 유인하여 유체와 합체시킨 뒤 두 번 다시 육체에서 빠져나가지 못하게 어떤 조치를 강구하였다는 것이다.

그 뒤부터 그녀는 정신적으로나 육체적으로 정상을 되찾아 건강하게 되었다.

유체이탈은 신중하게 해야 된다

이와 같은 사례를 인용하는 이유는 영계와 깊이 관련되는 유체이탈이란 것은 신중하게 해야 되기 때문이다. 앞에서 인용한 영국 의무관과 같이 자기가 위급할 때 생기는 유체이탈은 대부분 '수호령'의 생명을 구제하기 위한 조치였다. 이와같은 것을 스스로 한다는 것은 상당히 수행을 쌓은 뒤가 아니면 안된다는 것을 이해할 필요가 있다.

자기의 유체를 가끔 여행시켜 스스로를 비정상화 함으로써 생명까지 위태롭게 된 경우들이 보고되고 있기 때문이다.

유체이탈이 자주 생길 때는 원칙적으로 적절한 영능자와의 상담을 시도해 보는 것이 좋을 것이다.

이상과 같은 사례에서 보는 바와 같이 영계의 실존은 확실하고 이 유체이탈〔의식=영혼과는 분리되지 않는 형태의〕은 일반적으로 유쾌한 것으로 알려져 있다.

영국의 초심리학자 세리어 글리언도 유체이탈 체험례를 수집 조사하고 있는데, 육체에서 탈출할 때 이탈 뒤의 여러 가지 감각도 몇가지 소개하고 있다.

그 체험에는 우리 주위의 경험과도 일치되고 있으므로 몇가지를 소개한다.

▼ 내가 육체를 이탈하였는데 범위나 위치가 한정된 조그만 공간이었다.

▼ '표류하고 있는 자기'가 참된 나이고 아래에 보이는 것은

표류하고 있는 나의 그림자라는 느낌이었다.
▼ 육체를 이탈한 쪽이 진실한 나라는 것을 알게 되었다. 그 분신은 사물을 보고 생각하며 감정을 갖고 있었기 때문이다.
▼ 나는 자기 몸이 이상하게 빛나고 있는 것처럼 느껴졌다. 즐겁고 둥둥 떠 있는 기분이었다. 어떤 이유인지 모르나 4차원적인 감각으로 외부뿐만 아니라 내부를 보려고 하면 볼 수 있다는 느낌이었다.
▼ 나는 분명히 깨어 있는 의식으로 '보고' 있었다.
▼ 나는 이제까지 이만큼 의식이 깨어 있는 경험도 없었고, 이처럼 멋진 자유를 만끽한 일이 없었다.
▼ 동작은 순간적이었고 생각한 순간에 행동이 끝나버렸다.
▼ 육체를 떠난 나는 형언할 수 없는 훌륭한 기분이었다. 몸이 가볍고 활력이 넘쳐 있었다.

우수한 영능자의 유체비행

초보자는 하지 않는 편이 위험을 피하는 길이다. 유체이탈에 있어서 우수한 능력자인 스웨덴보그 같은 사람은 영계를 탐방한 경험을 갖고 있다.

사후의 세계란, 결국 실제로 죽거나 또는 죽음과 같은 상태에서 영계 깊숙이 잠입하여 경험한 것만이 문제인 것이다. 그러나 그것이 과연 정당한 것인가가 증명되지 않으면 납득하기 어렵다.

스웨덴보그의 〈영계일기(靈界日記)〉는 30년이란 장기간을 통해 정상적으로 건강한 그가 유체이탈하여 저 세상의 각계각층을 견문한 기록을 종합한 것인데 당시로서는 입증할 수 있는 조건을 구비하고 있었으므로 유럽에 큰 파문을 던졌다.

그리고 현재 미국을 비롯하여 소련·영국·프랑스 등의 일반 과학자들이 방대한 예산과 연구진을 동원시켜 연구한 결과 그의 영계 경험이 사실이라는 것이 입증되고 있다.

이와 같은 '유체비행'은 '대단히 엄밀하게 결정된 방법'이라는 것을 영국인 에드워드 캘리톤과 미국인 실판 말톤이 1929년 《유체비행》이란 저서에서 기록하고 있다.

캘리톤은 그의 서문에서 유체비행을 몇 가지로 분류하고 있는데, 첫째는 수면 중의 것으로 의식이 완전히 깨어 있을 때의 육체와 유체가 완전히 합치된 상태이지만 수면 중에는 유체가 어느 정도의 차이를 갖고 육체에서 이탈하여 그 근처를 서서히 표류하고 있다. 이런 경우의 유체는 의식도 컨트롤 하지 못하고 있다.

이같은 상태는 마취제를 사용하거나 실신상태일 경우에도 생기는데 이것은 '무의식적 또는 자연발생적 비행'이라는 것이다.

이와는 반대로 자기 의지에 의해 육체에서 이탈되는 것이 '의식적 또는 자발적 유체비행'인 것이다. 이 경우, 의식은 확실하므로 자기가 유체 속에 있다는 것도 자각하고 있다. 그러니까 먼저 자기가 빠져나온 육체의 모습을 볼 수가 있고 자유자재로 그 주변을 산책하면서 여러 가지 광경을 볼 수가 있다.

이 경우, 육체와 유체 사이에는 어떤 끈 같은 것이 있고, 이 것이 절단되면 즉시 죽게 되지만 이 끈은 탄력이 좋아 신축성이 높다고 한다.

그리고 자기의 의지로 이탈, 비행하는 경우는 먼저 전신이 경직되는 것 같은 감각에서 시작된다. 다음에 자기가 유체로 옮겨졌다는 것을 알게 되는데, 이때 수평 상태에서 약 5미터 정도 위로 상승한다. 거기에서 천천히 머리가 올라가 자유스럽게 비행하게 된다는 것이다.

영계의 존재를 전제할 때

이 유체이탈에 대하여는 현재 과학자들에 의한 해명이 여러 가지로 시도되고 있다.

예를 들면 떼어 낸 잎을 고주파의 전계(典界)에 넣어 사진을 촬영하면 주위가 밝은 방사 광선으로 둘러쌓여 있고, 잎의 표면에는 무수한 점들이 산재된 것을 볼 수 있다. 그러나 이들 빛이 수일이 지난 잎에서는 희미하거나 소멸되고 있다.

그러나 이 킬루리앙 효과〔발견자 소련의 세미영 킬루리앙의 이름에 의한 것〕는 코잉 등에서 대부분 볼 수 있다. 그러나 생명이 있는 것에서는 확실히 나타난다.

인간의 손 같은 부위는 건강상태에 따라 빛의 색이 변하거나 불규칙성이 나타나는 것으로 알려져 있다.

이러한 점에서 이 빛은 생명체가 가진 특수한 에너지에 의한 것이므로, 유체와 어떤 관계가 있는 것이 아닌가 하는 의견도 있으나 현재 분명하지는 않다.

그리고 어떤 다른 물리학적인 장치나 방법으로 유체이탈을 포착할 수 있는 실험도 행해지고 있으나 아직은 뚜렷한 결과가 없다.

그러나 과학적으로는 확증이 없으면서도 유체이탈이 실제 일어나고 있는 사실을 부정할 수 없다. 이것은 앞에서 제시한 각종 실례로 이해할 수 있다.

이밖에 미국 심령연구협회가 1970년대 초에 처음 유체이탈에 의한 프라이인 컨테스트라고 하는 재미있는 에피소드가 있으나 여기서는 생략한다.

다만 유체이탈이라고 하는 것도 '생명의 영원=심령의 존재, 또 영계의 존재'를 전제로 하지 않는 한 이해하기 어려운 설명하기 곤란한 것이 된다는 것을 강조하지 않을 수 없다.

살아서 유계를 보는 방법

이것은 유체이탈과 약간 다를지 모르나 일본 신동양의학종합연구소의 야마시다 소장이 '살아서 유계를 본다'라는 방법을 권장하고 있으므로 참고삼아 소개한다.

유계란 삶과 죽음의 경계이고 '빛의 생명'과 만나는 장소다. 참으로 그 경지에 도달하려면 장기간의 수련이 필요하지만 육체적, 정신적 건강에도 도움이 되기 때문에 몇가지를 시도해 볼 필요가 있을 것이다.

〔제1동작〕=가장 기본적인 자세인데, 두 다리를 어깨 넓이

로 벌리고 발끝은 안쪽으로 오므린다. 어깨 힘을 빼고 자연스럽게 선다. 반쯤 눈을 뜨고 호흡은 자연스럽게 호흡하는 것이 좋다.

〔제2동작〕= 팔꿈치〔小海라는 경혈〕에 의식을 집중하고 배꼽 앞에서 공을 품는 듯한 자세를 취한다. 이 공을 지구, 나아가서 더 큰 우주의 태극(太極)이라고 추정한다.

〔제3동작〕= 앞 동작과 같이 미골〔꼬리뼈〕〔長强이라는 경혈〕에 의식을 집중시키고 아래부터 잡아끈다고 의식한다. 그리고 무릎을 가볍게 구부린다. 이 자세를 옆에서 보면 의자에 살짝 앉은 것 같은 자세인데 손에 공〔지구〕를 쥐고, 또 하나의 공 위에 앉아 있다고 의식하면서 이 자세를 3~5분씩 계속한다.

〔제4동작〕= 무릎을 펴고 근본 자세로 돌아가 머리를 야간 뒤로 기울게 하고 천천히 눈을 뜨면서 먼 하늘〔대우주〕을 30초간 보고 다시 눈을 반쯤 감고 머리를 원 위치로 회복한다.

〔제5동작〕= 이때 입안은 침으로 가득차 있다. 3회에 걸쳐 이 타액〔우주의 기〕을 삼키고 이것을 배꼽 밑의 단전이라는 경혈에 보내 우주의 기를 배꼽 밑에 저축하도록 한다.

이것이 가장 근본적인 지구를 포용하면서 우주의 기를 마시는 '입정(入靜)'의 방법이고 이 '기공법(氣功法)'을 아침과 저녁으로 반복함으로써 천상계(天上界)를 전부 볼 수 있다는 것이다.

제 3부
빙의현상과 인생

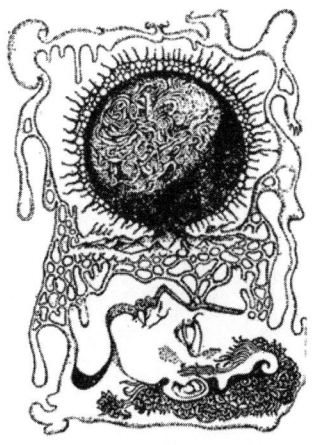

사후의 세계는 즐거운가, 괴로운가?

죽는 즉시 체중이 가벼워진다

'영원한 생명' 즉, 이 세상에서 죽어도 '심령'이 되어 영원히 살 수 있는가? '영계는 존재하는가'와 같은 문제에 대해 전혀 모르는 사람이 있는가 하면 고의로 알려고 하지 않는 사람들이 많다.

나는 '영계'도 '영원한 생명'의 존재도 절대 확신하고 있는데 일반적으로 세상 사람들이 그렇지 못한 것은 처음에 말한 바와 같이 '과학'때문인 것이다.

그러나 반면에 최근에는 과학의 힘에 의해 '영'이나 '사후의 생명=영원한 생명'의 탐구가 시작되고 있다.

예를 들면 죽어 가는 사람의 체중을 측량하고 '확실히 무엇인가 육체에서 빠져나가는 것이 있다. 그 무게는 35g이다'라는 실험을 한바 있는 독일의 과학자 구루프도 있고, 네덜란드의 젤리트 박사는 죽어 가는 환자 체중을 측정하고 임상적으로 죽는 순간에 체중이 정확히 69.5g의 감소를 보고하고 있는 것이다.

이와 같은 '중량'은 어데로 가는 것인가? 자연스럽게 알 수 있는 것은 그것이 영혼의 무게이고 죽음과 동시에 '영계'를 향해 여행을 떠난다고 할 수 있다. 즉, 영계 존재를 증명하는 한 가지가 되는 연구인 것이다.

그러나 전체적으로 이 '영'을 과학적인 힘으로 증명하려고 하면 아직은 충분하지 못하다. 단편적이거나 가설일 때도 있고… 각기 충분한 의미를 갖고 있으면서도 전체적으로 분명하느냐 하는 점에서는 진실과 상당히 거리가 먼 것이다.

그러면 나는 왜 이 '영계의 존재'를 확신하는가?

우선 첫째는 제1장에서 설명한 바와 같이 '다시 태어난다'는 사실이 있다는 것이고, 두번째는 '영'이나 '영계의 존재'를 직접 나타내는 여러 가지 현상, 결국 영현상(靈現象)이 우리들의 주위에서 많이 발생되고 있다는 사실이다.

세번째는 '사후 소생자' 즉 '가사(假死)체험자'의 보고이다.

여기에서는 우리의 주위에 어떤 '심령현상'이 있는가를 관찰해 보자. 심령현상에는 영청(靈聽)·영시(靈視)·자동서기(自動書記)·염사(念寫)등 여러 가지 현상이 있는데 이것들은 모두가 영계와 밀접한 연관을 갖고 있다. 그 실례는 뒤로 미루고 우선 가까운 주위의 이야기부터 시작하자.

일본의 일가 살인사건

지난 1983년 6월 28일 오후 도쿄의 렌바구(練馬句)에서 발생된 회사원 부부와 아이들의 일가족(5인) 살인사건은 토막

토막 참살 당해 상식적으로 범인의 정신상태를 의심할 정도였다.

피해자는 양서판매회사 사원인 시라이 아끼라(白井明·45세)씨 가족이고, 살인자는 부동산업자인 도모꾸라(朝倉畢治鑛·48세)인 것이 수사 결과 확인되었다.

사건은 법원의 낙찰을 통해 도모꾸라씨가 시라이의 가옥을 매입했으나 집을 비워 주지 않아 이것이 원한 관계로 발전되어 처참한 살인사건으로 확대되었다.

부동산업자인 도모꾸라는 이 집을 이미 다른 사람에게 전매했으므로 양도하지 않으면 잔금을 받을 수 없을 뿐만 아니라 은행의 융자금 이자(월 100만엔)까지 독촉받고 있어 궁지에 몰려 있었다.

범인은 대단히 철저한 성격이었으므로 약속을 지키기 위하여는 수단과 방법을 가리지 않는 편이었고, 22년 전에 평소 품행이 단정치 못하다고 식칼로 목을 찌르는 사건도 있었다.

이 사건 발생 2일 후에 카나카와현의 오따와라시에서도 노부부와 둘째 아들 부부가 살해되고, 그 뒤에 행방불명이던 4남이 나타나고 자살한 사건이 일어났다.

조사 결과 4남(35세)이 노부부와 둘째형 내외를 재산 상속 문제로 싸운 끝에 권총으로 머리와 가슴을 쏴 즉사시키고 자기도 자살한 것으로 밝혀졌다.

이것도 금전적인 사건이지만 대단히 참혹한 대량 살인임에 틀림없다.

악령에 의한 빙의현상

두가지 사건을 여기에서 인용한 것은 이 같은 끔찍한 범인에게는 반드시 빙의령과의 상관성이 깊기 때문이다. 독자분들 중에는 시대적, 금전적인 난맥상이 팽배되고 있으니까 있을 수 있는 사건이라고 혹시 생각할지 모르나 이같은 대량 살인은 흔한 일이 아니다. '쫓기다보니까 마(魔)가 껴서…'라고 흔히 말하지만 '돌연 마귀가 나타난다'는 뜻은 무엇인가를 한번 깊이 생각해 볼 필요가 있다.

일반적으로 그 같은 돌발 사고는 흔한 것이 아니다. 그러나 자기도 모르는 순간에 마귀가 침범되는지도 모른다. 어떤 경우는 끝났다고 포기하는 순간에 마귀를 붙게 만든다는 사실이다.

'마귀가 붙었다'는 것은 빙의령에 휘말렸다는 것 이외에 아무 것도 아니다. 이렇게 말할 때, 대개는 '빙의령한테 침범당한 것이니까 본인에게 책임이 없는 것이 아닌가?'하고 질문한다.

그러나 이것은 잘못된 것이다. 빙의령이 달라붙었다는 것, 그래서 보통 생각할 수 없는 범죄를 저지르고 마는 허접이 본인에게 있었기 때문이다.

이 두가지 사건에서도 그것이 나타나고 있다. 첫번째 범인은 참을성이 없는 성격이고, 두번째 살인자도 방랑벽과 무책임한 생활습관에 젖어 있다가 돌연 나타나 근친 살해를 한 것이다.

이들은 빙의령이 달라붙었으므로 이상할 것이 없는 사람들인 것이다.

빙의령이 달라 붙었다는 사실은 역시 악령과 '영파(靈波)'가 일치하기 때문이므로 대량 살인할 수 있는 범인은 이같은 나쁜 영과 영파가 일치되는 요소를 갖고 볼 수 밖에 없다.

 이같은 지박령(地縛靈)이나 이 세상에 대해 강한 집착을 가진 영, 또 이 세상과 중복되고 있는 저 세상의 저급령 등에 빙의될 수 있는 기회는 누구에게나 있다고 할 수 있다.

 그러면 어떻게 하여 이같은 영에 빙의되지 않고 지낼 수 있는가? 상세한 것은 뒤에 설명하겠지만 첫째는 '수호령'의 보호를 받는 것이 가장 현명하다. 항상 수호령과의 원만한 관계를 유지하는 것이다.

 원만한 관계란, 매일 아침에 일어났을 때나 취침 전에 '수호령님! 안녕하십니까?' 또는 '수호령님! 안녕히 주무십시요'라고 인사드린다. 그리고 보고할 일은 마음속 깊이 애정을 갖고 말씀 드리는 것이다.

 이와 같이 커뮤니케이션에 의해 '수호령'이 당신을 보호하고 보살펴 주기 쉽게 된다. 동시에 스스로가 악령에 붙들리지 않도록 틈을 주지 않는 것이다. 즉, 마음속으로 애정을 확대시켜 나간다. 또 침범할 틈을 주지 않기 위해 항상 마음 깊이 확신을 갖고 '죽는다고 결코 그것으로 끝이 아니다'라고 명심해야 된다. 이같은 생각을 갖고 이 세상을 산다면 어려운 일이 닥치더라도 괴로워하지 않고 증오심에 휘말리지 않고 편히 지낼 수 있기 때문이다.

 앞의 살인사건과 같이 자기 독선과 증오심에 불타는 사람은 악의 화신과 같은 악령이 붙기 때문에 평소 생각할 수 없는 엄청난 범죄를 만들게 된다.

그리고 이같은 사건이 빙의령과 관계가 있다는 것을 이해한 다면, 영의 존재, 영계의 실존뿐만 아니라 자기 스스로가 수호령의 보호를 받고 있으므로 이와 같은 죄와도 관계없이 편안하게 지내는 것이라고 확신하게 된다.

사후의 세상은 즐거운가, 괴로운가?

이웃나라 일본의 경우, 오끼라는 배우가 빌딩에서 투신자살한 사건이 있었다. 스즈끼란 사람은 그의 자살 동기를 대략 다음과 같이 마이니찌 신문에 기고하고 있다.

'아버지가 열반에서 기다리고 있다'는 말을 남기고 배우 오끼씨가 투신 자살했다. 열반이란 말은 불교에서 고민이 없는 세계, 즉, 극락을 뜻한다. 지금 고통스러우니까 자살한다. 이 육체가 없어지면 고통으로부터 해방된다. 편안한 세계로 갈 수 있다. 이렇게 생각하고 싶고 기대하고 싶다.

그러나 죽어서 좋은 세상에 갈 수 있다고 생각하는 사람은 드물 것이다. 죽으면 끝이다고 생각하는 사람도 있는데, 두려워 하는 이유가 사후의 괴로운 세계를 예감하기 때문이 아닐까?

죽어서 극락에 갈 수 있다면 자살은 달콤한 유혹이다. 그러나 죽어서 무서운 고통의 세계가 기다린다면 자살은 어리석다. 여기의 표현대로 열반이란 곳은 인간계로 다시 태어나지 않아도 될 가장 멋들어진 최고의 파라다이스인 것이다.

이 기고문에 있는 '죽어서 꼭 좋은 곳으로 간다고 믿는 사람은 드물 것이다'라는 의견에는 문제점이 있다. 여기에 의견을 달리한 것은 '사후의 세계=영계'는 일반적으로 말해서 애정에 충만된 세계라고 생각하기 때문이다.

물론, 그것은 이 세상이나 영계 속에서나 높은 위치를 차지하는 영격(靈格)을 닦아 나갈 수 있는 존재이어야 되는데 그다지 어려운 일이 아닌 것이다.

그리고 자살에 대하여 의견을 달리한다. '왜 인간이 다시 태어나는가'를 설명할 때, 전생의 업〔카르마〕을 제거하기 위해 태어나 그 업(業) 때문에 '자살'이란 것이 어떤 의미를 갖는가를 쉽게 이해할 수 있을 것이다.

즉, 업을 제거하는 도중에 포기하고 도망치는 것이다. 이것은 이세상에 태어난 사실상의 의미를 스스로 말살하는 것이 아닐까? '다시 태어났다'는 것은 수호령이 '이 사람은 다시한번 인간계로 보내는 것이 좋다'고 생각한 뒤 수호신의 동의를 얻어 결정한 것을 명심해야 된다.

'괴로운 세상을 피하려고 죽는다는 것은 다시 고통의 세계로 들어간다'는 것이고, 이것은 전생에서 만든 업의 제거를 포기한채 다시 같은 업을 짊어지고 윤회로 되돌아가는 것에 불과하다는 사실을 이해하지 않으면 안된다. 바로 자살이란 이것을 의미하는 것이다.

나는 자살이란 것도 빙의령과 관계가 깊다고 믿고 있다. 대개 정신적인 질환인 노이로제 같은 것으로 정신병원에 입원하는 예비 자살자들이 많다. 탁월한 영능자들은 이들이 악령에

빙의된 정신신경과 환자인 경우가 많다는 사실에 놀라고 있다.
 '세상 만사를 자기 본위로만 생각하는 상태'가 상당 기간 지속되면 얼마 후에 이와 비슷한 성질을 가진 '부유령(浮遊靈)'에 의해 포위되고 만다. 이런 상황에서는 특별한 조치가 없는 한 노이로제 상태가 호전되지 못하고 점차 악화되기 마련이다.
 나는 다른 책에서도 광적인 주벽(酒癖)이 빙의령과 관련성이 있다고 썼는데, 이 경우도 아주 비슷하게 더욱 심해지면 자살로 까지 발전되는 것이다.
 여기에서 자살자와 수호령과의 관계를 살펴보자. 우리 인간이 선량한 수호령의 보호를 받으려면 항상 명랑하고 긍정적이며 유쾌한 성품을 지니는 생활태도를 지니는 것이 중요하다. 또 명랑하고 밝은 성품의 친구들이 주위에 많이 있으면 그 친구들의 수호령까지 가세되어 자기의 보호벽도 두터워진다. 그러므로 마음속 깊이 선량한 수호령의 보호를 받으면서 비정상적인 부유령이 접근하지 못하도록 하면 아무리 고통스러워도 자살하는 행위를 감히 할 수 없게 될 것이다.

빙의현상이란 무엇인가?

 그러면 악령(惡靈)에 피곤해지는 즉, 빙의된다는 것은 무엇인가?
 그중의 하나에 지박령(地縛靈)이라는 것이 있는데, 이것은 '마(魔)의 건널목' '마의 커브'같은 곳에서 가장 많이 생긴다. 이같은 장소에서 사고로 죽은 인간의 혼령이 그 땅에 있다가 건물이나 차에 붙어 문제를 일으킨다〔자주 사고가 발생되는 자동차는 본인의 부주의 때문만이 아니고 빙의에 의한 경우도 있다〕. 수호령의 충분한 보호가 없는 사람이 통과할 때 영파(靈波)가 같으므로 들러붙는 것이다.

그 다음에 많은 것은, 이 세상에 강한 미련이나 집착심을 남겼기 때문에 영계로 넘어가지 못하고 이승과 저승을 떠돌아 다니는 혼백인 부유령(浮游靈)이다.

전술한 두가지 살인 사건도 금전과 관계되는 집착때문에 발생된 것이니까 영계로 편히 들어가지 못한 혼령이라고 할 수 있다.

그리고 빙의령이란 것은 이와 같이 영계에 들어가지 못한 심령뿐이 아닌 것에 주의할 필요가 있다.

이승과 저승 — 결국 영계는 떨어져 있는 것이 아니다. 설명하기 쉽게 지구의 상공을 운운하지만 사실은 4차원적인 세계이고 예를 들면 당신이 살고 있는 집이 영계의 아름다운 화원과 중복되고 있는지도 모르겠고 검으스레한 저급령이 모여 웅성대고 있는 지옥과 겹쳐 있는지도 모른다. 일반인들은 알 수가 없는 것이다.

옛날 프랑스 영화로 '이승과 저승'의 중복성을 훌륭하게 표현한 〈올페〉를 중년 이상의 독자들은 기억할 것이다. 파리의 화려한 거리를 '이 세상 사람들'이 즐겁게 대화하면서 걸어가고 있었다.

카페의 테라스에서는 젊은 연인들이 정답게 대화하고 있었다. 그런데 여기에 있는 사람들과 침묵 속에서 어울려 다니면서 앉거나 서 있는 저 세상 사람들이 등장하고 있었다. 침묵하고 있는 사람들의 대화가 들리기 시작하면 이번에는 '이 세상 사람'들의 대화가 들리지 않게 된다.

결국 같은 장소에 있으면서도 이 두 종류의 인간들이 보는 세계는 전혀 다른 것인데, 서로 볼 수도 없고 서로 알 수도 없는 묘한 세계이다. 저 세상과 이 세상은 보통의 경우 이와같은 관계인 것이다.

제4부
심령현상과 영계

영계를 증명하는 심령현상

영계의 존재를 믿는 사람들

 영혼이나 영계의 존재에 대하여 선진국에서는 활발히 연구가 진행되고 있다. 최근 일본에서는 각종 과학적 방법에 의해 영계와 이것과 깊이 관계되는 초능력이나 예지력 등의 존재를 확인하려는 시도가 계속되고 있다.
 여기서 선진국들이 어떻게 영계 존재의 확인을 위해 연구하였는가를 살펴보자.
 유명한 발명왕인 에디슨은 '특수한 수신기를 만들어 영혼이 발산하는 통신을 들을 수 있다면 영혼의 존재가 확인될 수 있을 것이다'라고 말한바 있다.
 에디슨은 일찍부터 영매(靈媒)나 초능력자들에 의한 영계와의 교신을 이미 알고 있었을 것이고, 이것을 많은 사람들이 '속임수'로 밖에 받아들이지 않는 현실에 대하여 이와같은 제언을 한 것으로 볼 수 있다.
 에디슨은 마지막 임종의 순간에 혼수상태에서 깨어나자 부인이 '고통스러워요?'하니까 '아니요, 기다리고 있을 뿐이요. 저쪽은 아주 깨끗한 곳이야'라고 대답한 뒤 숨을 거두었다고 한다.

이 외에도 심령의 존재를 인정한 저명인사에는 미국의 링컨 대통령을 비롯하여 빅토리아 여왕, 괴테, 위고, 작곡가인 모차르트 등이 있고 정신분석자인 프로이드도 여기에 포함되었다.

또 심령세계의 존재를 과학적으로 입증한 사람은 노벨의학상의 수상자인 생리학자 르셰 박사다. 그는 초감각 즉 ESP라고 하는, 인간에게는 평소에도 제6감을 초월하는 능력이 있고 이것을 최면실험을 통해 입증하였다. 그후 심령학자로서의 연구는 30년이 넘는다.

그의 심령 연구는 1950년대가 가장 왕성하였는데, 핀랜드의 학자인 얄팔라가 모국의 듀크대학 초심리연구소에서 그의 연구가 사실임을 검증 확인했고, 초능력 위에 영혼의 존재와의 관계를 발표함으로써 세계적인 반응을 불러일으켰다.

최근에는 아메리카 듀크대학 초심리연구소장 라인 박사가 ESP카드와 통계학적인 방법 등을 사용해 초능력을 연구했고, 과학계를 크게 설득할 수 있었다. 소련에서는 소련 아카데미의 니코라이코즈레프 박사가 유명하다.

J·B·라인의 연구

여기에서 라인 박사의 연구를 살펴보자.

인간이 가진 5감을 초월한 힘을 PSI[사이]라고 부르고 있다. 사이킥〔심령적〕과 같은 의미이고, 이 심령적 능력을 아는 힘을 ESP=초감각적 지각이라고 하며 작용하는 힘을 염력(念力)이라고 부른다.

라인 박사는 25장 1조의 트럼프와 같은 카드〔ESP카드〕를 수천명의 학생들에게 실험하였다. 실험하는 사람은 그 1조의 카드를 10일 후에 끊어서 섞을 예정으로 하고 그때 맞출 순서를 상상으로 기록한다. 그 결과 통계학적으로 높은 성적을 얻을 수 있었다.

라인 박사는 인간의 마음이 5감(感)없이도 예지하는 능력, 즉 투시할 수 있다는 것을 증명하였다. 그리고 맞추려고 하는 카드와 인간과의 거리는 4천마일이 떨어져 있을 때도 성적과 관계가 없다는 사실도 발표했다.

또 사이코로의 눈을 예측하는 실험에서도 같은 결론을 얻었는데, 3차원의 물리적 힘이 아니고 투시력은 4차원의 세계에서 3차원의 물질을 지배하는 힘이라고 말했다.

현대 물리학이나 수학, 컴퓨터에서도 사이코로의 여러 가지 눈은 계산이 불가능하지만 확률만은 인정한다. 그리고 이 4차원이란 바로 영계인 것이다.

그리고 1966년 가을, 거액의 사재를 투입하여 현대과학에서 해결할 수 있는 최고의 영혼 측량 장치를 만든 독일의 7인 과학자 그룹은 인간이 죽은 뒤, 육체에서 빠져나가는 수분이나 가스 등 물질을 함께 하여도 과학적으로 분석할 수 없는 무게가 35g이었다는 것을 명백히 하고 이것이 영혼의 무게라고 발표하여 유명해졌다.

이와 같은 세계적인 추세에서 영국에서는 1882년에 심령연구협회가 발족되었는데 케임브리지 대학의 철학교수 헨리 시지윅크와 물리학자 올리버 롯지 등 저명한 박사들에 의해 구성되었다.

그 3년 후에는 미국 심령연구협회가 저명한 대학교수들에 의해 발족되었다. 미국과 소련의 냉전 시대에 연간 수십억 달러의 예산을 투입하여 군사적으로 초능력을 이용하려 한 사실은 잘 알려진 이야기이고, 미국 CIA가 과거 20여년간 동남아시아의 밀교 초능력을 연구해 왔다는 것도 유명하다.

영계를 증명하는 심령현상

아직도 심령의 물리적 해명에는 상당히 거리가 있으나 이와 같은 심령현상을 연구하고 학문화 시킨 것이 심령과학이다.

이제 세계의 심령과학 연구가들이 공통적으로 인정하는 몇가지를 살펴보자.

'―인간은 육체가 죽은 후에도 영혼으로서 생존을 계속한다. 그것은 희박한 하나의 유체〔엑토프라즘〕이고 일정한 중량과 실질을 지니고 있다. 육체가 죽은 뒤, 심령이 사는 세계는 지구의 주위를 포함하는 영계이고, 인간과의 사이에 커뮤니케이션을 유지하는 것이 가능하다. 그리고 심령 작용은 인간에게 놀라운 힘을 발휘하게 만든다.'

그리고 이것을 증명하기 위해서는 인생의 과정 중 몇가지 방법이 있다.

영시(靈視)와 심령사진 — 유체는 일정한 중량, 그리고 실질이 있으므로 적절한 방법을 강구하면 볼 수 있고, 사진 촬영도 가능하다. 그러나 확실하게 영시 가능한 능력을 갖기 위해서는 오랜 수련과 정신통일이 필요하다. 그러나 영적 능력이 원래 있는 사람은 어떤 순간에 그것을 보거나 사진을 통해 심령을 촬영할 때가 있다.

영청(靈聽) — 심령이 발신하는 소리나 인간에게 말을 걸어올 때, 반수면상태에서 자주 일어난다.

영언(靈言) — 죽은 사람의 영혼이나 동물령 등이 영능자에게 옮겨져 말하는 현상이다.

자동서기(自動書記) — 본인의 의지와는 전혀 관계없이 그 사람에게 어떤 영체가 작용하여 그림이나 문장·소설·작곡 등을 하도록 하는 현상이다.

이 밖에도 빙의(憑依)현상이나 수호령, 영계통신, 심령치료 등에 의한 심령현상이 연구되고 있다. 이제 심령현상의 실례를 구체적으로 살펴보자.

영시(靈視)는 비틀거리는 그로기상태에서 많다

자주 유령을 보았다고 말하는 사람들이 있다. 즉 심령 용어의 '영시'와 같다. 훌륭한 영능자는 영시 능력이 대단히 우수한 사람이지만, 물론 일반인도 볼 수가 있다. 이것은 드문 경우이지만 순간적으로 사망한 사체에서 혼백을 잠깐 볼 때가 있기 때문이다. 이것도 대부분 영파가 일치했을 때 많이 볼 수 있다.

격전이 벌어졌던 전쟁터에서 유령들이 많이 나타난다는 이 야기가 있는데, 일시적으로 많은 병사들이 고통속에 죽어 갔으므로 지박령(地縛靈)도 많고 영파가 비슷한 친구끼리 어울리는 기회도 많기 때문일 것이다.

이같은 유령은 영적으로도 설명이 가능하지만 옛날부터 내려오는 이야기에 등장하는 유령은 전혀 다른 것으로 본인의 양심적인 가책이 만든 '망상'인 경우가 많다.

예를들면 영혼이 습기에 약하다거나, 비가 한방울 두방울 떨어지는 밤에만 나타난다는 것은 극적 효과를 높이기 위한 방편인 것이다. 그런데 그런 영능자 뿐만이 아니고 이같은 영시 현상이 일반인에게서도 가끔 나타나는 것은 근원적으로 영계가 존재하기 때문이라는 증명일 것이다.

외국에서의 체험

영국 성공회의 사제평의원인 필립프스 신학박사는 지난 1963년 이상한 경험을 했다. 그것은 생전에 가끔 편지를 교환한 일은 있었으나 한번 밖에 만난 일이 없는 루이스씨를 사후에 만나 대화한 경험이다.

루이스씨가 사망한 수일 후 박사가 TV를 보고 있을 때, 그가 몇미터 앞의 의자에 앉아 있었다. 그리고 그는 당시 곤경에 처에 있던 사정에 대해 적절하고 유익하게 조언해 주었다. 루이스씨의 안색은 건강한 모습이었는데 박사는 전혀 루이스씨를 염두에 두고 있지 않았다.

그후 1주일이 지난 어느날, 침대에서 책을 읽고 있는데, 전보다 더 건강한 모습으로 나타나 중요한 충고를 아끼지 않았다.

이같은 사실이 두 번이나 있었기 때문에 선배 사제에게 말했을 때, 그는 '그런 일은 자주 있는 일'이라고 말했다.

앞에서 유령을 만나는 것은 양심의 가책이 만들어 낸 '망상'일 경우가 있다고 했는데, 유럽의 정신의학에서도 '망령'이라고 하는 것은 의식 밑에 있는 여러 가지 희망, 마음속에 남아있는 죄책감, 그밖에 혼합된 상상력이 외부로 나온 것이라고 설명하고 있는 것이다.

그러나 필립스 박사의 경우, 루이스씨를 불러들이게 된 정신의학적인 필연성은 생각하기 어렵다. 더욱이 박사가 생전에 한 번 만났을 때 루이스씨는 승복을 입고 있었다.

그러나 사후에 나타난 루이스씨는 항상 '낡은 트위드 복장'을 입고 있었고, 그것이 그의 일상복이었다는 사실을 알게 된 것은 얼마 후의 일이었다.

다만, 약간 흥미있는 것은 루이스씨가 나타난 것은 항상 박사가 저작활동으로 정력을 쏟았을 때거나 피곤한 상태에서 회복되지 못한 경우였다. 박사도 피곤이 겹쳐 심신이 괴로운 '그로기상태'에서의 에피소드라고 할 수 있다.

그러나 이 유령 이야기에서 다른 점은 루이스씨가 무서운 존재가 아니고 박사에의 귀중한 조언자로서 나타났다는 점이다.

필립스 박사와 같은 영격(靈格)이 높은 사람에게는 영격이 높은 유령이 나타나고, 영파가 비슷하기 때문에 가능한 것으로 볼 수 있다.

처칠 수상의 모친도 심령을 보았다

또 하나의 다른 이야기를 소개하면 — 이것은 《영국의 대망령(大亡靈)》에 나오는 실화인데, 노오만 여사는 망령이 잘 출현하는 곳이 아주 역사가 깊은 대저택일 것이라고 추정하고 훌륭한 저택을 소유하고 있는 30명에게 편지를 띄웠다.

그중 하나에 영국 서섹스주에 있는 프르앙가(家)가 있었다.

이 프르앙가의 선조는 1708년 이래 브레드 저택에 살고 있었는데, 이 집은 1350년부터 있었고, 유령가로 알려진 것은 프르앙 일족이 살기 시작한 뒤부터였다.

이 저택의 유령 이야기에는 이 근방에 사는 밀수업자가 매일 밤 아이들을 잡아먹는다는 소문이 있었으나, 무엇보다도 이 집에 사는 가족들도 공포 속에 살고 있다는 사실이었다.

이 집 주인인 로져 프르앙의 부친은 지하실에서 목격한 사실을 말하려고 안했고 숙부중 한 사람은 밤에 2층에 올라가지 못했고 프르앙의 조부도 밤에는 정원에 나가는 것을 피했다.

이 집을 방문하는 사람들도 공포에 떨었다. 어떤 소년은 새벽녘에 '큰 드레스와 목까지 주름치마를 걸친 여자'가 나타나 기절하였다.

또, 윈스톤 처칠의 모친인 란돌프처칠 부인은 밤이 되자, 어떤 방에서 처참한 사람들 소리가 들려와 동생 크라라와 도망쳤다고 고백했다.

또 프르앙의 사촌인 마가렛셰리단은 해군의 수병같은 남자로 '이 집의 상속자가 곧 죽는다'고 하는 것을 듣고 있었다.

라이안 노오만은 1969년 협조자이면서 영매자(靈媒者)인 톰 코펫드와 같이 이 집을 방문했다.

두 사람은 여러 가지 이야기를 듣기 전에 집안을 둘러보았다. 코펫드는 최소한 3명의 유령이 살고 있는데, 동쪽편 침실에 나타나는 남성과 여성, 그리고 서쪽의 예배당과 그 위에 있는 작은 집에 나타나는 남성은 목사로 '가장 강한 힘을 갖고 있으면서도 호의를 가진 유령'으로 판단하였다.

그후 두 사람은 그 집안의 족보를 살펴보고 코펫드의 판단이 옳다는 것을 확인하였다.

이 밖에도 로마의 병사들이 현재는 없어진 옛날 도로로 행진하는 유령이 나타났는데 하반신 밑에는 보이지 않는 모습이었다고 하는 경찰관 등 흥미있는 이야기가 많다. 여기에서 우리가 짐작되는 것은 프르앙가의 유령이나 로마의 병사들이 지박령(地縛靈)이라는 이곳에서 전멸한 부대일 것이고, 목사의 혼령은 다른 망령들로부터 이 집을 지키려고 노력하기 위해 나타나는 것이라고 볼 수 있다.

영능력자에 대한 영시(靈視)

영시는 그때 그때의 상황에 따라 여러 가지를 생각할 수 있다. 앞에서 인용한 영국의 유령가에서 영매자가 3명의 망령의 발견한 것도 이 영시이고, 넓은 의미에서는 미래를 예지(預知)

하거나 상자 안의 투시(透視), 원거리에서 일어나고 있는 것을 알 수 있는 천리안(千里眼)등도 여기에 포함시키는 경우가 있다.

예를들면 노스트라다무스의 예언이나 스웨덴보그가 멀리 떨어진 스톡홀름의 대화재를 '보았다'하는 것도 여기에 포함된다.

우수한 영능력자들은 영시에 의해 정확히 영적인 세계를 투시할 수 있다. 일본에 있을 때, 영능력자를 만난 일이 있다.

'당신은 아주 훌륭한 수호령의 보호를 받고 있다. 대개의 수호령은 4백년 전의 조상령인데 당신의 경우는 천년이 넘는 수호령이며 영격이 높기 때문에 백광체와 같은 모습이다'라고 판단했다.

영통력을 갖기 위하여는 장기간의 수련에 의해 영시할 수 있는 능력을 키워나가야 가능해진다.

사기망령(死期亡靈)이란?

미국이나 유럽에서는 사기망령(死期亡靈)에 대한 보고가 상당히 많다. 이것은 어떤 인간이 죽은 직후, 또는 죽는 순간에 보이는 것으로, 예를들면 이태리의 어떤 여성은 집에서 낮잠을 자다가 눈을 떠보니 친정 엄마의 죽는 모습이 나타났다고 하고, 시카고의 어떤 여성은 아침에 일어나 차를 끓이기 위해 부엌에 갔을 때, 동생의 다리가 줄에 매달려 있는 것을 보고 '떨어진다'고 소리쳤다.

앞의 예는 고향의 모친이 급사했다는 것이 확인되었고, 뒤의 예는 선원인 동생이 실수로 바다에 떨어져 익사한 사고인 것이 뒤늦게 알려졌다.

 이와 같은 현상은 흔히 말하는 '죽음의 통보'나 '꿈에 나타난 돌아가신 아버지'와 비슷한 것인데 일종의 텔레파시에 의한 것으로 생각할 수 있고, 이것이 세계 도처에서 나타나는 현상인 점에서 그 배후에 '영적인 세계'의 존재를 생각하게 하는 것이다.

 캐나다에 있을 때, 18세의 교포 학생이 '죽음을 알리는'경험을 나에게 서신을 통해 전해 온 일이 있다. 그 내용은 다음과 같다.

 〈나는 18세인데 부모가 직장에 출근하는 관계로 한국에서 캐나다에 온 지 10여년간 할머니의 보살핌 속에서 성장해 왔습니다. 그런데 지난 여름에 할머니께서 암으로 입원하셨고 나는 학교 친구들과 같이 3박 4일의 여행을 떠났습니다. 그런데 3일째 되던날 벤쿠버의 어느 여관에서 할머니의 꿈을 꾸었습니다. 나는 한번도 사람이 죽는 모습을 본 일이 없습니다. 할머니는 몹시 괴로운 듯한 표정으로 신음하고 계셨습니다.

 친구들이 나를 깨웠기 때문에 눈을 떴는데 잠자리에서 할머니를 여러 번 불렀다고 합니다. 나는 불안한 예감을 갖고 있으면서도 그렇게 쉽게 할머니가 돌아가셨을까 하면서 다음날 귀가하였더니 그것이 현실이었습니다. 나는 할머니가 돌아가시면서 나에게 죽음을 통보한 것으로 보게 되었습니다.〉

 이같은 체험은 흔히 주위에서 있는 것으로 생각할 수도 있을 것이다.

펄터가이스트 현상

펄터 가이스트[소음]란 말이 있다. 이것은 영적인 또는 초상(超常)현상 중에서 그 나타남이 가장 확실하다. 일반적인 영인 경우는 물결치는 랩소리로 돈돈돈이나 삐삐삐 같은 소리가 나고, 악령인 경우는 물건이 떠올라 가구를 파괴하기도 하기 때문에 '시끄러운 유령'이라고도 불리워지고 있다.

이 펄터 가이스트 현상은 세계 여러 곳에서 발생되고 있는데, 1925~1950년 사이에 프랑스의 경찰관인 F·드즈느가 수집 분석한 보고서가 발표되고 있다.

그 증대하는 '기묘함'에 따라 현상을 분류하고 있다.

- Ⓐ 폭격 — 가옥이 비처럼 쏟아지는 물체의 표적이 된다. 돌덩어리가 지붕에 떨어지고 창문유리가 깨지고 집안으로 들어간다. 주로 외부가 부서지며 내부에서는 이 현상이 생기지 않는다.
- Ⓑ 창문·벽·가구 등을 강타하는 소리가 들리고, 집안의 일정한 장소나 여기 저기에 들려 온다.
- Ⓒ 창문, 유리창 기타 달아 논 찬장 등이 자연히 열린다.
- Ⓓ 물건이 움직이고 던져진다. 3미터 정도 이동되면서 잘 부서질 수 있는 것은 괜찮고 반대로 단단한 것은 완전히 파괴된다.
- Ⓔ 이상하고 시끄러운 소리가 가끔 들려 온다.
- Ⓕ 고의적으로 움직인 것처럼 비상식적으로 물건이 움직인다. 가구 주위를 회전하는 것처럼 움직일 때도 있다.

ⓖ 드문 일이지만 안쪽 밀실까지 이물질이 침입한다.
ⓗ 관찰하는 사람이 손을 대면 따뜻하게 느껴진다.
ⓘ 하늘에서 내려온 것처럼 돌연 물체가 나타난다.

1973년 4월 스코틀랜드의 아바레인에서 할머니 두 사람과 10살의 아이 3식구가 사는 집에서 발생했다.
창문을 두드리는 소리가 심하고 가구들이 슬금슬금 움직이는 소리에 놀라 할머니들이 경찰에 신고했다. 경찰의 부탁으로 심령협회 부부와 할머니의 아들이 조사한 결과 실제적으로 여러 가지 가구가 이동되고 뒤집어졌으며 변화가 확인되었다.
처음에는 손녀딸의 장난이 아닌가 생각했으나 잠든 뒤에 이 소동이 발생된 사실이 확인되었다. 얼마후 여기에 두는 것 보다는 아동보호소에 있도록 하는 것이 좋을 듯하여 그렇게 조치한 결과 이같은 소동이 없어졌다. 이점에서 이 집안에 잘 길들여지지 못한 정서적 불안정이 어떤 작용을 한 것이 아닌가 하는 사건이 1960년에 스코틀랜드에서 발생하였다. 또 특정한 인물의 정사와 관계되는 것으로 짐작되는 것이 많은데 그 이유는 확실히 모른다.
이같은 소동에는 지하의 물줄기 변화가 가옥의 토대를 낮추기 때문에 진동이 생기는 것으로 보여지는 소동도 있었다고 한다. 1855년부터 1880년 사이에 있었던 런던 시내에서 계속 발생된 펄터 가이스트 소동은 대부분 이 토대의 붕괴가 원인이었다고 최근 확인되고 있다.
그러나 이같은 영현상은 수없이 많고, 그 대부분은 인연이 있는 혼령이 끝까지 집착하거나 자기 희망을 남에게 주입시키려 하기 때문에 생길 때가 많다. 후에 설명하겠지만 '하이스빌 사건'도 이 패턴이라 할 수 있다.

그리고 피해자를 조사해 보면 영적 능력이 많은 사람이 대부분이라고 한다.

이같은 영적인 소동은 단순히 악의때문에 생길 때도 있고, 영능자의 에너지를 빌려 물리현상을 일으킨다고도 볼 수 있다.

영청(靈聽)에는 선과 악이 있다

영청(靈聽), 이것은 혼령이 이승에 살고 있는 인간에게 대화를 걸어오는 것으로, 직접 그 소리가 들려오는 것이다. 영청현상은 반수면상태에서 잘 생기고, 보통 사람이나 영능자가 아닌 경우에도 들리는 경우가 있다.

예를 들면 돌아가신 어머니가 나타나 '이번 여행은 중단해라'라고 말하는 것이 들린다. 그래서 여행을 취소하였는데, 예정된 비행기나 선박에서 사고가 발생된다. 프랑스의 쟌 라이크가 들은 천사의 목소리도 이 영청의 하나일 것이다.

그러나 이 영청이 이상한 언어를 발신하는 것은 빙의령에 의한 경우가 많다. 비정상적인 비행 조작에 의해 사고를 일으킨 파이롯트들은 이상 조작 직전에 의식이 없어지면서 '가자…가자'같은 메아리 소리를 들었다고 말하고 있다.

어떤 운전기사는 '머리에 전파 지령이 내려 와 날러라, 날러…'하는 노인 목소리가 들렸다고 증언하고 있다.

정신병 환자가 체험하는 환청(幻聽)도 빙의령에 의한 것으로 생각되고 있다.

망령이 영능자에게 옮겨지는 영언

영언(靈言) — 영능자에게 죽은 사람의 혼백이 붙어서 영능자의 소리를 빌려 말하는 현상이다.

외국에서는 영매(靈媒) 중개로 하여 영의 소리나 이야기를 듣는 것이 많은데 이것도 영언의 하나로 볼 수 있을 것이다.

영언은 영청과 더불어 이승의 인간이 영계 인간과 교신하는 귀중한 방법이다.

이 영언을 듣는다는 것이 별로 알려져 있지 못했을 때 영계와의 교신이 어떻게 이루어졌을까? 여기에는 '근대 심령술의 발상(發祥)'이라는 점에서 유명한 실례가 알려져 있다.

1848년 3월 31일, 미국 뉴욕주 하이즈빌에 사는 죤헉스씨와 마가렛부인 그리고 어린 두딸인 리(15세)와 케트(11세)일가는 이사 온 집에서 몇 년 전 살해당한 남자와 교신하게 되었다.

훼스 일가가 이사 온 것은 전년 12월이었는데 그전부터 이 집은 유령이 나온다는 소문이 자자했다.

이사 온 얼마 후부터 한밤중에 이상한 소리가 들렸으므로 어린 딸들은 무서워 부모와 같이 잘 때가 많았다.

'발소리만 내지 말고 저와 같이 해보세요'라고 말하면서 케트양이 손뼉을 몇 번 쳤을 때, 그쪽에서도 몇 번 손뼉치는 소리

제4부 심령현상과 영계 97

가 되돌아 왔다. 그 다음에도 수차 이것이 반복되었다. 여기에 훼스 부인도 가세하여 그들 집안의 아이들 나이를 질문했더니 3세에 죽은 아이가 있었다고 답변했다.

이같은 방법이 몇 번 반복되면서 그들이 이집에서 수년 전에 살해된 일가란 사실을 확인했고, 실제로 유골로 발견되었다고 한다.

얼마 후 이같은 교신 내용이 미국 전역에 알려지고 훼스가의 두 자매는 심령회에 까지 출두하여 증언하게 되었다.

지금은 잘 복원된 이 훼스가 앞에 '근대심령술 발상의 땅'이라는 기념비가 세워져 있다.

죽은 사람들과 대화하려고 하는 것은 누구나가 원하는 것이었으므로 심령술이 붐을 일으켰겠지만 이것을 돈벌이와 연결시킨 엉터리 심령술가들도 많았을 것이다.

그러나 영시·영청·영언과 같은 열쇠가 일반인들에게 영계 존재를 실증한 것이 확실하므로 앞으로 연구할 필요는 충분할 것이다.

자동서기=영계인의 존재 증명

자동서기(自動書記)는 오토매틱 라이팅이다. 이것은 어떤 인간에 영이 작용하여 그 본인의 의지와는 전혀 관계없이 문장이나 그림 등을 자동적으로 만들어 내는 현상으로 어느 때는 소설과 작곡도 가능하다.

일본의 경우는 염사(念寫)로 유명한 동경대학 심리학 교수

후꾸끼(福美友吉)박사의 실험이 있고, 세계적으로 유명한 것으로는 영국의 작가 찰스 디킨스가 마지막으로 쓴 소설 《에드윈 트르드의 신비》가 있다. 이 소설은 그가 생전에 집필하다가 완성하지 못하고 1870년 7월 사망하였다.

그런데 미국의 바몬드주 브랏트로보에 사는 공장 직공인 제임스가 자동서기에 의해 영계로부터 통신문을 받기시작했다. 이 통신문에는 찰스 디킨스라는 서명까지 있었다.

제임스는 1872년 크리스마스날부터 다음해 7월 8일까지 소설의 마지막 부분을 받아 완성했다. 물론 그에겐 소설을 쓸 수 있는 능력이 전혀 없었으므로 자동서기에 의한 것이었다.

이 제임스에 의해 기록된 부분은 디킨스가 생전에 쓴 분량보다 더 장문이었는데 그 사고방식이나 문장 등이 본인 자신의 글과 너무나도 비슷했다고 한다.

이렇게 완성된 소설은 디킨스의 사후 4년만인 1847년에 출판되었다. 현재도 이 작품이 디킨스의 소설로 인정되고 있다.

이와같은 이야기는 남미의 브라질에도 있다.

샤피엘이라는 1917년 태생의 남자가 있는데, 그는 집안이 가난하여 교육을 전혀 받지 못했다.

샤피엘은 자동서기 현상이 자기에게 나타났으므로 18세 때 루이스 콘져거 중앙심령협회에 들어가 수행을 시작했다.

그는 자동서기뿐만이 아니고 영능력에 의해 질병, 주로 신경통의 병을 치료할 수 있었다. 이때 에마누엘이라는 몇백년 전의 문학자가 영 현상으로로 나타나 '당신 샤피엘의 몸을 통해 미완성의 소설을 완성하고 싶다'고 말했다.

그리고 이 천 페이지가 넘는 소설을 불과 5일만에 완성했는데 이 소설의 작가가 에마뉴엘이라는 사실을 알리는 것이 자동서기보다 더 큰 고민이었다고 한다. 샤피엘이 쓴 소설이 틀림없이 몇백년 전의 에마뉴엘이라는 것을 인정받기 위하여는 당시의 문학자, 평론가 등 100여명 이상이 감정에 참여했고, 2년 후에야 확정되었다.

이 소설은 에마뉴엘과 샤피엘의 서명을 넣어 출판되었는데 큰 파문을 던졌다고 전해진다.

그 후에도 샤피엘은 고인이 된 작가들 책을 자동서기로 계속 발간하였는데, 그것이 100권이 넘는 단행본에 이르고 있다.

샤피엘과 같은 자동서기의 경우, 사실상 자기의 발상에 의해 쓴 것이 아니고 분명히 영의 지시에 의한 것이라고 판단하기가 어려운 일이다. 물체나 언어의 선택, 표현방법 등을 교묘하게 흉내낸 것이 아닌가 하는 의문이 남기 때문이다.

그러나 여기에 예시된 두가지는 현재 자동서기임에 틀림없다고 인정되고 있다. 그것이 이미 돌아간 작가들이 영계에서 삶을 계속 하면서 새로운 작품을 타인에게 빙의하거나 또는 영력으로 보내고 있는 것으로 밖에 생각할 수 없기 때문이다. 즉, 영계 존재의 증명인 것이다. 그러므로 자동서기는 영이나 영계 존재를 확인시키는 수단이라고 생각하는 것이 옳을 것이다.

자동서기로 작곡한 여성

또 한가지 자동서기로 유명한 작곡이 있다. 영국의 영매가 노즈마리 브라운이 1976년 베토벤의 영에 의해 자동서기로 작곡한 '제10교향곡'이 있다. 잘 알려진 바와 같이 베토벤이 작곡을 완성한 것은 '제9교향곡'까지이다.

이 자동서기에 의한 작곡은 네덜란드에서 동시 진행되는 다큐멘터리 영화를 촬영하면서 진행되었다. 더욱이 네덜란드의 세계적인 영능자인 제랄드 크로와젯드가 영시를 통해 베토벤의 영이 관계되어 있는가를 확인했다.

작곡이 완성되자 영국과 네덜란드의 유명한 음악가들이 진실로 베토벤의 작곡에 의한 것인지를 감정했다. 그러고 난 후에 그 곡이 연주된 것이다.

영화는 이 과정을 전부 취급하고 있다.

이 로즈마리 브라운이라는 여성은 40세 전에 남편과 사별했었는데, 어느날 피아노곡을 잘 연주하지 못했었는데 손가락이 제멋대로 건반 위를 달렸다. 크게 놀랬으나 그 선율이 대단히 훌륭한 것임을 느낄 수 있었다.

그녀는 여기에서 흘러나오는 곡을 악보에 옮겼다. 이것은 큰 고통이었다. 정규적인 음악 공부를 하지 못했기 때문이다.

그런데, 리스트곡과 비슷한 것을 악보에 옮긴 다음에는 유명한 작곡가 영혼들이 차례로 찾아와 자동서기가 아닌 자동 연주로 새로운 작품을 만들기 시작하는 것이었다.

그녀는 장기간 이것을 믿어줄 사람이 없기 때문에 가까운 친구에게만 말했는데, 슈롭사이어 교육대학의 학장인 죠지 트리베리앙경이 이것을 알게 되었다. 그는 당시 음악 교육의 권위자인 화즈경에게 이 사실을 전했고, 브라운 여사는 일약 유명해졌다.

얼마후 '로즈마리기금'이 후원자들에 의해 구성되었고 그녀는 '작곡'에 전념할 수 있게 되었다. 그뒤 6년간에 400곡 이상의 명곡을 악보로 완성하였다.

자동서기에 의한 작품집은 레코드에 수록되었고, 그녀 자신의 전기도 발간되었다.

그녀의 연주에 대하여 어느 유명한 피아니스트는 '연주는 평범하지만 작품만은 훌륭하다. 〈리스트의 크류베라이〉 등은 생전의 전작품 보다도 우수하다'고 평했다고 한다. 그리고 탁월한 피아니스트의 연주나 천재적인 연기자들을 영능자가 영시하면 그 사람을 수호하고 영적 존재가 그 배후에서 도와주고 있을 때 투시된다는 것이다.

이와 같이 우리 인생에서 나타나고 있는 불가사의한 일들은 영계와 연결되어 있고 훌륭한 작품들도 그 근원이 영계로부터 출발되고 있음을 알 수가 있다. 즉, 천재는 이승의 1대에서만 완성되는 것이 아니고 영계와 연결되지 못하면 그 재능이 꽃피울 수 없게 되는 것이다.

여러 가지 영계통신

영계통신은 영혼편에서 자발적으로 물리적인 영 현상을 일으키는 것은 아니다. 심령과학이 종교는 아니지만, 영의 존재를 확실히 인정하는 죽은 분의 혼을 중요하게 여기며 저승에서 발생되는 것을 연구하는 것으므로 당연히 영계와 통신이 가능한 것으로 생각하면서 이 통신연구에 관심을 갖는 사람들이 있기 마련이다. 그 점에서 자동서기는 '인쇄통신'이라고 해도 과언이 아니다.

여기에 관해 가장 유명한 것이 과학적 조사로 높이 평가되고 있는 '마이어즈 통신'이다.

이것은 1901년에 죽은 프레트릭 마이어즈가 사후 30년에 걸쳐 15인의 영매인들과 교신한 영계와의 상호통신이다.

이 마이어즈는 사후의 삶을 믿었고, 가능하다면 저승에서 여러 가지 증거를 보내겠다고 말해 왔다. 그리고 사후에 이 통신이 시작되었는데 실제로 통신을 받은 사람에 의하면 이 마이어즈 이외에도 같이 심령연구협회를 창설했던 헨리 시지윅과 에드먼드 커니도 포함되어 있었다고 한다. 그러나 전해 온 통신은 샤피엘의 경우와는 달리 영계에서 쓰는 언어 같은 것에 그리스어나 라틴어 같은 것이 섞여 이해하기 힘들었다고 한다.

영계통신의 방법은 현대에 와서 여러 가지가 시도되고 있는데, 종이에 글로 표현되기 때문에 누구나가 쉽게 공감을 갖게 하는 '위져'같은 기구가 이용되고 있다.

이웃나라 일본에서는 공학박사인 하기모토(權奉倦)씨가 생물 텔레파시를 가진 '4D메터'라는 '4차원파 수신기'를 만들었다.

처음에는 잘 반응이 나타나지 않았지만 선인장에 이것을 연결하고 사랑했던 부인을 불렀을때, 수신기 바늘이 크게 움직였다고 보고하고 있다.

현재 많은 심령연구가들이 이 수신기로 실험을 계속하고 있는데 상당히 성과를 올리고 있다고 전해진다. 특히 교토에 사는 고하라(小原弘方)씨는 인간의 혼과 영계 통신에 있어서 이 수신기가 큰 효능을 발휘했다고 증언하고 있다.

'라이렉 보이스'의 성공

하기모토 박사의 저서인 《4차원 경이의 세계》에 나오는 '라이렉 보이스'라는 체험 방법은 상당히 흥미가 있다.

그 내용은 다음과 같다.

라이렉 보이스[직접 담화]는 인간의 입을 사용하는 것이 아니고, 별도의 공간에서 소리가 나오는 현상이다. 1970년대에 미국의 유명한 영매인 라인하트가 NHK의 TV스튜디오에서 실험했을 때 나는 그의 라이렉 보이스를 녹음할 수 있었다.

의자에 묶여진 그는 입속에 물을 넣고 반창고로 봉한 다음 캐비넷 안에 들어갔다. 그 안에서는 착착…같은 소리가 나오면서 메가폰[확성기]이 높아지고 부인의 소리가 들려 왔다.

그 여인은 캐비넷의 지배령이라는 것이고 이어서 케싱톤 박사라는 남자 소리가 나오면서 얼마 뒤 일본 여자가 '밤새 안녕하십니까'라고 인사하는 것이었다.

이 라이렉 보이스라는 메카니즘의 비밀은 틀림없이 엑토프라즘[영혼]이었다.

이것이 목소리 같은 것을 만들고, 이것은 진동하면서 소리가 되며, 나온 소리는 메가폰의 속에서 나오는 것과 같이 탁해진다. 스테레오로 녹음된 소리를 분석하면 진실로 공중에서 나온 것인지, 영매인의 입에서 나온 것인지를 알 수가 있다.

만일 진짜 공중에서 소리를 낼 수 있다면 마이크로폰을 상자 속에 밀폐시켜 놓고 소리를 집어넣을 수가 있는데, 이 실험은 전에 동경대학의 전기공학과 실험실에서 성공하였다.

그때의 영매인은 하끼와라라는 분이었는데, 영매와 떨어진 장소에서 밀폐된 나무상자 속에 마이크를 넣었을 때, 뒤의 스피커에서는 증폭기를 통해 큰 소리가 울려 나왔다. 이것이 오늘날에 가능한 인간 영계 라디오인 것이다.

이 방법이라면 영매 자신이 떠들 때는 바로 누설되므로 엑토프라즘이 상자 속에서 성대를 만들고 거기에서 소리를 발생시켰다는 것을 알 수 있다.

그리고 다이렉 보이스라는 현상은 영혼들이 우리들과 교신을 희망하고 있다는 증명도 되는 것이다.

그리고 이 영계통신=음성 현상의 연구에는 오늘날 전자공학의 기술자들이 과학기구를 이용하고 있는데 기본적인 방법은 비교적 간단하다. 테이프 레코드에 테이프를 넣은 다음 소리없는 밀실에서 녹음기를 가동시킨다. 테이프가 끝나면 다시 리턴한 다음 재생한다.

약간 복잡한 것은 테이프 레코드와 레디오를 이용하는 것이다. 그러나 10~15분만 녹음하면 분석하는데 몇시간 걸릴 수

제4부 심령현상과 영계 105

있는 분량의 소리를 얻을 수 있다.

　이제까지의 실험에서는 영혼의 소리가 입력됐다는 확실한 증거가 부족하지만, 초상현상이 아니겠느냐 하는 것 이외에 설명하기 어려운 음성이 기록된 경우가 많은 것이다.

　심령사진은 부유령이나 지박령, 그 사람과 인연있는 영이 사진을 찍었을 때, 우연히 나타나는 현상인데, 이 분석에 최근에는 컴퓨터가 활용되고 있고, 정확하지 못한 것은 즉시 희박해진다. 더욱이 심령과학이 발전되면 영계와의 교신도 충분히 가능해지는 것으로 생각할 수 있다.

　그리고 탁월하게 우수한 발명이나 예술 등은 본인도 모르게 영계에서의 인스피레이션 통신을 수신한 경우가 많다.

　그 증거로 동일한 발명이 지구의 여러 장소에서 동시에 이루어지는 일이 상당히 많은 것이다.

심령치료와 영계

　현대에 와서 주목되고 있는 심령치료도 영계 현상의 하나이고, 그 근본은 '신앙치료'에서 출발되었다고 할 수 있다.

　서양에서 가장 오래 된 '신앙치료'는 성경에 적혀 있다.

　〈예수 그리스도께서 집에 들어가시매 소경들이 나오거늘 예수께서 저희 눈을 만지시매 가라사대 너희 믿음대로 되라 하시니 그들 눈들이 밝아졌느니라〉〔마태복음 9장 28절〕.

　이와 같은 치료는 상당히 많았다. 예수는 문둥병 환자를 깨끗이 낫게도 하시고 열병에 걸린 부인을 치료하거나 젊은 여성을 죽음에서 소생시킨 사실도 기록되어 있다.

　신앙요법에 있어서도 가장 위대한 인물이었음에 틀림없다. 또 다음과 같은 기록이 있다.

　〈큰 무리가 절뚝바리와 불구자, 소경과 벙어리 기타 여러 사람을 데리고 와서 예수의 발 앞에 두매 그들을 고치셨다.〉 (마태복음 제15장 30절)

　그러면 심령치료에는 몇가지가 있는가?

　우선 사령(邪靈)에 의한 영장(靈障)을 제거시켜 치료하는 방법이 있다.

　두번째는 인연을 해제시키는 것으로 첫번째와 비슷하다. 특징은 종교적 색체가 강한 치료라고 할 수 있다. 다시 말하면 사이킥 치료라고 하는 심리학적인 방법인데, 환자 자신의 마음 속에 삶의 의지를 깊게 심어주고 건강을 회복할 수 있다는 가능성을 느끼도록 함으로써 환자의 자연 치유력에 맡기는 것도 이 범주에 포함된다.

　세번째는 부재자(不在者)치료라는 것이 있다. 가장 유명한 실천가는 에드거 케이시이다. 그가 치료하기 위해 환자한테 요구한 것은 이름과 주소뿐이고 그 뒤에는 스스로가 자기최면을 걸어 치료방법을 찾아내 처방전을 만들었다. 케이시의 피지컬 [건강]리딩이 이것이다.

　그가 지시하는 처방에는 식양생(食羊生), 약초에 의한 치료, 척추의 지압 등이 포함되고 있는데 때로는 현대 의학적 요소도 첨가되어 있다.

　의학에 대하여 전혀 문외한이었던 케이시의 치료 방법은 신앙치료의 하나로서 크게 평가되었다.

현대는 이와 같은 처방이 전화를 통해 원격조정으로 치유되고 있다. 강력한 영능력자가 치유하려고 생각하면 전화만으로도 통증이 해소된다.

특히 만성적인 통증이 해소된다. 만성적인 통증은 현대의학으로 기대하기 어려우나 효과를 나타내고 있다.

네번째는 영계의 의사 지도에 따라 의사와 같이 수술과 치료를 영능력으로 똑같은 효과를 발휘하는 것이다. 최근 매스컴에서 진위(眞僞)에 대해 의견이 많은 것은 이중 후자에 속한다.

영계의 의사 지도에 의한 치료도 심령치료라고 하겠는데 방법은 보통 의사와 거의 비슷하다. 그러나 후자는 메스를 일체 쓰지 않고 손끝으로 아픈 부위를 째고 암소 같은 것을 제거시키면서도 전혀 상처가 없는 것이다.

전자에 대하여는 남미 브라질에 유명한 심령치료사가 있다. 브라질은 심령치료사가 많은 나라로 유명한데, 아리코라는 심령 외과의사는 독일인 외과의사, 일본인 산부인과 의사, 프랑스인 소아과 의사 3명의 영적 작용에 의해 통증없이 환자를 수술, 치료하였다.

이 아리코의 수술은 처음에 의사들의 반발로 투옥되기도 하고, 알젠틴 상원의원 부인의 피부암과 자궁암 등을 완치하는 실적을 통해 인정받게 되었다. 이 아리코는 유감스럽게도 교통사고로 사망했다.

최근 4번째의 후자에 대하여는 필리핀의 바키오시에 거주하는 쥰 라보씨가 유명하다. 필리핀에는 라보씨 같은 1급 힐러

〔심령치료인〕가 있는가 하면 가짜 심령가들도 있는 듯 하며, 환자의 몸에 손이 닿지 않아도 표피가 갈라지면서 환부의 병소를 제거하는 치료사가 있다.

이것이 사실이라면 범인과는 다른 영적인 능력자라고 하지 않을 수 없을 것이다. 여기에 대하여는 《인간이 죽으면 어떻게 되는가》의 저자인 생물학자 라이알 와트슨과 필리핀 심령학자들은 조사중에 있으므로 세상에 사실이 밝혀질 것으로 생각된다.

심령치료의 세계적인 경향을 살펴보면 미국, 유럽, 특히 영국은 제1이나 제2의 범주에 속하면서도 현대의학의 의사들과 협조적으로 치료하는 추세가 많은데, 현재 최고의 영국 심령치료사는 죤 케인으로 알려져 있다. 네델란드에서는 건강보험에도 심령치료를 포함시키고 있다.

이들 심령치료사들은 자기 스스로가 강력한 힘〔신·영·의사의 영혼〕의 매체에 의해 치료하고 있다고 공통적으로 생각한다. 결국 영계로 부터의 어떤 파워와 생체가 가진 파워를 재생시켜 심령치료가 효과를 발휘하는 것이다.

심령수술 분야는 사실상 완치된 사람들이 증가하는 추세에 있으므로 솔직한 안목을 갖고 연구를 진행시킬 필요가 있다. 그것이 영혼과 영계의 존재 증명을 발전시킬 뿐만 아니라 심령과학이 앞으로 인류에게도 공헌하는 분야가 될 수 있기 때문이다.

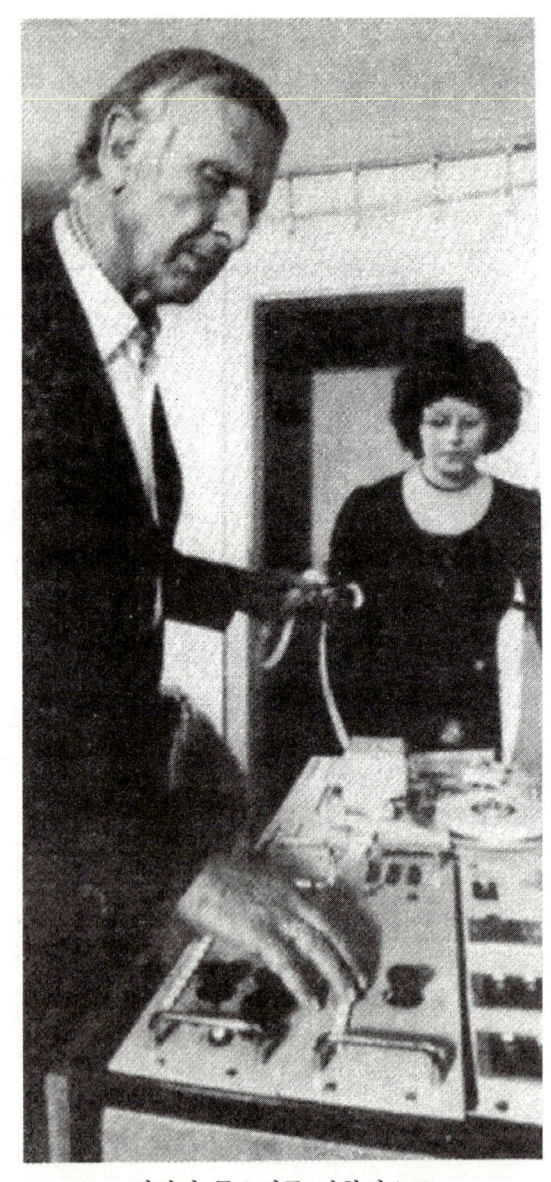

심령의 목소리를 과학적으로
조사하고 있는 한스 벤타 박사

제5부
영계와 수호령

수호령이란 누구인가?

수호령이란?

앞에서는 여러 가지 '영(靈)'이나 '영현상(靈現象)'에 대하여 이야기하였는데, 영계에 있으면서 당신을 지켜 주고 보다 잘살 도록 하는 '영혼'의 그룹이 있다.

이들 영혼은 당신이 부자건 가난하건, 악인이거나 선인이거 나를 막론하고 반드시 당신 곁에 존재하고 있다.

이것도 영현상에 나타나는 독특한 정신적 현상의 하나일 것이다.

여기에서 첫번째로 등장하는 것이 수호령(守護靈)이다. 수호령의 존재는 오래 전부터 불교에서 인정되어 왔으나, 불과 20여년 전부터는 거의 대부분 사람들이 이것을 긍정하게 되었다.

수호령에 대하여는 수차 설명한 바와 같이 각각 우리 인간의 배후에 존재하면서 항상 영계로부터 우리를 보호하는 영혼이며 그룹중에서는 가장 밀접한 영이다.

전술한 바와 같이, 당신이 이승에 다시 태어나도 되는가를 수호신에게 묻는 것도 이 수호령이기 때문에 당신이 어떻게 인생을 보내는가를 항상 지켜보면서 '당신에게 행운이 있기를' 바라는 영이기도 하다.

그리고 당신이 죽어갈 때와 당신이 두려움 없이 영계로 갈 수 있도록 노력하는 것이 이 수호령인 것이다. 그러므로 당신과는 전생부터 연결된 중심적인 영인 것이다. 수호령은 다음과 같다.

배후령(輩後靈) — 이 영도 영계에서 이승에 있는 인간을 뒤에서 돕거나 행동을 뒷받침하는 영이다.

지도령(地途靈) — 배후령 중에서도 특히 직업이나 취미같은 목적을 위해 그 인간을 지도하는 영이다. 비범한 예술가나 배우 등 세계적으로 인정받고 있는 유명인사들은 우수한 지도령이 배후에 있기 마련이다.

이렇게 설명하면 충분히 이해하지 못하는 독자들이 있을 것으로 짐작되는데, 요는 당신을 보호하고 지도하는 이들 영이 강력한 힘을 가졌는가의 여부가 당신의 행운과 불운을 결정하는 것이다.

당신에게 있는 '영 그룹'이 허약하면 '운 나쁜'일을 자주 만나게 되고, 그 반대로 힘이 강한 그룹이면 항상 '행운'을 맞이하게 된다.

사실상 역사적으로 행운을 누려왔던 왕족이나 장군들은 수호령·배후령·지도령에 둘러쌓여 있었다고 볼 수 있다. 그리고 영화 〈007〉의 '제임스 본드'같은 인간이 사실상 있었다면 훌륭한 영그룹〔수호령단〕의 보호를 받았다는 것이 된다.
　결국 3가지 영뿐이 아니고 많은 영들이 집단을 만들어 모든 위험에서 지켜 주는 것이다. 즉, 원래 있었던 개인의 영이 많은 집단을 형성시켜 협조하게 만드는 것이다.

솔직하고 양성적인 사람에게는 착한 영혼이

　일반적으로 꾸밈없이 행동하는 인간, 즉 삐뚤어진 데가 없고 자기의 생각대로 정확하게 행동하는 인간, 모든 사람을 평등하게 여기면서 빈부와 신분의 고하를 막론하고 차별하지 않는 사람에게는 착한 수호령, 말을 바꾸면 강력한 수호령이 붙게 된다.
　그리고 양성적인 인간인 것도 큰 의미를 갖는다. 그 이유는 양성인 사람은 양성적인 친구를 많이 갖게 되고, 이 친구들은 '영혼의 그룹'까지 집결되어 항상 많은 집단으로 둘러싸이기 때문이다.
　이 '영혼그룹'의 보호를 받고 있는 사람들은 대개 자기의 행운에 대하여 그 원인을 느끼는 경우가 많다. 불가사의하게 위험한 고비를 넘기거나 스릴을 맛볼 기회가 발생되기 때문이다. 이와 같은 사람들은 사업을 시작했을 때도 큰 사업으로 확장되면서 계속 행운이 뒤따라 온다.
　수호령의 보호 밑에서 '영'과 '영계'의 존재를 인식하고, 인간은 죽음으로 끝나는 것이 아니며 영원한 생명속에서 다시 태어난다는 사실을 생활 속에서 믿고 의지할 때 더욱 즐거운 이승을 보낼 수 있게 된다.

 그러므로 자기의 행운에서 수호령을 믿고 이 수호령의 힘을 빌려 현세에서 자기보다 어렵고 고통받는 사람들을 구제하려는 생활태도는 높이 평가받을만한 심령적인 삶의 구현이라 할 수 있다.

착한 수호령의 보호

 훌륭한 수호령의 지킴 속에서 배후령에 의해 잘 지도를 받는 방법에 대해 누구나 관심을 갖게 된다.
 앞에서 '수호령은 전생에서부터 당신의 중심적인 영'이라고 말했다. 그렇다면 '이미 결정되었으니까 방법이 없는 것이 아닌가'하고 생각하는 독자들이 있을 것이다. 확실히 수호령은 자기 쪽에서 선택하는 것은 아니다. 그러나 이것은 잘못된 생각이다.
 수호령에 대하여는 항상 존경심을 갖고 인사를 올리는 습관이 필요하다. 아침 기상과 동시에 '밤새 안녕하셨습니까'하고 인사를 올린다. 그리고 밤에는 취침 전에 '안녕히 주무십시오' '오늘은 수호령님 덕택으로 무사히 지냈습니다. 감사합니다'라고 인사드린다.
 요컨대, 자기의 수호령님과는 항상 커뮤니케이션을 잘 유지하고 있는 것이 중요하다. 우리가 생각할 것은 백명 중 몇 사람만이 항상 수호령의 보호를 받고 있느냐 하는 것이다.
 나도 어느 시기까지는 수호령이 나를 지켜 준다고 전혀 생각하지 못했다. 그래도 수호령님은 사람마다 각각 침묵 속에서 지켜 주고 있는 것이다.

그러니까 매일 조석으로 수호령님에게 인사를 드리고 그분의 보호에 대해 감사하는 마음을 갖는다면 더욱 잘 보살펴 주게 된다. 이것을 쉽게 생각하면 개를 보살펴 주는 것과 비교하면 된다.

예를들어 나나 당신이 두 마리 개를 키우고 있다고 가정하자. 한 마리는 아무리 맛있는 먹이를 주어도 잘 따르지 않고, 다른 한 마리는 아침에 얼굴만 보아도 꼬리를 치고 좋아한다. 이런 경우 당신은 어떤 개를 귀여워 하겠는가?

대답은 간단하다. 따르는 개에게 더욱 정이 들고 귀여워하기 마련이다.

수호령님도 이와 같이 보호에 대해 무관심한 인간보다는 자기를 믿고 항상 감사하고 있는 사람을 더욱 아끼고 사랑하게 될 것임에 틀림없다. 그러니까 항상 수호령님이 지켜 주고 있다는 것을 깨닫고 우선 감사하는 것이 중요하다고 생각한다. 항상 감사함을 느낀다면 아침 저녁으로 인사하는 것이 당연하기 때문이다.

또 하나 중요한 것이 있다. 그것은 매일 자기의 생활이나 행동을 분명하게 하고 주위 사람들에게 불편함을 주거나 불성실하지 않도록 스스로가 주의를 기울이는 것이다.

수호령이란 상대가 어떤 형의 인간이던 그 사람이 이익이 되도록 지켜주려 하겠지만, 항상 타인을 괴롭히는 생활태도 때문에 즉각 보복이 왔을 때도 과연 보호할 수 있겠는가 하는 것이다.

그리고 항상 불성실한 생활 방식을 가진 사람이라면, 수호령이 등을 돌리지는 못하겠지만 지켜 주기는 어렵게 될 것이다.

교체하는 수호령

여기에서 빙의령을 다시 한번 생각해 보자.

악령으로 빙의되는 것은 본인 스스로가 그러한 틈을 만들기 때문이다. 스스로 타락하는 혼령은 스스로 타락하는 인간을 좋아하고 증오의 화신과 같은 악령은 사랑을 모르고 증오에 매달려 사는 인간에게 붙는다.

자력으로 빙의할 수 없는 악령도 인간의 '생각'에 따라 빙의될 수 있는 것이다. 자기 스스로가 악령이 잘 붙을 수 있게 생각하고 행동한다면 수호령이 아무리 보호하려고 노력해도 지키지 못하는 것이 당연하다.

항상 수호령에게 감사하면서 커뮤니케이션을 잘 유지하고 자기 생활에 조심한다는 것은 다른 의미에서도 중요한 것이다.

그 까닭은, 수호령이 전생에서 저승까지 당신을 지키는 '중심적인 영'인 것이 확실해도 우리 일생 중에는 도중에 다른 수호령과 교체될 수 있기 때문이다.

이때, 수호령은 뒤를 계승하는 수호령에게 어떻게 당신을 소개할 것인가? 항상 감사하고 잘 커뮤니케이션을 유지해 온 수호령은 당신을 위해 가급적 선량한 수호령에게 계속 보살펴 주도록 부탁하지 않을 수 없을 것이다.

이와 정반대라면 이 인간을 충분히 지킬 수 없는 입장이기 때문에 적당한 수호령에게 맡겨 버릴 것이며 장래를 부탁한다는 것은 생각할 수도 없다.

천재적인 소질은 영계에서 양성된다

캐나다에서 만난 교포로 방랑화가인 A씨가 있다.

그는 일반적인 상식에서 볼때, 지적 능력이 보통을 넘지 못하는 평범인이다. 능력이 선천적인 '전생의 인연'이었는지 확실하지 않으나, 그에게는 영계로부터 전승되어 온 훌륭한 화가적 재능이 있었다.

그는 영계의 수많은 '마을'중 어느 한 마을에서 천재적인 소질이 양성된 것이다. 항상 남루한 옷으로 전국 방방곡곡을 그림을 위해 방랑하였으나 욕심도 없고 매사에 집념도 없는 듯한 태도였다.

특히 그는 남이 싫어하는 행동을 하지 않으므로 항상 많은 사람들로부터 사랑을 받았고 그들의 선량한 마음으로 둘러싸여 있었다.

그의 일기를 보면, 항상 수호령과 그의 독특한 언어를 통해 커뮤니케이션을 계속해 온 것을 알 수 있다. 풍경화를 그리기 위해 산속을 헤매다가 배가 고파 부득이 남이 가꾼 감자같은 것을 캐먹는 일이 있었다.

이때는 반드시 '이같은 짓은 잘못된 것이지만 배고프기 때문이니 주인 양반 양해하십시오…'라고 기도를 올리고 난 다음에 먹었다고 한다.

어떤 사람이 음식을 제공해 주면 '고맙게도 이것을 주셔서 잘 먹었습니다. 감사했습니다…'라고 솔직한 감정을 반드시 상대편에게 전했다.

이것은 보통 사람들이 이것 저것 이해관계를 생각해 보고 참회하거나 감사하는 것보다 훨씬 솔직하고 순수한 고마움의 표현이다. 그러니까 A화가에게 사악한 저급령 같은 것이 빙의할 수 없는 것은 당연하다.

수호령의 입장에서 본다면, 이와 같이 지키기 쉬운 인간이 없을 것이고, 그만큼 수호령의 보호를 받고 있는 것이다.

A화백과 같은 생활 철학으로 일생을 보낸 사람들은 영계에서도 상당히 좋은 위치를 차지할 수 있을 것이다.

지능같은 것은 보통 이하일지라도 문제가 되지 않는다. 영계에서는 그것이 깨끗이 소멸되고 누구나 영격(靈格)만이 문제되기 때문이다.

수호령의 보호를 잘 받는 방법에 대해 자신이 없는 사람은 A화백과 같은 인생행로를 참고할 필요가 있다.

그의 그림과 행동·마음·자세 등을 살펴보면 지나친 집착심과 욕심이 없다는 것을 알 수 있고, 낙천적인 생활 자세가 얼마나 중요한가를 우리에게 가르쳐 준다.

이와 같은 생활 행동이 축척된다면 수호령의 따뜻한 보살핌을 받을 수 있는 인간이 될 것임에 틀림없다.

악령의 접촉을 피하는 방법

이 수호령 이야기를 끝내기에 앞서 당신 자신이 사후에 악령이나 저급령이 되지 않고 수호령의 도움으로 무사히 영계까지 갈 수 있는 마음의 자세를 알아보자.

일반적으로 악령이나 저급령이라는 것은 '지박령' '부유령'이 되어 성불되지 못하는 영들인 것이다. 이와 같은 불행한 영들은 영계로 들어가지 못하고 오랫동안 자기가 죽은 장소나 혹은 생전에 집착했던 물체에서 떠나지 못하는 경우가 많다.

이와 같은 영이 되는 첫째 원인은 '영혼이란 것이 영원히 산다'는 것을 믿지 못하고 결국 '죽으면 끝이다'라고 생각하는데 부터 발생된다. 몇 번 반복하지만 이런 사람일수록 사후에 '자기가 죽었다'라는 것을 자각하지 못한다.

예를 들면 건널목 같은 데서 교통사고로 죽는 경우가 있다. 거기에는 자기와 똑같은 시체가 없는 것은 사실인데, 잠깐 자기 스스로를 보면 생전과 조금도 다름없는 형태로 존재하고 있다. 이때 '나는 죽은 것이 아니지 않느냐?'라고 판단해 버린다.

결국 '죽으면 그것으로 끝이다'라고 생각해 왔었는데, 자기가 볼 수 있기 때문에 '아직도 생각할 수 있고 여러 가지를 볼 수 있기 때문에 아직도 살아있다'라고 착각해 버리게 되는 것이다. 그 얼마 후에 시체가 치워지면 더욱 더 '아직 살아있다'는 착각이 강해져 그대로 그 장소에 머물면서 '지박령'이 되고 만다.

자살 등도 이같은 일이 쉽게 생긴다. 죽음으로 괴로운 모든 것을 청산하려고 죽었는데, 오히려 '나는 아직 살아있지 않은 가?'라는 착각에 빠지기 쉽기 때문이다.

자살자가 많은 장소, 또는 자살한 집에 '부유령'이 많거나 남아있는 것도 이렇게 생각하면 이해가 쉬울 것이다.

그리고 이 세상에 살 때 지나치게 집착이 많아도 같은 일이 생긴다. 주광(酒狂)도 빙의 현상인 경우가 많은데, '더 마시자'라고 생각한다. 그러나 사실상 죽은 것이니까 스스로가 마실 수 없다. 그러니까 호주가에게 달라붙기 마련이다.

여기에서 문제되는 것은 과연 이런 것을 피할 수 있느냐 하는 것이다.

중요한 것은 '육체는 죽더라도 영혼은 영원히 산다'는 것을 살고 있을 때부터 충분히 인식하고 만일 죽었을 때는 빨리 '죽음의 자각(自覺)'을 체득하도록 하는 것이다. 그리고 동시에 '죽음의 자각'을 방해할 정도의 지나친 애착이나 집착심을 살아 있을 때부터 갖지 않도록 하는 것이다.

수호령에 의해 잘 보호받을 수 있는 마음, 저급령이 되지 않을 수 있는 정신적 자세는 의외로 일치하는 경우가 많다는 사실을 충분히 기억할 필요가 있다.

다음으로 영능자의 존재를 통해 영계의 존재를 살펴보자.

제 6부
영능자에 의한 증명

영능자와 영계

영능자와 영계

 '영능자(靈能者)'라는 이름의 인간들이 있다는 사실은 잘 알려져 있다. 옛날에는 상상할 수도 없는 것이었으나 최근에는 영능자에 의해 난치병이나 원인불명의 질병들이 해결되고 있다는 사실을 무시할 수 없게 되었다.

 이것을 반대로 생각하면, 이 세상에는 '영'이나 '전생의 인연' 등 때문에 이상스런 — 사실은 불가사의한 것이 아닌데 — 사건이 많이 생기고 영능자가 아니면 해결하지 못하는 일이 많다는 사실이다.

 그리고 영능자가 존재하고 그들이 무엇인가를 해결하고 있다는 것은, 반대로 말해서 '영=죽음의 세계'나 '영계 존재의 등불이다'라고 단언할 수 있을 것이다.

 여기에서는 일본에서 널리 알려지고 있는 영능자를 통해 이것을 증명해 보기로 한다.

 역사적으로 가장 유명한 영능자는 이타꼬라고 할 수 있을 것이다. 이것은 오우우(奧羽)지방에 옛날부터 전해 온 장님 무당들로 비교적 유명한 곳은 시모기따(下北) 지방의 오소레산(恐山)이나 후꾸쓰가루 지방의 가와꾸라(川倉)에서 성업중인 무당마을이었다고 한다.

이들 무당들은 친자식이나 친척들의 요청에 의해 영혼을 불러 그들의 말을 상호 교류시켜 주는 역할을 맡고 있었다. 말하자면 영계의 영혼과 이승 사람간의 중개인이다. 현재도 이 지방에는 전국에서 많은 사람들이 찾아오고 있는데, 장님들은 집중력을 많이 갖고 있다.

그러나 옛날에 비해 최근에는 그 무당수가 감소 추세에 있다. 영능자는 원래 선천적으로 소질을 갖고 태어나는 것인데, 대부분의 무당은 인간 누구나가 어느 정도 지니고 있는 영적 능력을 수련으로 증폭하기 때문에 대대로 이어오는 사람 중에는 오히려 능력이 약한 경우도 있다고 할 수 있다.

오소레산(恐山)과 같은 영적 장소가 '죽은 사람과 가까운 땅' '영의 세계와 가까운 곳'으로 불려져 왔으나 특별한 의미는 없다. 영계는 이승과 중복된 부분도 있고, 전 우주가 포함된 넓은 세계이므로 특정된 장소가 영계와 가깝다고 말할 수는 없다. 다만 이곳의 풍습이 인간을 공상적으로 묘사하는 '죽은 자의 세계'처럼 보였기 때문에 무당의 무대가 됐을 것이다.

고부네(御船千鶴子)와 미따(三田光一)

이 무당과 같이 전통적인 직업으로서의 영능자와는 달리 태어나면서부터 유능한 영능력 소유자들도 있다.

명치 19년에 한약방의 둘째 딸로 구마모현이라는 분이 있다.

그녀의 영적 능력이 처음 나타난 것은 명치 41년의 여름으로 구마모토에서 육군장교의 부인이었을 때였다. 최면술을 익히기 위해 연습하는 도중에 갑자기 10여 미터 앞에 매화나무 속에 몇센치의 벌레가 들어있는 것이 확실히 보였다. 하인을 시켜 벗겨보았을 때 실제로 그 정도의 벌레가 있었다.

그 후에 그녀는 바닷속에 떨어진 금반지를 무아경(無我境) 상태에서 찾는 등 여러 가지 투시력을 갖게 되었다. 소문이 꼬리를 물게 되자, 맨 먼저 교토제국대학 정신과 이마무라(今村 新吉)교수와 같이 투시 실험에서 이상한 능력을 발휘했고, 이것이 신문에 보도되자 전국적으로 유명해졌다.

그러나 명치 43년 도쿄대학에서의 실험은 몇 번 실패를 거듭함으로써 그녀의 천리안(千里眼)이 사기라고 소동이 일어났는데 다음해 44년 1월, 26세의 젊은 나이에 이 세상을 하직했다.

다음은 50년 전에 달의 뒷면을 염사(念寫)하는데 성공한 미따(三田光一)라는 사람이 있었다. 이 사람은 후꾸라이(福未) 박사의 〈염연구〉에도 장기간 협력한 영능자였다.

달의 뒷면에 대한 염사는 소화 8년 11월 12일, 키후시공회당에서 염사실험 중에 참석자들의 요구에 의해 완성되었다.

그런데 이 사진이 사실인지 여부는 상당기간 알 수 없었으나

1959년 소련이 발사한 루나 3호가 촬영에 성공함으로써 똑같다는 것이 확인되어 세상을 놀라게 만들었다.

그의 많은 염사 사진은 지금도 센다이(仙臺)시에 있는 후꾸라이 심리학연구소에 보존되어 있다. 이 미따(三田)씨와 더불어 후꾸라이 박사를 도운 사람중에 나가오(長尾郁子)라는 여성도 있었다.

염사란 것은 카메라의 뚜껑을 열지 않고 셔터를 눌러 염(念)에 의해 물체를 찍는 것이다. 서양보다 일본이 먼저 시작했으므로 영어로 표현할 때도 'Thought photo'가 아니고 'New photo'라고 쓰고 있다.

이 '염'에 대하여 후꾸라이 박사는 '염'이란 영능력자의 육체를 떠나 활동하고 물질에 변화를 줄 수 있으며, 죽은 후에도 남아있다고 설명한다.

결국 이 말을 현대적으로 해석하면 '영적 능력과 그 능력 발휘의 주체=영이다'라는 뜻인 것이다.

일본의 최고 영능력자 데꾸찌 오니사부로(出口王仁三郎)

제2차 대전 전 일본 최고의 영능력자는 오오모토교(大本校)로 유명한 데꾸찌 오니사부로일 것이다.

그는 영적인 제현상을 구사하여 투시, 예언 등으로 많은 에피소드를 남겼는데 일본의 노스트라무스라고 해도 과언이 아닌 사람이다.

유명한 것은 '일본을 외국군이 점령하고 도쿄가 불타는 들판이 된다. 사찰에 있는 종을 비롯하여 못 하나까지 군수품과 무기 생산에 이용되며 15세부터 60세 노인까지 군복무에 동원된다. 일본은 완전히 항복하고 천황은 인간임을 선언한다'라는 예언이다.

이것이 알려진 것은 대정(大正)10년인데, 그는 즉시 헌병의 탄압[제1차 오오모토교 사건]에 의해 투옥되었다.

이 사람은 제2차 탄압에 의해 옥중에서 2차대전을 맞았는데 히로시마(廣島)의 어느 신자가 면회왔을 때, '즉시 히로시마에서 떠나라'고 하면서 '하늘에서 불이 내려 올 것이다'라고 원자폭탄 투하까지도 예언하고 있다.

그는 '어떻게 알 수 있습니까'라는 질문에 '보인다. 활동사진[영화]처럼 잘 보인다'라고 대답했다는 것이다.

이와 같은 초이성적(超理性的)인 직관은 일반적인 평범한 지식으로는 설명할 수가 없다. 우수한 영능자는 이와 같은 것을 평범한 사실처럼 말할 수 있다.

아주 먼 태고의 인류들은 누구나가 능력을 가졌다고 생각되는데 현재는 불과 몇사람만이 갖고 있을 뿐이다.

실존하고 있던 영인(靈人)

데구찌만큼 유명하지는 않았으나, 명치(明治)41년에 세상을 떠난 나가미나미(長南年惠)라는 놀랄만한 여성이 있었다.

그녀는 영계에서는 최상위인 천층계에서 내려 온 영인으로 현세에서 43년을 살다 간 경탄할 만한 초능력자인 것이다. 그녀에 대하여는 재판 때의 공식기록도 많이 남아 있으므로 상세하게 소개할 수 있다.

그녀가 활약한 시기는 상당히 먼 명치 30년대로, 장소도 야마게이(山形)현 쑤루오까(鶴唐)라고 하는 바람도 잘 통하지 않는 구석진 오지였다. 그래도 당시 그곳 사람들로 부터는 '극락 아가씨'라는 애칭과 더불어 널리 존경을 받았으며 한때 체류했던 간세이(關西)지방에서도 불가사의한 신통력을 가진 '여신(女神)'으로서 신문지상을 화려하게 장식했던 시기가 그녀에게 있었다.

그런데 많은 증인들이 들려준 바, 인간과는 전혀 다른 생리적 현상이나 행동, 증언의 기록이나 유품을 통해 알려진 기적을 하나 살펴볼 때, 그녀가 어떤 존재인가 하는 것은 하늘이 준 계시라고 하지 않을 수가 없다.

결론을 먼저 말한다면 그녀야 말로 '영계'에서 특별한 사명을 갖고 이 세상에 태어난 선택된 '영' 즉 영인(靈人)이었다고 할 수 있다.

예를들면, '인간과 다르다'는 것은 인간이면 당연히 있을 수 밖에 없는 음식물 섭취나 배설 작용이 그녀에겐 없었다는 '사실'이다. 또 40세가 넘었는데도 20세로 밖에 보이지 않았다는 이상하리만큼 젊게 보이는 용모, 또 힘센 남자를 아주 쉽게 굴복시키는 '상상하기 어려운 괴력(怪力)'등 조사를 진행할수록 불가사의한 사실이 연속되었기 때문에 '영인'이라는 확신을 갖지 않을 수가 없는 것이다.

말하자면 나가미나미(長男)라는 실존 여성이 '영인'이었다는 것은 '영계'가 실존한다는 가장 훌륭한 증명인 것이다.

그러므로 '살아있는 견본(見本)'인 이 여성의 모든 것을 적나라하게 제시한다면 바로 이것이 영계의 실존을 증명하는 것이기 때문에 존재의 이해에 있어서 핵심적인 역할을 할 것임에 틀림없다.

동시에 신통력(神通力)에 의해 받은 '영수(靈水)'를 사심없이 '인간을 돕기'위해 활용했다는 사실도 중요한 의미를 갖는다. 이같은 사실을 분명히 함으로써 '영계'가 준 '사명'이 무엇이고, 어떤 사명을 완수하기 위해 '인간계'로 내려왔는가를 증명할 수 있다. 이제 이 영능자의 신비적인 베일을 하나씩 벗겨보기로 하자.

'영인' 나가미나미(長男)의 증명

그녀는 어렸을 때부터 탁월한 영능력으로 많은 병자를 구출했다.

자기의 병을 치료하려는 사람들이 빈병에 이름을 쓰고 그녀 앞에 제시하면 이것을 제단 앞에 놓고 기도를 드린다. 얼마후 피리소리, 방울소리와 동시에 여러 사람들이 보는 가운데 각각 색깔이 다른 물이 병마다 가득차고 이 '영수(靈水)'를 환자들에게 넘겨 준다.

어떤 경우는 30병 이상을 제단에 모셔 놓고 기도하는데, 틀림없이 영수로 가득 찬다.

이 '영수'의 효능이 알려지자 수많은 대중들이 문전성시를 이

루게 되었고, 질서 유지가 곤란하다는 이유로 쓰루오까 경찰은
그녀를 구속하게 된다.

　경찰서에서의 사정은 뒤에 미루고 먼저 무엇 때문에 천계층
(天界層)의 주민인 그녀가 이 세상에 태어났는가를 생각해 보
자.

　당시 그녀와 접촉했던 사람들 사이에 전해 내려온 성격, 언
어와 행동, 발휘한 능력, 기타 모든 것을 종합해 볼때 이같은
판단을 갖지 않을 수 없는 것이다.

　유명한 스웨덴보그의 연구에 의해 확인된 천계층 주민의 특
징은 다음과 같은데, 그녀는 이 요소를 갖추었다고 할 수 있
다.

　① 훌륭하고 멋있는 향기
　② '하늘의 음악'이라고 밖에 표현할 길이 없는 상쾌하고 아
늑한 멜로디에 둘러싸여 있다.
　③ '영인'으로서의 투명한 피부, 이것을 하이얀 도자기 같다
　　고 표현하는 경우가 있다.
　④ 젊고 싱싱한 얼굴과 체격. 나이는 항상 20세 정도 밖에
　　안보인다.
　⑤ 먹지도 마시지도 않으며 따라서 배설 작용도 없다.
　⑥ 상상할 수 없는 괴력으로 산을 붕괴시킬 정도다.
　⑦ 순간적으로 모든 것을 정상화 할 수 있는 신통력을 지니
　　고 있다.
　⑧ '영인'으로서의 약점을 그대로 간직하고 있다. 등뒤로 누
　　가 통과하거나, 서 있으면 힘이 빠져 넘어진다.

'영인'은 영계의 태양이 발산하는 영류(靈流)를 받아 영생(永生)할 수 있는데, 뒤에 누가 있으면 가슴 높이에서 받고 있는 영류가 혼란을 일으켜 괴로운 나머지 넘어진다.

이것은 영계에서도 높은 곳에 있는 영인일수록 현저하며, 현계층의 주민인 경우도 물론 붕괴가 심하다.

이제, 경찰서 유치장에서의 상황을 보자. 경찰은 질서 유지와 남을 속이는 사기꾼을 구속하였는데, 69일간 일체 음식을 먹지 않았으므로 오히려 고민에 빠졌다. 그녀가 원하는 것은 약간의 생수와 고구마뿐이었다. 물론 생리적인 배설은 전혀 없었다.

그녀의 남동생인 오스여시(雄吉)씨는 당시 최고의 교육을 받은 사람인데, 누이가 69일간 한번도 화장실에 간 일이 없다는 것, 구속중 서장의 요구에 의해 감방 안에서 신에게 기도한 뒤 영수 1병과 부적 하나, 경문(經文) 하나를 받아 서장에게 준 사실, 27리터의 물을 쉽게 운반한 것, 신이 내려올 때 피리 소리가 들려 온 사실, 2개월 이상 세수나 목욕한 사실이 없었으나 항상 피부가 윤택하면서도 향기를 품었다는 사실 등을 인정하는 증명서를 요구하였다.

당시 경찰로서는 증명서를 발급하지는 않았으나 부정할 수 없는 사실이었기 때문에 비슷하게 인정하는 각서를 그에게 주고 있다.

또 명치 33년 12월, 고오베(神戶)재판소에서의 재판중 영수의 실험을 하였는데, 변호사석의 2홉짜리 빈병에 영수를 가득 채운 사실이 기록에 남아 있다. 재판관은 이것을 인정하고 무

죄를 선언하였는데, 이후 그녀의 능력은 널리 알려져 체험자의 이야기가 책자로 발행되고 있다.

이 책에는 유치장에 있을 때의 상황도 기록되고 있다.

유치장에 있었던 여자들은 식사와 잠잘 때 이외는 항상 그녀 쪽에 코를 향하고 그녀가 발산하는 향기를 만끽하면서 즐거워했다. 한달이 지난 후 부터는 공평하게 그녀의 방을 중심으로 감방 위치를 바꿀 정도였다.

그리고 유치장에서는 모기의 습격이 심했는데, 다른 사람들과는 달리 단 한번도 모기에 물린 적이 없었다고 한다. 이런 사실도 기록에 남아 있다.

가정에서의 생활도 그녀의 다른 점이 많았다.

고등교육을 받은 남동생 오스여시(雄吉)씨에게는 누나가 항상 20세로만 보이는 것이 이해되지 않았다. 그래서 어느날, 한번 끓인 생수를 식힌 다음 생수와 비슷한 온도로 마시게 하였더니 그녀는 피를 토하면서 고통을 받아 크게 후회하였다는 것이 그의 일기에 기록되어 있다. 즉, 그녀는 약간의 생수로 입을 적시는 정도만으로도 음식물 없이 건강을 유지할 수 있었다.

특히 죽기 전 14년간은 전혀 마시지도 먹지도 않으면서 한 말 반 정도의 물통을 두 손으로 들고 뜰 정도로 힘이 강했다. 천계인이 아니면 도저히 상상할 수 없는 일이다.

이밖에도 그녀가 천계인이라는 것을 알 수 있는 일화는 수없이 많다.

어느 날 힘센 남자 3명과 줄다리기를 했는데, 한손만으로 그들을 보기 좋게 승리할 수 있었다. 그녀는 등산을 좋아했는데 등에 짐을 가득 메고 날으듯이 오르는 바람에 동행들이 당황하였다고 한다.

마시지도 먹지도 않는 습관을 잘 알고 있는 신자들이었으므로 당연히 경탄할 수 밖에 없었을 것이다.

그러나 그녀에게도 누구나가 이상하게 생각되는 약점이 있었다. 누군가가 그녀 뒤를 통과하면 즉시 힘을 잃고 넘어지고 마는 것이다. 이러한 모습은 아주 이상한 것이었으므로 신자들이 달려가 울고불고 하면서 일으켜 세웠다고 한다.

이것만은 주위 사람들도 상상할 수 없어 당황했었다는 것이 전해 오고 있다.

그리고 그녀가 죽기 직전의 사진이 남아 있는데, 43세인 데도 불과 17,18세로 밖에 보이지 않았다. 죽었을 때, 관찰한 사람들 말에 의하면 그 육체는 틀림없이 20대 정도로만 보였다고 증언하고 있다.

영능자 중의 영능자

이 나가미나미(長男)와 친하게 지낸 여성으로 다카노(高野首爲)라는 사람이 있었다.

다카노라는 분이 5세때 이웃에 살고 있는 그녀가 여러 가지로 도움을 준 것이 알게 된 동기였다고 한다.

명치 27년에 '다까다(酒田)대화재'가 발생하여 다카노의 집이 연소됨으로써 생계가 어려웠는데, 마침 이때 쓰루오까에 고등여학교가 처음 생겼다고 한다. 그러나 다카노는 가정 형편이 어려워 입학을 포기할 수 밖에 없는 상태였다.

이때 나가미나미가 '나는 식사를 하지 않으니까 우리 집에서 학교를 다니는 것이 좋겠다'는 권고를 받아들여 졸업할 때까지 4년간 같이 동거하면서 생활하였다고 한다. 다카노의 증언도 기록에 남아 있는데 내용에 다음과 같은 것이 있다.

'몸은 희고 투명하여 피가 없는 것처럼 보였다. 그런데도 머리는 길고 검었으며 향기로운 냄새가 항상 몸을 둘러싸고 있었다. 기분이 좋을 때는 힘겨루기도 하였는데 힘센 씨름꾼도 그분을 당할 수가 없었다. 아무리 큰 어른들도 가볍게 하라고 하면 가벼워지고 무겁게 하라면 무거워서 일어나지 못하는 등 자유자재였다.'

다카노 자신도 14세때 위장병으로 고생했는데 어머니를 따라 쓰루오가의 그녀를 찾아가 '영수'를 마시고 완치된 일이 있었다.

여러가지 난치병을 고친다는 소문이 자자했으므로 각 지방에서 모여 드는 난치병 환자들이 항상 많았다. 환자들은 각각 자기 이름을 붙인 빈병을 그분에게 주면 이것을 받아 신단(神壇)앞에 놓았다.

어느 때는 한번에 20~30개를 진열시켜 놓고 기도할 때가 있었는데, 마음씨가 악한 사람의 병에는 신수(神水)가 내리지 않고 그 외는 환자에 따라 각각 색깔이 다른 영수가 가득차게 내리는 것이었다. 그러나 중환자이기 때문에 대리인이 참석하여 같이 기도드리면 이번에는 이분에게 중환자의 통증이 옮겨져 고통을 받는 이상한 경우도 간혹 있었다.

만일 이 나가미나미(長男)라는 여성이 이 세상에 살아있다면 세계의 심령학자들 사이에 큰 파문을 던졌을 것이란 것은 의심할 여지가 없다.

그야말로 영능력자 중의 영능자이고 천계층에 계신 분이 어떤 사명을 갖고 지상에 내려온 것이다.

재판소도 인정한 이와 같은 불가사의한 사람이 존재했다는 것 자체, 그리고 영수가 가득 병속에 찬다는 것은 영계 이외에서는 있을 수가 없으며 이것이야 말로 '영계가 존재한다'는 것이 증명이라 하지 않을 수가 없는 것이다.

결론적으로 그녀와 같은 예는 극히 드문 것이지만, 영능자의 존재는 영계의 존재와 같은 것이다.

제 7부
죽는 순간에 나타나는 증명

죽는 과정의 모델

근사사(近似死) 체험자의 보고

이제부터는 '출구(出口)'라고 할 수 있는 '죽는 순간'으로부터 영계의 존재를 증명해 보기로 한다.

인간이 죽으면 어떻게 되는가? 죽어버린 순간에 무엇이 있는가? 아무것도 없는가? 또는 소위 '저승'이란 것이 있는가? 만일 있다면 어떤 곳인가?……

인간이란 살아있는 동안 누구나가 이 같은 생각에 대해 여러 가지로 고민한다. 나도 마찬가지였다.

그런데 최근에는 이와 같은 '죽음'이나 '사후의 세계'가 점차 분명해지고 있다. 그것은 '한번 죽었다가 다시 살아 돌아온 사람들' 소위 가사(假死) 체험자의 보고서가 세계적으로 집약되고, 이와 같은 체험만을 연구한 의사들의 보고서도 상당히 많아졌기 때문이라 할 수 있다.

먼저 일본에는 상당히 많은 경험담이 집계되고 있는데 도쿄 신쥬꾸(新宿)에서 있었던 H씨와 I씨의 경우를 보자.

"나는 금년 12월, 40세가 되는데 9년 전 몸이 40도의 열로 머리가 깨지는 것 같아 이러다가 몇일 사이에 죽는 것이 아닌가 하는 생각을 갖게 되었다.

발열 후 3일째 됐을 무렵, 나 자신〔혼〕과 육체가 분리되는 듯한 느낌을 갖는 순간 급속도로 나의 혼이 몸에서 떨어져 나갔다.

혼이 빠져 나오자 마자 눈앞에서 뭔가 위대한 것을 만났다. 나는 수호령님이라고 생각했다. 나는 이 수호령님의 보호를 받으면서 소위 천상계(天上界)라는 곳을 약 7일간 구경했다.

큰 산봉우리 앞에 서있을 때도 있었다. 그 산들은 아주 깨끗한 곳에 조용하게 솟아 있었다. 황금으로 엄숙하게 느끼게끔 장식된 신전 안에 있을 때도 있었다. 넓고 넓은 들판이 붉게 물든 곳에 홀로 서 있을 때도 있었다. 이것을 말로서는 표현하기 어렵다.

이 상태로 영원히 그렇게 살았으면 좋겠다는 생각도 있었다. 그러나 다른 곳으로 옮겨졌다. 최후에는 큰 강위에 있었다. 이 큰 강은 찬란하게 빛나고 있었고 도도히 흐르고 있었다.

불교에서 말하는 모든 욕망을 던져버리는 곳으로 느껴지기도 했다. 내하의 위에 보이는 산들의 모습은 처음 본깃과 형태나 색깔에서 상당히 다르다는 느낌이었다.

이 모든 것은 어둠이 얇게 깔린 저녁 무렵 같았는데, 약간 붉그레하면서도 다색(茶色)으로 보였다. 그리고 약간 느낌이 불쾌한 상태에서 순간적으로 다시 땅위로 되돌아 왔다.

수호령님에 의해 더 이상 몸에서 떨어져 있으면 귀환할 수 없게 된다고 판단되어 돌아가게 한 것으로 생각된다."

 이 체험에서 느낄 수 있는 것은 이 사람은 '유체이탈을 통해 영계의 일부분을 본 것이구나'라는 것이다. 가사 체험과 약간 다른 점이 있기 때문이다.
 그러나 영계라는 곳에 가면 여기에서 말한 것처럼 '더 머물러 있고 싶다'고 생각되는 것이 사실인 것 같다. '느낌이 불쾌한 상태'라는 것은 다시 이승으로 되돌아 오지 않으면 안될 시간이 되어 영계가 영계처럼 느껴지지 않았을 것으로 추정할 수 있다.
 또 한가지 그의 친구인 I시의 경우를 보자. 그가 50세쯤 되어 협심증으로 K병원에 입원했을 때 경험한 사실이다.

 입원한 후 몇일이 지났다. 가슴뼈 아래의 명치 근방에서부터 양쪽 턱에 걸쳐 뛰어 오르는 듯한 고통과 숨이 차고 전신 무력증 같은 것은 입원 직후에 해소되었다.
 심전도도 정상적이었으므로 퇴원 후 상태를 관망하려고 짐을 챙기고 있을 때, 다시 발작이 재발되었다. 곧 나아 질 것으로 생각하고 뉴토를 설하정 입속에 넣어 녹였으나 효과가 없었다. 가슴 부근이 쥐어뜯는 것 같이 느껴졌다.
 급히 설하정 하나를 더 먹으려고 했으나 손이 떨려 잘 끄집어낼 수가 없었다. 호흡도 이상하고 '무엇인가 잘못된 것'같이 생각되었다.
 베개 머리에 있는 긴급 벨을 누른 다음에 침대 위에 쓰러졌다. 한참 뒤 정신을 차렸을 때는 통증도 깨끗이 없었다. 더욱

이상한 것은 내가 공중속을 떠돌아다니는 것이었다.
 아래를 내려다보니 간호원 한 사람이 나의 왼쪽 가슴을 누리고, 또 다른 간호원은 산소 마스크를 침대 위에 있는 다른 나의 얼굴에 대고 있었다. 귀가하려고 입었던 와이셔츠 앞은 벌려져 있고 바지의 혁대도 풀려 있는 것이 보였다. 의사가 급히 달려오자마자 나의 팔에 주사 바늘을 꽂았다.
 계속해서 다른 간호원이 정맥에 두터운 주사기를 찔렀고 이것은 한방울씩 떨어지고 있는 유리병과 연결되어 있었다.
 '맥박은……'하고 의사가 말하자 산소 마스크를 쥐고 있는 간호원은 머리를 좌우로 흔들었다. 의사는 청진기를 가슴에 대고 있었다.
 '맥이……' '호흡도……'
 의사와 간호원이 동시에 중얼거리는 것이 나에게 들렸다. 어떤 부르는 소리와 동시에 가슴 쪽이 다시 답답해지면서 오른팔에서 통증이 느껴졌다.
 얼마 후, 눈의 시야가 확 트이면서 이제까지 위에서 보던 상황이 이번에는 아래에 누워 위를 쳐다보게 되었다.
 그는 협심증의 연속 발작때문에 한번 임상적으로 '죽었다'가 다시 살아난 것이다. '10분 정도 심장이 정지되었었다'고 간호원이 뒤에 설명했다고 한다.

외국의 근사사(近似死)의 예

 이와 비슷한 근사사 체험[사후소생]예는 여러 가지 케이스가 보고되고 있다. 외국의 유명한 실례를 들어 본다.

릿치 일등병〔뒤에 정신의학자가 됨〕은 미국 텍사스주에서 기초훈련을 끝내고 버지니어주 릿치본드로 떠나려고 했을 때 악화된 감기때문에 기지의 X레이 촬영실에서 검사중 사망했다. 원인은 급성폐렴, 1943년이었다.

그가 낯선 병원에서 침대에서 눈을 떴을 때, 우선 머리에 떠오른 것은 '릿치 본드에 가야 된다'는 것이었다.

그는 자기가 완전히 회복되었다고 생각하고 침대에서 일어나 군복을 찾았으나 아무 데도 없었다.

그런데, 그가 아연 실색한 것은 지금 자기가 빠져나온 침대에 누군가 누어 있다는 것이었다. 당황하여 자세히 살펴보니 흑빛 얼굴로 죽어 있는 것은 다름 아닌 자기였다. '나는 여기에 이렇게 있는데……'라고 생각했다.

그는 자기 분신(分身)이 살아있다는 것을 확인하자 릿치 본드로 가기로 했다. 간호병들 사이를 지나 병원에서 나오자 공중 속을 맹렬한 속도로 날기 시작했다.

얼마후 도시가 보였으므로 전주 옆에 내려 쉬고 있었다. '튼튼한 육체'가 아니었으므로 전주를 꼭 잡을 수가 없었다.

병원에서 도날드프란시박사는 릿치가 이미 호흡과 맥박이 없다는 것을 확인했으므로 간호병에게 흰 시트를 덮으라고 명령하였는데, 릿치는 침대의 자기에 생각이 미치자마자, 다시 귀환하는 것이 좋겠다고 결심하고 병원의 지붕을 통과하여 자기 방에 돌아왔다.

제7부 죽는 순간에 나타나는 증명   149

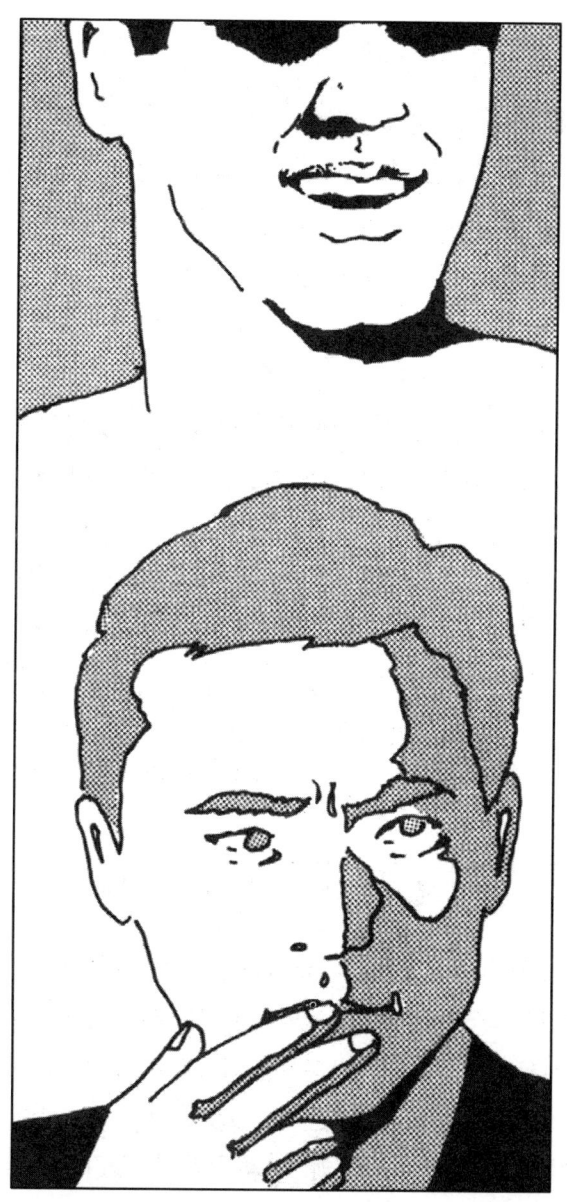

그가 시트를 치우려고 노력했으나 손이 시트를 뚫고 나가기 때문에 마음대로 될 수가 없었다. 이제는 육체로 되돌아 갈 수가 없구나, 진짜 죽었는가 보다 라고 생각하고 있는데, 급히 방안이 번쩍번쩍한 것으로 포위되면서 부드럽고 온화한 그 무엇이 여기에 있는 것처럼 느꼈다.

그는 무한한 행복감으로 가득차 있었다. 동시에 믿을 수 없을 정도의 속도와 확실성으로 자기의 여러 가지 과거를 회상했다.

그는 '누군가'가 짧은 지난 일생에 대해 질문하는 것처럼 느꼈다. 그때, 병실의 전기불이 꺼지고 휘황찬란한 빛깔로 만들어진 것 같은 도시에 속에 누구와 같이 서 있었다. 그 순간이 지나고, 모든 빛이 꺼지고 그는 잠속으로 빠져 들었다.

그는 얼마 뒤에 자기 육체안에서 눈을 떴는데, 빛의 거리에서 느꼈던 것과 같은 행복감은 없었다. 옆에 있던 사람이 시트 밑이 움직이자 의사를 불렀다. 릿치는 아드레날린 주사를 맞고 완전히 되살아 났다. 임상적인 그의 '사망'은 9분간이었다.

'죽으면 끝이다'가 아닌 증명

여기에서 3가지 실례를 든 것은 그만한 이유가 있기 때문이다. 첫번째로 꼭 근사사 체험이라고 할 수는 없어도 죽은 뒤에 가는 '저승'의 분위기가 잘 나타나고 있다고 생각되기 때문이다.

두번째는 자기가 '이승'에서 '저승'으로 옮겨가는 순간에는

'모든 것을 보고 있다'는 상황이 잘 나타나고 있다. 그가 '좀더 오래 죽어 있다면' 육체의 사후 처리나 자기의 장례식 사자도 볼 수 있을 것이다.

외국의 실례들은 '간호원중 누가 가장 소생시키려 노력했고 누구는 이미 틀렸다고 포기했다'는 것까지도 본 사람이 있다.

세번째 실례는 죽은 뒤 당하게 되는 여러 가지 상황이 잘 나타나 있다. 여기에 대해서는 뒤에 상세히 설명하겠다.

인간이 죽은 뒤 어떻게 되는가에 대해서는 《죽는 순간》의 저자인 유명한 미국의 로즈 박사, 《틈으로 엿본 사후세계》의 무티오세 박사, 《죽음의 저쪽 문》의 로링크스 박사 등이 독자적으로 수집한 근사사 체험자의 실례를 상세히 보고하고 있다.

여기에서 결론을 말하면, 이상 3명이 대표적인데, 세계 각국이 독자적으로 연구를 진행했음에도 불구하고 어떤 죽는 방법도 죽어가는 상황에 있어서는 공통된 부분이 상당히 많고, 또 어떤 연구자는 '사후의 세계'에 대한 존재를 확신하는 결과에 도달한다는 것이다.

심령과학에 의한 업계나 영의 존재 연구는 이제까지 몇차례 설명한 바와 같고, 현대의학을 이끌어 가는 첨단적인 학자들에 의해 과학적으로 조사 분석된 근사사 체험자의 경험에서도 '사후의 세계' 즉 '죽으면 그것 뿐이다'가 결코 아니라는 것이 증명된다는 것은 획기적인 사실이라고 할 수 밖에 없다.

이와 같은 근사사 체험의 수집 통계에서 알 수 있는 것은 사실상 인간이 죽었을 때 대부분이 경험하는 모델과 같다는 점이다.

이제부터는 독자 여러분이 가질 수 밖에 없는 의문에 대한 답변으로서 이 모델의 공식에 따라 '당신의 죽음이 어떤 것인가' '사후에 어떤 상황에 처하는가'를 묘사하려고 한다.

죽는 과정의 모델

당신이 사고나 중병으로 어떤 병원에 입원하고 있다고 가정하자. 의사나 간호원은 열성적으로 당신의 생명을 구하기 위해 노력할 것이다.

그러나 백방으로 치료 방법을 모색해도 도울 수가 없다. 육체적으로 생명을 계속할 수 없는 상태가 된 것이다.

담당 의사가 가족들에게 '이제 임종이 가까워졌습니다'라고 말하는 소리가 들려 온다.

이와 동시에 '붕…'하고 귀에 거슬리는 소리가 들리기 시작한다.

이 소리가 들리자마자 당신은 대개의 경우 위로 향한 검은 터널 속을 고속으로 빠져 나간다.

또, 당신은 이 터널이 우물·개천·허공·골짜기·원통(圓筒) 중의 어떤 것과 비슷하다고 생각하지만 사실은 당신 자신이, 즉 당신의 유체가 자기의 물리적인 육체에 빠져나가고 있다는 것을 의미한다.

다음으로 당신은 급속도로 터널에서 밝은 곳에 나오게 될 것이다. 그리고 아마도 대단히 놀랄 것이다. 수천 미터 올라간

제7부 죽는 순간에 나타나는 증명

줄 알았는데 당신은 겨우 병원의 천정 근방에 있을 뿐만 아니라 약간 경사진 몸으로 이제까지 그 속에 있었던 자기의 시체를 바라보고 있기 때문이다.

그리고 이제는 육체속에 있을 때의 통증이나 고통은 말끔히 거짓말처럼 없다.

당신의 부모나 친척들이 당신의 죽음에 대해 슬퍼하고 눈물 흘리는 것이 보일 것이다. 당신은 반드시 '나는 여기에 있다'고 열심히 소리치고 있겠지만 아무도 눈치채지 못한다.

더욱이 이런 것은 대개 일반적인 임종의 경우이고 돌연 급사했을 때는 의사와 간호원들이 열성적으로 소생시키려고 노력하는 상황을 볼 수 있게 된다.

당신은·중간 정도의 하늘을 떠돌면서 자기의 시체를 바라보며 약간 불안해진다. 이제부터 어떻게 할 것인가를 스스로 판단할 수 없기 때문이다.〔다시 소생한 사람들도 이 불안감과 당혹감을 충분히 보고하고 있다. 죽은 뒤 이런 상태가 되리라는 것을 전혀 예상하지 못했기 때문이다.〕

그러나 이 당황하는 초조감은 이내 소멸된다. 당신이 이 상태를 납득하게 되면서 얼마 후 누군가가 당신 옆에 나타나기 때문이다.

그것은 당신보다 먼저 돌아간 부모나 친척 또는 친구와 같은 영들일 것이다. 그렇지만 더욱 크고 이제까지 경험하지 못한 사랑과 온정이 가득한 영〔빛의 생명〕이라고 할 수 있는 어떤 존재가 당신을 둘러쌀 것이다.

당신이 얼마 전까지 생각한 자기 육체에 되돌아 가고 싶다는 마음도 부모 곁으로 가고 싶은 느낌도 모두 해소된다. 그리고 언제까지나 아늑한 '빛의 생명'에 둘러쌓이고 싶은 마음으로 가득찬다.

〔실제, 다시 소생한 사람들은 이 '빛의 생명'을 그 자체, 예수 그리스도, 수호령, 사랑, 아주 큰 것 등 여러 가지로 호칭하고 있으나 이런 표현이 적절한가를 잘 모르는 경우가 가장 많다. 다만 빛을 발휘하는 것이 어떤 '생명'인 것, 극히 분명한 개성을 가진 것이라는 사실만은 인정한다〕.

이 '빛의 생명'은 당신에게 질문할 것이다. 언어를 통해서가 아니다. 당신에 대한 질문의 뜻은 말 없이도 알 수 있다.

그 질문은 당신의 일생이 어떠했는가를 스스로가 총괄 판단하도록 하는 것이다. 당신은 여기에서 당신 스스로가 초고속으로 분명한 모습을 가지고 재생되는 것을 보게 된다.

이와 같이 일생을 총괄하는 동안에 당신은 어떤 장벽이나 경계와 같은 곳에 가까이 접근한다. 당신은 아직 '저승'에도 '이승'에도 있는 것이 아니며 바로 그 분기점에 있는 것이다.

여기까지 온 뒤, 돌연 모든 빛이 사라지고 행복감에 충만된 세계에서 떨어져 나오듯이 느낄 때도 있다. 이것은 당신이 아직 죽을 때가 아니고 이 세상에 다시 되돌아 가야 된다는 것을 의미한다. 그때, 당신은 세상에 다시 소생되는 것이다.

그러나 소생하지 않고 빛의 생명에 둘러싸여 장벽 같은 것을 넘으면 당신은 '저승' 즉 '영의 세계'에 들어가게 된다. 이 '영의 세계'가 어떤 곳인가 하는 것은 뒤에 설명하겠다.

이상과 같은 것은 나 혼자의 독단적인 생각이 아니다. 전술한 3명의 박사들이 체험 실례에서 총괄한 의학적 및 과학적인 '죽음의 모델'인 것이다.

허황된 공상이 아닌 증거

이상과 같은 근사사 체험자, 즉 사후 소생자의 대부분은 거의 비슷한 경험을 갖고 있는 것이다. 그렇지만 어느 정도의 단계에서 소생되어 왔는가에 있어서는 각각 차이가 있기 마련이고 드물긴 하지만 일부는 어떤 과정이 완전히 빠져있는 보고도 가끔 있다.

이와 같은 경험이 근사사 체험자의 무질서한 공상이 아닌 증거는 많은 보고서에서 얼마든지 찾아 볼 수 있다.

예컨대 다음과 같은 것이 있다.

어떤 소생자는 자기 시체만 남겨 놓고 아무도 없을 때, 간호원이 들어와 머리 곁에 있는 과자 상자에서 캔디를 꺼내 입에 물고 나갔다. 소생한 뒤 그 간호원에게 이 사실을 말하자 그녀는 '그것을 보았느냐'하면서 놀랬다는 사례가 있다.

또 하나는 침대 옆에 서있던 어머니의 후두부에 100원짜리 동전 크기의 둥근 대머리가 있는 것을 처음 발견했다. 그것은 높은 곳에서 보아야 알 수 있는 위치다. 소생한 뒤 확인한 결과 분명히 어머니에게 조그만한 대머리가 있었다고 한다.

그리고 죽은 얼마 뒤 옛날에 돌아가신 부모나 친구들 영이 마중나왔기 때문에 고독감이 차차 희박해진다 라는 보고도 많다.

어떤 사람은 얼마 전에 사고로 죽은 친구가 옆에 서있는 것을 느꼈다고 한다. 느꼈다는 것은 실체를 보았다기 보다는 마음속으로 그 친구의 신체적인 부분이나 표정까지 '확실히 보았다'는 것이다.

이 경우, 보이는 것은 모두가 실체라는 느낌은 아니다. 이미 자기 자신도 육체적인 의미에서 눈은 없고 영혼으로 보기 때문이다.

마중나온 영이 죽기 전에 전연 만난 일이 없는 사람이었다는 보고도 있다. 이 경우도 확실히 자기와는 다른 두 사람의 영적 생명이 바로 옆에 있다는 것을 느끼고 있다. 그 두 사람은 '영적인 보호자'라고 말하고 있다.

또 수호령 그 자체였다는 보고도 있다. 더구나 마중 나온 영이 '당신은 아직 죽은 것이 아니니까 돌아가라'고 해서 소생했다는 실례도 있을 정도다.

'빛의 생명'과의 만남

그러나 무엇보다 중요한 체험은 '빛의 생명'과 만나는 것으로, 이것은 전술한 바와 같이 한번 접촉되면 절대로 헤어지고 싶지 않는, 말로 표현하기 어려울 정도의 안도감을 느끼게 한다는 것을 모든 보고서가 인정하고 있다.

근사사를 경험한 사람들이 소생한 뒤, '죽음을 두려워하지 않게 된다'는 공통된 최대 원인이 이 '빛의 생명'때문이라는 것을 앞에서 열거한 3명의 의사가 똑같이 인정하고 있다.

'사후에도 다른 생명이 있다'는 것만은 확신해도 죽음에의 공포감이 희박해지기 마련인데, 그 이상으로 안도감을 느꼈다는 체험 보고가 많은 이유는 무엇보다 이 '빛의 생명'과 만났기 때문이라고 할 수 있다.

그렇다면 이와 같은 사랑과 부드러움이 가득찬 '빛의 생명'이 기다리고 있다고 할때, 오히려 '살아있을 때 어떻게 행동해도 괜찮다는 기분이 되지 않겠는가' 하는 의문이 생길지도 모른다.

그러나 대부분 근사사 체험자의 생활들은 착한 쪽으로 방향을 선회할지언정 악한 쪽으로 변화되는 예는 없다.

무테 박사는 이점에 대해 '빛의 생명'이 대화를 통해서 그 인간의 일생을 순간적으로 되돌아 보게 만드는 것은 하나의 '성찰(省察)'을 시키기 때문이라고 분석하고 있다.

그러나 이 '성찰'의 뜻은 '비난같은 것'이 전혀 아니고 인생이 살아가는데 있어서 가장 중요한 두가지〔타인을 사랑하고 지식을 배운다는 것〕를 교육하려는 것이라고 말한다.

여기에서 말하는 교육이란 일반적 뜻이 아니고 '가장 인간답게 사는 지식'을 지칭하는 것이다.

결국 '타인이 싫어하는 행위는 결코 하지 않는다. 사람들이 즐거워하는 것이거나 인간으로서 마땅히 해야 될 것을 솔선수범한다'는 것과 같은 '살아가는데 필요한 지식'인 것이다.

이렇게 생각할 때, 근사사 체험자가 그후 인생을 어떻게 살아갈 것인가는 스스로 분별하게 되는 것이다.

　다만 여기에서 한가지 첨가할 것이 있다. 그것은 롤링스박사의 보고에만 나오는 것인데, 죽은 뒤 '여기는 분명히 지옥이다' 하고 생각하지 않을 수 없는 체험은 가진 소생자도 몇사람 있다는 것이다. 그리고 이 체험은 소생한 뒤 방향을 바꿔 '참된 인간생활'을 보내려고 노력하게 된다는 것이다.
　죽은 뒤 지옥이 있다는 것을 알게 되면 당연한 귀결이지만 한번쯤은 우리들이 생각해 보아야 할 문제인 것이다.
　이야기가 약간 어려워진듯 느낄지 모르나, 근사사 체험자들의 보고는 '육체적인 죽음, 즉 이승에서 죽은 뒤에도 다른 생명이 또 있다'는 것만은 확실히 가르켜 준 셈이므로 영계 실존의 증명이 되는 것이다.
　현대 의학의 발전과 더불어 이와 같은 사후 소생자는 점차 증가될 것으로 보이는데, 이와 같은 보고에 따라 더욱 '영'이나 '영계'의 존재가 확실시 될 것이다.

우주비행사의 체험

　여기에서 상당히 특수한 우주 비행사의 체험을 소개한다.
　어떻게 이런 이야기가 있을 수 있겠는가 하고 의심하는 독자가 많은 것으로 생각되는데 초이성적(超理性的)인 체험이란 것이 어떤 경우 생기는가, 그리고 그것은 어떤 것인가를 알기 위해서는 현대 과학과 기술이 총 집약된 우주선의 비행사가 경험한 체험 이상 비교되는 사례는 없을 것이다.

또 근사사 체험 보고와도 공통성이 많고 이해에도 크게 도움이 될지 모르기 때문이다. 무엇보다 이것은 다지바나(立花隆) 씨의 훌륭한 저서인 《우주에서의 귀환》에 있는 것으로 그 내용은 다음과 같다.

짐어윈은 1971년 7월, 아폴로 15호로 달 표면의 아페닌 산맥 기슭의 골짜기 하드레이릴에 착륙했다. 3일간 달에 체류하면서 여러 가지 암석 자료(175파운드)를 채집한 뒤 지구에 돌아 왔다.

이 짐어윈은 지구에 귀환한 뒤, 우주 특히 달에 있을 때 '신과 같이 있었다고 느꼈다'면서 NASA를 퇴직하고 전도사가 되었다.

그는 우주에 가기 전 특별히 종교에 관심을 둔 일이 없고, 일반인과 같이 가끔 교회에 갈 정도였다. 그가 지금은 콜로라도스프링에 '하이프라이 화운데이션'이라는 종교재단을 만들고 설교를 위해 세계 방방곡곡을 뛰고 있다.

그의 이와 같은 변신은 무엇을 뜻하는 것일까?

우주비행사들이 '지구가 푸르게 보였다'는 말로 강한 감명을 주었으나, 그는 '신이 항상 곁에 있는 것을 느꼈다'는 고백이 미국 대중을 놀라게 만들었다.

어떤 일부 사람들은 머리가 돈 것이 아닌가 하고 의심할 정도였다. 그것은 아폴로 11호로 우주에 다녀온 버즈올트린이 정신적 이상을 나타냈다는 사실이 널리 알려졌기 때문이다. 그러나 어윈의 경우는 천만의 말씀이었다.

신비적인 체험과 우주비행사

 우주비행사들은 몇가지 신비적인 체험을 갖고 있다고 한다. '우주에 나가면 두뇌 회전이 잘 되는 느낌을 갖게 된다'는 사실을 이 어윈을 비롯해 여러 우주 비행사들이 지적하고 있다.
 어떤 비행사는 초능력 현상의 하나인 투시 능력을 갖게 된 경우도 있고, 아폴로 14호에 탑승했던 밋첼 비행사는 달에서 귀환한 후 ESP(초능력) 연구소를 설립했다.
 또, 아폴로 11호의 버즈올트린과 암스트롱 두 비행사는 우주 비행중에 어둠 속에서 번쩍 빛나는 섬광을 몇 번 관찰했다. 그 다음의 아폴로 12호 우주 비행사 3명도 이 현상에 흥미를 갖고 비행했는데 전부가 섬광을 보았다고 보고한바 있다. 놀랄만한 사실은 눈을 감았을 때도 그 빛을 볼 수가 있었다고 보고하고 있다.
 그 다음에 아폴로 15호에 탑승한 어윈 등도 강력한 섬광을 본 것이다. 이 현상에 대하여는 여러 가지 연구가 진행중에 있으나 아직도 확실한 결론이 없다.

 계속하여 어윈의 이야기를 요약해 보자. 비행선이 달 가까이 진행하자 표면의 색깔이 차차 변해 갔다. 아침의 달 표면은 거무스레한 색인데 갈색으로 변했다가 태양 빛이 찬란한 낮[점심 때]에는 거의가 백색으로 빛나고 있었다.
 그리고 다음은 색조가 떨어지면서 밤으로 진행된다. 그 색조의 변화에 따라 산과 바다, 분화구, 골짜기 등이 거대한 파노

제7부 죽는 순간에 나타나는 증명 161

라마처럼 떠오르면서 뒤로 사라져 간다.

  그러나 거기에는 아무런 생명의 단편(斷片)도, 움직임도 일체 없다. 아무런 소리도 없는 것을 우주선에서 알 수 있었다.

  생명이란 점에서 본다면 완전히 무(無)였다. 그럼에도 불구하고 인간을 정신 못 차리게 할 정도의 장엄한 아름다움이 빛나고 있었다.

  이 광경에 숨을 죽이고 있을 때, 거기에는 신이 있다고 느꼈다. 달 위에 있는 것이 아니고 자기 바로 옆에서 신의 존재를 느낄 수 있었다. 손을 뻗치면 신의 얼굴을 만질 수 있을 정도로 가까운 거리였다.

  달 표면에 착륙했을 때도 신은 항상 바로 옆에 있다고 느껴졌다. 지구는 푸르고 흰 모양의 큰 '유리 구슬'처럼 보이고 암흑의 하늘 속에 걸려 있다.

  우주를 비행하기 전까지는 신의 존재를 의심한 일이 있었다. 그러나 우주에서 지구를 바라보는 순간 통찰력에 의해 모든 회의가 사라지고 말았다. 신이 거기에 있었다는 사실을 확실히 알게 되었다.

신에 대한 현실감

  어윈은 '당신이 달에서 신의 존재를 느꼈다는 것은 그 같은 직관적 통찰에 의한 것인가? 아니면 순간적으로 신의 은총을 인식한 것인가'라는 질문에 대해 다음과 같이 말했다.

  "아니다. 그 같은 통찰과 달에 있을 때 얻은 신의 존재라는 실감과는 전혀 다른 것이다. 신의 실재감은 지적인 인식을 매개로 한 것은 아니다.

가장 직접적인 실감 그 자체이다. 내가 여기 있고 당신이 거기 있다. 이때 서로가 존재하고 있다는 느낌을 느낀다. 이것과 같다.

바로 거기에 있으니까 말을 걸면 대답이 온다. 당신과 내가 대화하는 것처럼 신과도 이야기할 수 있다.

인간은 누구나 신에게 기도한다. 그러나 신에게 기도를 올려도 직접 답변하는 경험을 가진 사람은 별로 없을 것이다. 아무리 기도해도 신은 말이 없다.

직접적으로 아무런 대답이 없다. 신과 인간의 관계는 이런 것이라고 나도 생각하고 있었다.

그러나 달에서는 달랐다.

기도에 대해 신이 직접 말씀한다. 신에게 무엇인가를 질문한다. 그러면 답변이 즉시 되돌아 온다. 신의 말씀이 소리로 들려오는 것이 아니지만, 신이 지금 자기에게 말하는 것을 알 수 있다. 이것을 표현하기는 어렵다.

초능력자 서로간의 회화는 꼭 이런 것일 것이라고 생각되는 그런 커뮤니케이션인 것이다.

신의 모습을 본 것도 소리를 들은 것도 아니다. 그러나 내 옆에 살아있는 신이 있다는 것을 알 수 있다."

과학의 최첨단인 우주 비행 로켓트에 탑승한 비행사들이 어느 근사사 체험자처럼 '빛'을 만나거나 신의 존재를 느꼈다는 사실은, 근사사 체험자나 사람들이 유계로 떠나려고 할때 영의 존재를 인식하는 방법과 아주 같다는 점에서 놀라움을 금할 길이 없다.

　이제까지 인생의 입구(출발)부터 출구(끝)를 통해 여러 가지 객관적으로 믿을 수 있는 현상을 집약시키므로 영계의 존재를 증명하였다.

　현상적인 연구에 있어서는 이 이상 있을 수 없다고 생각되지만 영계의 존재를 깊이 믿을 수 있는 독자들은 있을 것이다.

　이제 독자들은 도대체 영계는 어떤 곳인가에 대해 궁금할 것이므로 영계의 모습을 살펴보자.

제 **8**부

내가 보는 영계상

제8부

바보 돈을 얻다

죽는 순간과 유체이탈

출구와 입구의 연결

이제까지 '영계의 존재를 실증'하기 위해 고금동서의 과학·의학·종교 그리고 각양 각색인 세계적 권위자들의 발언, 심령과학적인 체험, 근사사(近似死) 체험자의 증언을 기술해 왔으므로 어느 정도는 독자들의 이해에 도움이 됐으리라 생각한다.

우리들은 '이승'에 살고 있는 것이므로, 현세의 입구는 이미 존재하고 있는 '전생(前生)'이라는 영계 존재의 계시로부터 시작된다. 그리고 '이승'의 출구는 근사사의 체험자에 의해 확인되었는데, 이제까지를 집약적으로 말하면 입구에서 출구까지의 믿을 수 있는 상황을 실증적으로 설명한 것이다.

끝으로 '죽음'과 '사후의 세계'를 기술하려고 하는데, 출구와 입구를 연결하는 것은 물론 영계이고 계속적으로 연구중이므로 새로운 지식에 따라 내용의 정확도가 더욱 심화되기 마련이다.

다음은 물론 나의 경험은 아니지만, 스웨덴보그의 저서를 비롯하여 이제까지 읽은 수천권의 서적과 영능자들의 증언, 대화에서 '계시'받고 나 스스로가 납득하던 '그 세계'의 모습이다. 독자들은 철저하게 정리된 내용임을 이해할 것으로 믿는다.

죽는 순간과 유체이탈

삶에서 죽음으로 넘어가는 결정적 순간은 감지되기 어렵다. 예를 들면, 깨어있는 상태에서 수면에 들어가는 순간은 보통 지각되지 않고 언제 꿈속에 들어갔는지가 확실치 않다. 느꼈을 때는 이미 꿈속에 몸이 맡겨져 있는 것과 같다.

그리고 죽음에 대한 각오가 끝난 뒤, 구름처럼 넓고 큰 안도감이 퍼지는 반면에 의식은 서서히 엷어진다. 여러 가지 삶에 대한 잔영이 급속도로 후퇴되면서 소실되어 간다. 그리고 완전히 무(無)의 상태가 조용히 계속된다.

그런데, 어딘가 분간할 수 없는 곳에서 자기를 부르는 사람이 있다는 것을 까마득하게 느낀다. 그것이 어데서 부르고 있는지 왜 부르는지 그 내용을 확실히 몰라 초조해진다. 이것은 마음의 가장 깊은 곳이 어떤 방향으로 이끌려 가는 듯한 느낌과 같다.

인간의 죽음이란 육체에 의식이 그 이상 머무르지 못하기 때문에 생기는 의식의 이탈, 즉 유체이탈인 것이다. 그 중에는 편안히 떠나는 사람, 괴롭게 떨어지는 사람 등 여러 가지가 있다.

그리고 사후의 진행 과정에서 '이승'에서의 죽음을 자각하는 사람과 못하는 사람이 있다. 사실상 이 자각의 유무가 그 후의 진로를 결정함에 있어서 대단히 중요한 역할을 하게 된다. 즉, 자각을 하면 영혼의 진화가 빨라지고 수호령이 인도하기 쉽게 되는 것이다.

그런데 사고사는 전사(戰死)처럼 죽음에 대한 준비가 미완성인 경우는 자기 죽음에 대한 자각이 없으며 또 자각할 때까지 시간이 걸리거나 어느 때는 수호령의 설득에는 불응하는 것이다.

죽음에 대한 자각은 중요한 것으로 《티벳 사자(死者)의 서》는 자각을 독촉하는 책이기도 하다.

이것을 자각하지 못하는 한, 그 사람은 '이승'과 '저승'의 경계선 위의 방황 상태에서 탈출하지 못하며, 때로는 인간계 사람의 눈에 거슬리는 지박령이나 부유령 등 유령이 되고 만다.

경이로운 급상승과 발광체

이제 당신의 호흡은 멎었다. 의식은 어둠의 밑바닥에 처지고 문자 그대로 아무것도 없다. 이대로라면 죽음으로서 모든 것이 끝이다.

그런데 당신은 눈뜨기 시작하고 있다. 당신은 멀리서, 아주 먼 곳에서 저쪽에서 누군가가 당신을 부르고 있는 것을 느끼기 시작하고 있다. 얼마 후 확실히 눈을 뜬다. 부스스…눈을 비비면서 주위를 살펴볼 것이다. 그리고 일어선다.

마치 번데기가 누에고치에서 빠져나오듯이 당신은 시체에서 빠져 나온다. 그 다음에 당신의 주위가 자기 어깨 정도로 좁아지면서 약간 밝은 연통 모양으로 변하고 급속도로 당신을 위쪽으로 끌어 올린다.

차차 속도가 빨라지고 결국은 눈을 감게 할 정도의 속도로 당신을 2000~3000미터까지 상승시킨다. 그 중에는 옆으로 누워 있는 상태를 느끼는 사람도 있다.

이때 당신은 공포와 불안이 뒤범벅되어 소리치겠지만, 그것도 주위에서 울려오는 큰 음향때문에 희미해진다. 큰 힘으로 끌어올려지는 동안 불쾌한 소리때문에 귀가 멍해진다. 이것을 미국사람들은 허리케인과 비슷하다고 표현하고 있다.

다음에는 돌연 밝은 곳에 내던져진다. 어찌된 영문인지 이제 당신은 당신 시체의 3~4미터 위 상공에 45도의 경사로 떠있다. 그런 다음에는 무엇이 무엇인지 알 수 없게 된다.

아래의 시체가 자기 자신인지, 떠있는 것이 자기인지, 전혀 알 수가 없어 당황하게 된다. 얼마 후 공중에 떠다니다 보면, 자기 의사에 따라 움직이는 공중의 자기가 진짜인 것처럼 착각하게 된다.

아래를 내려다보면, 자기 시체를 둘러싸고 친형제들, 친척들, 친구 등이 슬피 울고 있다. 특히 불가사의한 것은 당신은 그들 각자의 마음속을 손바닥 보듯이 알 수 있다는 점이다.

점차 당신은 현재 상태 즉, 공중에 떠있는 죽었는데도 죽지 않은 자기 자신에 대해 질려버린다.

당신은 바로 밑에 있는 사람들 목소리 뿐만 아니라 다른 방에서 장례 절차를 상의하고 있는 조그만 소리까지 듣고 있다.

더욱 놀라운 것은 말없이 앉아 있는 사람들의 생각까지도 정확히 알 수 있는 것이다.

그러나 '내가 여기에 있다'고 소리쳐도 그들에게 그 소리가 도달되지 않고, 모습도 없다.

그때 어떻게 표현할 수 없는 아름다운 발광체가 출현한다. 근사사 체험자가 경탄과 흥분으로 눈을 빛내면서도 약간 수치심을 갖고 강조하는 것이 이 발광체인 것이다.

지구상의 모든 나라와 민족을 막론하고 이 발광체를 본 사람들이 이구동성으로 말하는 것은 '이제껏 밑바닥에 깔려있던 불안감, 공포감이 흔적도 없이 사라지고 몸에 녹아드는 안도감과 행복감이 가득차서 한발작도 떠나고 싶지 않은 기분'이었다는 것이다.

어쨌든 당신은 이제껏 경험하지 못했던 황홀한 심정을 갖고 2~3미터 밑의 자기 시체를 둘러싸고 있는 친척들과 친구들의 존재를 곧 망각하게 된다.

말하자면, 당신은 죽었을 때 가급적 빨리 이 상태가 되어야 하는 것이다. 가족이나 친구, 애인도 모두 잊어버리고 눈을 하늘 쪽으로 돌려야 된다.

마중과 유계의 출발

발광체가 전면에 퍼지자 당신은 황홀해진다. 당신의 귀에 까마득히 무엇인가가 들려온다. 누군가가 당신의 이름을 부드럽게 부르고 있다.

당신을 충만하면서도 부드럽게 감싸고 있는 발광체는 더욱 더 빛이 찬란하다. 이제 당신은 광대한 사랑속에 파묻혀 있다고 확신하기 시작한다.

그때, 방울소리 같이 호감을 느끼게 하는 멜로디로 당신을 부른다. 번쩍 번쩍 빛나고 발광체의 안쪽에서 조용히 당신을 관망하면서 누군가가 가까이 다가오고 있다.

혼자일 경우가 대부분인데 어떤 때는 두 사람이다. 당신은 빨려들어 가듯이 그 사람 앞에 선다. 서로 마주 본다. 말은 필요가 없다.

이때 마중 나온 사람은 아는 사람, 친구, 친척인 경우도 있으나 모르는 경우가 압도적으로 많다. 당신은 상대편과 대화를 나누게 되지만 어떤 질문인지를 바로 알 수 있다. 동시에 상대편도 당신의 답변을 즉시 알 수 있다.

이것은 인간이었을 때 갖고 있던 잠재의식이 표면에 떠오르기 때문에 말은 한마디도 필요가 없다. 서로가 느낀 상념(想念)은 100% 교환된다.

상대편, 즉 마중 나온 사람들은 당신에 대하여 모든 것을 잘 알고 있다. 취미 · 성격 · 성벽 등을 철저히 검토하고 자기들 있는 곳으로 안내할 것인가를 결정하려고 하는 것이다.

당신이 그들과 동류자가 아니라고 판단되면 그들은 즉시 계속 다른 사람이 마중 나왔다가 다시 사라진다.

얼마 후, 당신과 동류의 안내인을 만나게 되면 당신은 그들과 같이 정령계(精靈界)로 직행한다.

그 사이, 즉 죽은 뒤부터 '정령계'로 출발하는 기간은 대개

50일이 소요된다. 그때까지 당신은 당신 집의 천장이나 창고 같은데 체류하는 경우가 많다.

이제 당신은 마중 나온 신령들과 같이 인간계의 모든 장해물들을 연기처럼 통과하여 곧바로 걸어 간다. 거기가 어디건 간에 가는 것이다.

당신은 자기의 영체가 상승하고 있는 것을 느끼지 못한다. 그리고 '이승'과 영계의 중간에 있는 세계, '정령계'에 도달한다.

정령계란 곳은 각각 그 나라의 상공에 해당되며 지구의 회전과 더불어 정령계도 돌고 있다.

정령계의 모든 것

'정령계'는 인간계와 상당히 비슷하다. 처음 간 사람은 '정령계'로 믿어지지 않는다. 그만큼 모든 것이 인간계의 자연과 닮아 있기 때문이다.

무엇보다도 거기는 육지·산·언덕·골짜기·평야·전원·호수·하천·샘물·공원·정원·정림·삼림·수풀, 모든 종류의 나무와 관목·식물·꽃·풀 등 자연물과 짐승류·조류·어류도 있고 인간계와 다름이 없다.

거기에 있는 다른 인간들〔정령〕도 외견상은 인간계와 똑같다.

여기에서 '안내자'는 당신만을 남겨 놓고 어딘가로 사라진다. 그 뒤 당신 앞에는 영원히 모습을 나타내지 않는다. 참으로 착한 마음씨의 후원자라 할 수 있다.

'정령계'는 인간계와 비교할 수 없을 정도로 광대무변하다. 높은 산으로 둘러싸인 분지 모습을 하고 있다. 그리고 지구의 상공 400~500키로미터 위에 전개되고 있다.

이 '정령계'에 체류하는 기간은 사람에 따라 다르다. 빠른 사람은 2,3일이고 늦은 사람은 30년간 여기서 지낸다. 최고 한도가 30년이라고 한다.

그동안에 원하거나 싫어하거나 간에 '본성(本性)'이 나타나게 된다. 이것은 결정적인 자기 성격, 즉 적당히 위장되고 미화된 모든 것이 없어지고 본질적인 자기 모습이 분명하게 부각되는 것을 말한다. 따라서 선과 악이 확실히 구분되고 각자의 성격과 성정(性情)에 알맞은 곳에 보내진다.

인간계에 있을 때는 세상 사람에 대한 체면과 여러 가지 입장·규칙·약속·형벌 등 사회적 규범때문에 잠재된 악한 마음이 표면화 되지 못하지만, 이 정령계에서는 구애받는 것도 없고 아무런 억압이 없으므로 누구나 자기 성격과 마음대로 행동하게 된다. 따라서 악은 악, 선은 선으로 누구에게나 솔직하게 표시된다.

결국 위선이 통하지 않는다. 순수한 마음의 상태, 어린이 같은 순진한 모습이 되기 위해 노력해야 된다.

그리고 이 정령계에서는 사회적 지위나 부자 등과 관계없이 누구나가 완전히 평등하다. 아무런 차별이 없다는 것을 느낄 때까지 상당히 시간이 걸리지만, 구애를 받지 않으므로 대학 출신자 보다는 초등학교 출신이, 그리고 부자보다는 가난한 사람이 쉽게 '본성'을 찾게 되고, 빨리 '영계'로 건너갈 수 있게 된다.

'정령계'는 '영계'와 '인간계'의 중간에 존재하는 것으로 말하자면 '영계'에 건너가기 전의 대기소 같은 곳이다. 그러니까 빨리 '정령계'를 졸업할수록 본인에게는 편하고 좋을 수 밖에 없다.

이 '본성'의 상태를 '제2의적(第二義的) 상태'라고 하는데 정령계에서는 가장 바람직한 상태인 것이다. '정령계'의 상황을 이해하게 되고 어느 정도 익숙해지면 당신은 큰 행사를 맞게 된다.

이 관문은 누구나가 통과하지 않으면 안된다. 흔히 말하는 '염라대왕의 거울'이란 것이다. 실제적으로 염라대왕이 보는 것이 아니고 평범한 선배령이 친절하게 지도해 준다.

당신의 머리 위에 당신의 일생[생후부터 임종까지]이 빠짐없이 파노라마처럼 재현된다. 실질적인 행위뿐만 아니라 마음으로 생각했던 상념(想念)까지도 빠짐없이 극명하게 묘사된다.

이 행사의 목적은 몸의 혼령을 정확히 분류하기 위해서이다. 이때 누구나가 경탄하면서도 공포에 빠진다. 누구나 인간계에서의 생활은 대소간에 죄 많은 인생이기 때문이다.

인간계에 태어난 최대 목적은, 본인의 성격적인 잘못을 수정하고 전생에 타인에게 잘못한 여러 가지 악행, 상념에 대한 보상, 즉 업의 제거이기 때문에 그 목적과 거리가 먼 경우 또는 반에도 못 미칠 때는 다시 이 정령계에서 직접 인간계로 되돌려 보내진다.

이것은 마치 마라톤 주자가 기진맥진하여 꼴인한 직후, 다시 출발점으로 되돌아 가는 것과 비슷하다. 인간계에서 죽은 사람들은 어떻게 되는가? '영계'가 얼마나 아름답고 황홀한 곳인가를 짐작할 수 없기 때문에 오히려 인간계로 되돌려 보내지는 것이 행복하다고 느끼는 경우가 많을지 모르지만, 실제 이 '영계'까지 올라온 사람들은 자기 스스로 인간계에 다시 귀환하는 것이 즐거울리 없는 것이다.

영국 옥스퍼드대학 웬츠박사는 과거가 재현되는 스크린에 대해 다음과 같이 설명하고 있다.

여기에서 죽은 사람은 상징적인 영상을 계속 보게 된다. 이들 영상은 그가 인간계에서 육체로 있을 때 축적된 여러 가지 행위가 카르마적인 반사(反射)에 의해 창조된 환각(幻覺)인 것이다. 그들이 생각하고 행한 모든 사건들이 객관화 되는 것이다. 생전, 의식적으로 시각화 되어 왔던 여러 가지 상념이 그대로 그의 인격에 관한 의식내용처럼 엄숙하게 강력히 파노라마화가 된다.

마치 스크린에 투영된 이미지를 아이들이 보면서 감탄하듯이 죽은 인간들은 출현되고 있는 비현실적 성격을 느끼지 못하고 이들 환각적 영상을 바라보게 된다.

현재 영국의 대영박물관에서 괴테의 《파우스트》와 나란히 진열되고 있는 대저서 《영계 탐방일기》를 쓴 18세기 최대의 영매자 엠마뉴엘 스웨덴보그는 다음과 같이 말했다.

"그런데, 이렇게 죽은 자 즉 영은 원래의 본질적인 영 그 자체가 되어 간다. 정령계에서도 처음에는 아직 외부적 감각의 잔재나 기억을 가지고 있으나 서서히 이것을 버리고 원래의 영

모습이 되며, 또 우수한 영적 감각을 갖게 된다."

경탄하게 되는 정령계

이 '정령계'에서는 인간계에 있을 때 부부였던 사람들이 만나는 경우가 있는데, 이때 한편의 간절한 소망에 의해 재회할 경우는 멋진 만남이 이루어진다. 이것은 부자지간이나 친구도 마찬가지인데 박수로서 축복할 정도로 극적 장면이 전개된다.

그런데, 서로 만나리라는 것을 예상하지 못한 부부들은 딱 마주쳤을 때, 기묘한 광경이 나타난다. 예를들어 당신이 그 부부의 사이를 통과하게 되면 그들 부부와 거리가 멀어도 그들의 원망하는 시선때문에 마치 당신 몸에 총탄이 쏟아지는 듯한 아픔을 느끼게 된다.

인간계에 있을 때는 금실 좋은 원앙 부부였다 해도 사실 그것은 표면적인 것이었다. 서로의 마음 구석에는 솟아오르는 원망, 질투, 두려움 같은 것이 세상 주위의 체면때문에 축적되어 있었다. 그런데, 그것들이 전혀 자기를 위장할 수 없는 이 정령계에서는 일시적으로 폭발하게 되는 것이다.

거기에 여기에서는 또 한가지 쇼킹한 사건이 발생된다.

교통사고 같은 것 때문에 일가족이 동시에 사망하는 경우다.

앞에서 말한 '제2의적(第二義的) 상태' 즉, 본 바탕의 모습으로 변하면서 서로 서로 아버지, 어머니, 자식, 딸의 얼굴 모습이 옛날과는 달라진다. 인간계에서는 상당히 닮았던 부자, 형제의 얼굴과 체격이 점차 변해 간다.

여기에 대해서는 뒤에 다시 설명하겠지만, 달라질 뿐만 아니라 각인각색이 되고 각자 헤어지기 때문에 다시 상호간 만난다는 것은 특수한 예 이외에 거의 없는 것이다.

'정령계'에서는 속마음을 감추는 포커 페이스 같은 표정이 절대로 통하지 못한다.

위선자는 즉시 그 껍질을 벗지 않을 수 없다. 태어나면서부터 솔직한 사람, 매사에 대해 집착하지 않는 사람들이 이 정령계에서는 유리하고 누구보다도 빨리 바라는 영계로 건너갈 기회가 주어진다.

또, 정령계에 오게 되면 처음에는 음식물이나 음료수에 신경을 쓰지만 얼마 지나면 필요없게 될 것이다. 결국 음식물도 소용없게 되는데, 필요한 경우도 담배나 술과 같은 기호품 정도로 그치고 만다.

당신의 경탄은 이 정도에서 끝나지 않는다. 태어날 때부터 봉사였던 남편과 자식이 완전히 눈뜬 상태가 된다는 사실을 어머니로부터 듣기도 하고 어떤 사람은 두다리 없이 20년간 인간계에서 지냈는데 지금은 완전하다든가 인간계에서는 생각할 수 없는 기적같은 사실이 일어난다.

또 80세에 돌아가신 당신의 할머니는 정령계에서 점차 젊어져 20세처럼 보이기도 한다. 아마 반대로 3살에 죽은 당신의 아들은 20세까지 성장되고 그 이상은 크지 않는다. 즉, 영계에서는 20세가 최고 피크로 아래에서나 위에서나 여기에서 정지하게 된다.

극단적인 경우지만, 100세에 사망했는데 그때 그 노인이 한 쪽 다리없이 맹인이었다 해도 영계에 오면 완전히 건강할 뿐 아니라 20세로 젊어지게 되는 것이다. 또 당신이 만나고 싶다고 생각한 당신의 아버지와 어머니가 나타날 때는 알아보기 쉽게 그들이 사망했을때 모습으로 나타나지만 당신과 헤어지면 다시 원래의 젊은 모습으로 되돌아 가 지내게 된다.

정령계에서 만난 당신의 가족들은 영계로 건너간 뒤, 아마도 영원히 만나기 어려울 것이다.

뒤에 설명하겠지만 영계에서는 각자 자기의 마을에서 지내게 되고 완전히 원래의 타인으로 되돌아 가기 때문이다. 슬프다면 슬픈 것이지만 그것은 어디까지나 인간으로서의 감정이다. 심령의 세계는 완전히 사정이 다른 것이다.

섹스 문제

앞에서 말한 것과 같이 정령계에서 모든 것이 자유스럽게 하듯이 구속도 형벌도 없다. 해서는 안된다는 규칙이 없다. 또한 사회적, 도덕적 윤리도 없다. 따라서 인간계에 있을때, 섹스를 즐거한 사람들은 아주 간단히 그 상태를 찾게 되고 거기에 빠져들어 간다.

심령과학 연구에서 세계적으로 유명한 《불사의 길》의 저자와 마이어즈 통신으로 유명한 프레드릭 마이어즈는 영계에서의 성욕〔잔존(殘存)성욕〕에 대해 다음과 같이 설명하고 있다.

'인간계에서 난잡한 성생활을 보낸 남녀를 보면, 육체를 잃은 순간 그 지각이 6감(感), 7감, 8감으로 발달되어 예민해지기 때문에 그 욕망도 강해진다.

더욱이 지나치게 발달된 그들의 욕망을 만족시키는 상대편을 뜻대로 구할 수 있으므로 비슷한 상대끼리는 간단히 친구가 될 수 있다. 얼마동안 섹스 낙원을 이룩한다. 그러나 그것은 그들의 기억과 공생에서 가상적으로 만들어진 쾌락인 것이다.

정령계에서 촉각은 인간으로 있을 때 보다 50~100배 예민하다고 한다. 그러나 섹스를 탐닉한 뒤에는 무서운 포만감과 혐오감에 빠지고 만다. 너무나 쉽게 욕망을 채울 수 있으므로 아무리 육욕적이라고 해도 염증이 생긴다. 그래도 상대편이 놓아주지 않는다. 더욱 고민에 빠진다. 결국은 실컷 욕망을 만끽한 뒤에 권태를 느껴 그 생활에 혐오와 불만을 갖게 된다.'

밑바닥에 떨어졌다가 다시 일어서는 것이 정령계의 패턴인 것 같다. 다만, 빨리 만족감을 갖는 것과 아닌 것과는 차이가 크다. 그러므로 인간계에 있을 때부터 이러한 고충이 있다는 것을 의식하고 있다면 그만큼 편히 통과할 수 있을 것이다.

'영계'에의 여행

드디어 당신은 '정령계'를 떠날 때가 왔다. 그러나 그 시기는 생각지도 못했을 때 예고없이 오는 것이다.

'정령계'에 당신이 얼마나 체류하게 되는가 하는 것은 '거짓없는 본 바탕'의 성립과정에 따라 다르기 때문에 주관적으로 판단하기 어렵다. 객관적으로 보아서 당신의 성격이나 성정

(性情)이 깨끗해지고 거짓된 사심(邪心)이 제거됐을 때도 또 당신의 알맹이가 완전히 드러난 시점에 하늘 높이 치솟은 큰 산봉오리가 갑자기 당신 앞에 큰 세력으로 돌진해 온다.

몇만 미터의 산들이 파도처럼, 아니 그보다 더 빠른 속도로 달려오는 모습을 상상하면 된다. 경탄조차 하지 못할 정도로 모든 기(氣)가 정지되어 도망칠 수도 없이 몸이 굳어버린다.

당신 앞까지 단숨에 도착한 하늘같이 높은 산들이 다음 순간, 큰 굉음소리와 함께 정상에서 끝까지 2개로 분열된다.

당신은 눈 앞에 있는 그 산의 틈 사이로 도망치려 하지만 자기도 모르게 몸이 빨려 들어간다. 마치 몽유병자처럼 하늘과 연결된 산 틈사이를 홀로 걸어가는 당신 모습은 몇만 킬로미터 멀리 떨어진 '영계'로부터 실에 의해 끌려가는 것처럼 느낄지도 모른다. 그렇다. 아득히 먼 '영계'에서 가느다란 실로 끌어당겨지고 있다.

당신은 끌려가듯 하늘 높이 솟은 산의 틈바귀 사이로 사라진다. '영계'행은 서양인이나 동양인이나 비슷해 보인다. 각각 다른 방법이 있는 듯 생각되었으나 대동소이한 듯하다.

여기에서 누구나 잘 아는 삼도천(三途川)에 다다른다. 삼도천이란 이름은 누가 만들었는지는 모르나 어쨌든 물가인 것만은 확실하다.

시내라기 보다는 바다라고 할 수 있다. 파도도 없고 끝이 보이지 않는다. 넓고 넓은 수면이다.

물론 배같은 것도 없다. 어떻게 할까 하고 생각하는 동안 당신은 물위를 걷기 시작한다. 무한하게 펼쳐진 수면 위를 콩낟처럼 보이는 당신의 뒷모습은 이제부터 10만억토의 땅으로 여행하려는 비장한 자태이기도 하다.

얼마후 당신은 비행기가 활주로를 떠나듯이 수면 위를 나르기 시작한다. 그 속도는 UFO도 따라가지 못할 것이다.

대영계 광경

이제부터는 '영계'이다.

그곳은 하늘도 땅도 완전히 붉다. 움직이는 것은 전혀 없다. 숨을 죽일듯한 장엄한, 가느다란 바늘이 떨어지는 소리까지도 들릴듯한 정적의 세계다.

이 '붉다'는 인상은 강하게 느껴지지만, 잠시 후 짐짓 '붉다'는 감정은 없어지고 만다. 당신은 지금 오로지 홀로 '영계'속에 멈춰 서 있다. 너무나 조용한 나머지 몸이 움츠러져 움직일 수가 없다. 퇴색하여 붉그레하면서도 넓고 아득한 세계, 그곳은 사막처럼 느껴지나 완연히 다르다. 생명의 편린(片鱗)은 전혀 없다. 그야말로 영원한 죽음의 세계다. 그러나 사실은 그것이 아니다.

얼마 후 당신의 마음을 두근거리게 하는 기묘한 사태가 나타난다. 멀고 먼 저편—붉그레하게 퇴색된 구름인지 산인지 알 수 없는 몇만 킬로 저쪽에서 희미하게 빛나는 태양 같은 것이 나타난다.

이상한 것은 이 빛이 당신의 가슴 높이에서 휘황찬란한 것이다. 더구나 이 태양은 당신이 방향을 변경시켜도 항상 당신의 얼굴 정면, 가슴 높이에서 떠나지 않는다.

　당신은 감동하지 않을 수 없다. 구원을 받은 것이다.

　죽은 직후 발광체에 둘러싸여 눈물을 흘린 것을 기억하면 된다. 바로 이것이다. 그 감격의 수천배가 넘는 즐거움과 안도감으로 당신은 눈물을 흘리면서 소리칠 것이다.

　당신의 이 아우성에 호응하는 듯, 아득한 저쪽에서 당신의 이름을 부른다. 상당히 먼 거리에서 불렀다고 생각했으나 정신을 차려보니 바로 옆에 누군가가 있는 것이다. 마비될 듯이 외로운 고독의 천지에 누군가가 솟구쳐 서 있다. 마중 나온 '영인(靈人)'이다.

　두 사람은 잠시 동안 서로 얼굴을 마주 본다. 얼마 후 두사람은 마음이 통한듯 손을 맞잡고 걸어 간다. 얼마 전의 불안도 외로움도 깨끗이 잊고 당신은 어머니의 마중에 따라가는 어린이처럼, 주인을 만난 강아지처럼 즐거운 마음으로 가슴 높이에서 빛나고 있는 영계의 태양을 향해 걸어 간다.

　사실상, 그와 당신은 각각 떨어져 있으나 완전히 같은 존재인 것이다. 말하자면 두개로 쪼깨진 사과처럼 원래는 한 몸이었다. 참으로 타인이 아니기 때문에 당신에겐 불필요한 참견인 것이다.

　영계의 태양! 이 불가사의한 태양에 대하여 스웨덴보그는 '영계의 태양은 영계 전체에 대하여 자연계의 태양처럼 빛과 에너지를 공급하여 생명을 유지시킬 뿐만 아니라 영류(靈流)라는 독특한 흐름을 영계에 방출하고 있다'고 말하고 있다.

　이제 당신은 마중 나온 영인과 같이 큰 산의 정상에 섰다.

이것은 참으로 장엄하고 경탄할 수 밖에 없는 광경이다.

영계층도 광대무변이라는 말 이외에는 표현할 길이 없는 큰 분지이다. 왼쪽 아득히 먼 곳에 수만 미터 높이의 빙산(氷山)들 봉오리가 연결되어 있다. 그 높고 날카로운 산 모습은 인간계에서 상식적으로 상상할 수 없을 정도이다.

중앙 근방에는 번쩍번쩍 빛나는 바다와 같은 빛이 퍼져 있고, 그 오른편에는 붉그스레 퇴색된 사막같은 바위산이 드문드문 푸른 자연계와 더불어 무한히 펼쳐져 있다.

골짜기와 시내, 언덕이 있고 그 사이 사이에 인간계의 촌락처럼 수많은 마을들이 수천, 수만 아니 수억개가 점점이 널려 있다.

당신은 지금 유체이탈한 후 10만억토의 여행에서 돌아가려 하는 '마을'은 이 몇 억개의 마을 중 하나인 것이다. 이 마을들은 대부분 50호 내지 500호 정도로 구성되어 있다. 흥미없을 정도로 부지기수인 '마을'중에서 그의 안내를 받아 자기 마을을 결정한 당신은 곧바로 그곳에 도착한다.

당신 마을의 주민들은 한사람 빠짐없이 전원이 쌍수를 들고 환호하면서 당신을 맞이 한다.

다시 살펴보자! 여기 있는 전원이 당신과 같다. 정확히 말하면 당신과는 모든 면에서 닮아 있다. 성격·성정·취미·기호 등 거의가 당신과 같다고 해도 과언이 아니다.

정말로 당신의 분신처럼 보인다. 그렇다고 해서, 만일 당신이 옆 '마을'에 잘못 찾아간다면 즉시 배척당하고 말 것이다.

마을 사람들끼리의 친밀도는 인간계의 부자간이나 형제간과는 비교할 수 없을 정도다. 초시간적(超時間的)으로 즐겁게 사이좋은 관계를 유지하는 것을 보아도 그들의 경탄할만한 일체감 의식을 상상할 수 있다. 가장 참된 가족의식이 표본이라 할 만하다.

'영계'에 있는 이들 마을들은 어떤 '마을'도 원형(圓形)으로 배치되어 있다. 그리고 '마을'의 촌장을 중심으로 영력(靈力)이 강한 영인이 중앙에, 영력이 약한 영인이 외곽에 배열된다. 그러나 집의 모양은 '마을'에 따라 각각 다르며 하나도 같은 것이 없다.

목조도 목조 나름대로 각각 다르고, 석조가 각각 다른 마치 건축박람회 같은 광경이다.

이제 당신은 '마을'에 있는 어떤 집을 제공받아 영인으로서의 생활을 시작하게 되는데, 검소한 그 집에 대해 놀라지 않을 수 없을 것이다. 벽장도 없을 뿐만 아니라 부엌도 없다, 화장실도 없고 가구류도 없다. 당연하다.

영계에 있어서는 첫째 먹고 마시는 것이 없다. 영계에 있어서 먹고 마신다는 것은 인간계에서 볼때 마치 술을 마시거나 담배를 피우는 것과 흡사하여 본인의 기호문제와 같은 것이다. 식사할 필요가 없으므로 따라서 화장실과 부엌도 필요 없다. 잠을 자지 않으니까 벽장에 침구를 준비할 필요가 없다.

입고 있는 것은 머리에서부터 발끝까지의 간이 의복이고 영원히 더럽혀지지도 않고 훼손되지 않기 때문에 옷장도 없다.

그러면 아무 일도 하는 것 없이 빈둥거리느냐 하면 천만의 말씀이다. 대단히 바쁘다. 의식주에 대해 걱정이 없으니까 영인들은 매일 자기가 즐겨 하는 일에 몰두한다.

어쨌든 영인들은 인간계에서 본다면 생각할 수 없을 정도로 공연한 참견이 많은 편이나 착한 마음으로 가득차 있는 것이다. 즉 남을 위해 전심전력하는 봉사 정신이 전부인 것이다.

자기만 좋으면 그만이고, 가족만 행복하면 끝이라는 생각은 전혀 없고 자기와 타인이라는 구별이 없기 때문에 타인의 기쁨이 나의 행복이고 남의 아픔이 글자 그대로 나의 고통인 것이다.

어떤 누가 제안하면 즉시 전원 찬성이다. 예를들면, 탑을 세우자고 말하면 전부가 공동으로 하늘 높이 일심전력으로 쌓아 올린다. 인간계와는 전혀 다르다.

이승에서는 반드시 반대자가 있고 의견이 분분하지만, 영계에서는 '마을'의 누가 의견을 내면 전원이 일심단결하여 협력한다. 따라서 기술자는 기술자끼리, 예술가는 예술가끼리 '마을'을 구성해 가는 경우가 많다.

모든 천재적 재능은 화가이거나 음악가이거나 영계에서 그 뿌리를 단단히 내리고 있는 것이다. 오직 인간계에서만 만들어진 천재적 재능은 있을 수가 없는 것이다.

인간계에서 시작된 재능이라면 별로 세상 사람의 관심을 끌지 못하고 평범한 존재로 끝마쳤을 것이다. 화가 고호나 음악가 베토벤도 영계에서 잘 훈련된 재능이 인간계에서 두각을 나타낸 것에 불과한 것이다.

'영계'의 지도자와 '인간계'에의 전생(前生)

　예술가뿐만 아니라 지도자로서 활약한 사람들은 탄생하기 전, 영계의 '마을'에서 영력이 높은 촌장이었던 경우가 많다.
　영계의 '마을' 촌장은 인간계와는 달리 아주 젊다. 보기에도 20세 정도가 일반적이며 유달리 씩씩하고 건장하다. 영능력도 한 단계 강하며, 당장에 산도 파괴시킬 정도다.
　영계에는 가끔 지옥에서 신음하던 악령들이 영계 밑바닥에서 기어 올라와 일시에 밀려오는 경우가 있다. 그때는 여러 '마을'의 촌장들이 그들 앞에 맞서 궐기하며 잠깐 노려본 뒤 산을 붕괴시켜 악령을 추방한다.
　'마을' 촌장들의 날카로운 질시(嫉視)는 기어 오른 수많은 악령을 산을 폭파시키는 힘으로 지옥속에 다시 떨어뜨린다. 마치 킹콩이 미쳐 날뛰는 것과 같은 괴력으로 악령들의 손발을 무력하게 만드는 장면이 전개된다.
　이 이외에도 중요한 역할은 자기 '마을'에 있는 '영인'이 다시 인간계에 전생(前生)하지 않을 수 없게 됐을 때, 그 '영인'을 잘 보살펴서 전송하는 일이다.
　우선 먼저 영인을 대기소에 데리고 가서 거기서 그의 의식을 잠재(潛在)시킨다. 즉, 기를 잃게 만든다. 이것은 대단히 중요한 일로, 다시 태어날 때의 고통을 부드럽게 함과 동시에 전생한 후, 영계에서의 모든 것을 완전히 망각시키기 위해서다. 그것이 그가 인간계에서 수도하는 과정에서 유리하며, 그것이 바로 목적이다.

그러나 다시 태어날 때의 엄청난 고통을 뛰어 넘어 그 기억을 가진 채 인간계에 나오는 사람도 있다. 그것은 신계층에서 받은 사명을 잊지 않았기 때문인데, 자신의 수양이 목적이 아니고 인간계 전체의 구제, 또는 교정(矯正)의 사명을 가졌기 때문이며 예수나 불타가 여기에 해당된다.

'영계'에도 결혼이란 것이 있다고 한다면 여러분은 놀라움을 금치 못할 것이다. '영계'의 결혼은 영적 친근함, 친화감의 절대적인 극치(極致)에서만 행하여진다.

따라서 A 마을의 동지끼리만 있을 뿐이며, A마을과 B마을 사이에서는 행하여지지 않는다고 한다.

멀고 먼 천계층(天界層)

그런데 '영계'는 크게 나눠 7개 계층(階層)으로 구성되어 있어 1,2층의 지옥계를 두텁게 감싸고 있는 검은 구름 멀리 상공에 영계층이 보인다.

그 영계층보다 더 높은 상공에 엷은 금빛 공기막 같은 것이 있고, 영계층과 같이 산이나 골짜기, 호수가 산재되어 있는 것이 가물가물하게 보인다.

이것이 천계층이며 일명 천사요원층(天使要員層)이라고 불리우는 곳이다. 이것이 보이게 되면 당신은 영으로서의 수양이 상당히 깊다고 볼 수 있다.

이 천계층은 영계에서가 아니고 정령계에서 직행한다고 한다. '영계'의 주민들이 천계층에 한때도 체류하지 못하는 것은 지옥 주민이 영계층에서 살 수 없는 것과 같은 것으로, 모두가 '영계'의 태양에서 방사되는 '영류'와 관계가 깊은 것이다.

지옥의 주민도 타인에 대해 '애정'을 느끼기 시작하게 되면 영류의 공격을 막는 마음이 개발되고 차차 영계층 가까이로 올라가는 것과 같이, '영계'의 주민도 다량의 영류 공격을 방어할 수 있게 되면 '이지(理智)' '사랑'에 대한 자각이 강해지고 따라서 최종적으로는 천계층까지 올라갈 수 있을지도 모른다.

천계층도 영계층도 정령계에서 직접 갈 수 있는데, 영계층에는 지옥에 가는 무서운 모양의 동굴, 산 그늘, 습지대 등이 여기저기 보이는 것처럼 천계층에 갈 수 있는 특별한 길이 영계층에도 한군데 있다.

그것은 '장엄한 삼림(森林)'이라고 불리우는 금빛 수풀로 일반적인 영계 주민은 가까이 근접하지 못한다. 여하간 정령계까지는 누구나 갈 수 있으나 그 다음 부터는 각자의 책임이다. 즉, 인간계에 있을 때의 그 사람의 행위, 상념이 모든 것을 결정하는 것이다.

'죽으면 그것으로 끝이다'라고 생각하는 사람들은 자기 자신에 대한 진정한 사랑도, 자기 이외의 사람에 대한 순수한 사랑도 완전한 모습은 아니므로 천계층까지 가는 것은 무리인 것이다. 첫째, 눈을 못뜨게 할 정도로 밝은 천계층은 그만큼의 영류가 흐르고 있다는 증거이므로 이같은 임시변통적인 수정(修正) 행위로서 마침내 좋은 결과가 기대될 수 없다.

인간계에 있을 때부터 '사랑'을 의식하고 '사랑'을 실천하며 박애정신을 광범위하게 확충하면서 질투나 증오의 감정을 멀리하고 자연스럽게 솔직성과 정직성으로 일관된 말하자면 '깨달은' 사람들만이 천계층에 갈 수 있는 것이다.

이런 사람들이 아닌 이상 저 강렬한 빛과 홍수같은 영류를 받아 멈추게 할 수는 없다.

만일 지옥에 가야 될 영이 잘못되어 천계층에 뒤섞여졌다면 어떻게 될까? 순간적으로 발광하고 100메가톤의 원자폭탄의 공격을 받은 것처럼 형체를 찾지 못할 것이다.

멋들어진 천계층

천계층에도 영계층처럼 무수히 많은 마을들이 있다. 그 마을들의 크기는 각양각색이지만 어떤 마을도 영계층보다는 훨씬 크다.

영계층 마을 주민들은 작은 것이 50명, 큰 것이 500명 정도인데, 천계층의 마을 주민은 작은 것이 5천명, 큰 것은 5만, 10만명 정도로 크다.

확실히 마음에 맞는 친구끼리면, 그 멤버가 많을수록 행복할 것이다. 인간계에서도 큰 단체일수록 의견이 분분하고, 이질적인 요소들이 많으나 '영계'에서는 완전히 의기투합된 동지끼리의 '마을'이기 때문에 한 사람도 싫은 사람이 없다.

특히 천계층의 주민들은 자기만 만족하면 그만이라는 사고방식을 가진 자가 한 사람도 없다. 전원이 타인을 위해서라면 어떤 노력도 아끼지 않는 동지들 뿐이므로 사랑이 넘쳐흐르고 있다. 모든 얼굴 표정이 솔직하고 착하며 맑고 밝다.

그러나 이상하게도 우리 인간계에서는 이해할 수 없는 것이 있는데, 그만큼 악의가 전혀 없는 천계층의 마을과 마을 사이에 교류란 것이 전혀 없다. 즉, 국가적으로 말한다면 외교관계가 완전히 없는 것이다.

다만, 각각의 마을끼리는 외교관계가 원칙적으로는 없으나 영계의 태양에서 받는 직접 영류와 신계층에서 내려오는 간접 영류때문에 서로 정확하게 이해하게 되어 분쟁이 전혀 없으며 천계층 전체의 중대사에 있어서는 모든 마을이 일치단결된다.

이 천계층의 위치는 쉽게 말해서 지구의 상공 약 100킬로 높이에 있고, 이 영계 전체는 지구의 회전과 더불어 회전하고 있다. 그리고 누구나 죽게 되면 자기 나라와 가까운 곳으로 당연히 가게 된다.

그러나 영계는 전체적으로 시간과 공간의 관념이 없으므로 만일 미국 '마을'에 가려고 한다면 즉시 갈 수 있고, 어느 곳에 있으나 똑같다.

영계〔천계층도 물론〕에서는 모든 것이 영인들 마음에 달려 있다고 할 수 있겠는데 정확하게 말하면 마음 즉 상념뿐만이 아니고 여기에 첨가하여 인간계에서 올라오는 그 '무엇'이 있는 것 같다. 이 '무엇'은 아직 확실히 정체가 밝혀져 있지 않다.

영국 심령과학의 권위자들이 올리버 롯지 박사의 죽은 아들 레이몬드의 영계보고를 통해 이 인간계에서 올라오는 '무엇'에 관하여 연구하였는데 아직까지도 결론이 없는 듯하다.

천계층의 황홀한 향기는 주위에 활짝 개화(開花)된 갖가지 빛깔의 꽃속에서 흘러나오고 있다. '갖가지 빛깔의 꽃'이라고 말했으나 인간계의 표현으로는 그 색조를 설명하기 어렵다. 찬란하기도 하고 미소짓는 듯하면서도 상쾌한 색조인 것이다.

그 밝음, 참으로 밝은 빛 속에서는 우리 눈으로 볼 수 있을 정도로 희미하게 바람에 흔들리고 있는 것이다.

크고 작은 다양한 꽃들이지만, 큰 것은 인간계에서 상상할 수 없을 정도로 크며 자기도 모르게 감싸고 싶을 정도의 기가 막힌 향기를 내뿜고 있다.

천계층의 주민들은 이와같은 꽃속을 자유롭게 날아다니는 것이다.

이제 당신은 은은한 향기에 둘러싸인 꽃밭 저 넘어 보이는 큰 궁전 앞에 서자마자 말문이 막히게 될 것이다.

궁전처럼 보이는 이 건물은 이 세상의 언어로서는 표현할 수 없을 정도로 아름답고 장엄하기 때문에 이것과 비교될 수 있는 건물은 인간계에 존재하지 않는다.

지붕은 황금 기와를 올린 듯 금빛 찬란하고 벽면이나 바닥도 갖가지 빛깔의 보석으로 만들어져 있음 밖에는 달리 생각할 수가 없다.

궁전 안의 각 방이나 복도에 대하여도 뭐라 표현할 길이 없다. 만일 당신이 천계층으로 간다면 아마도 망연자실, 몽유병자처럼 여기저기 헤매게 될 것이다.

무한하게 펼쳐진 정원에는 은빛 나무에 황금빛 과일이 주렁주렁 매달려 있고 발 밑에는 파도치듯 수백가지의 꽃송이가 흩날려 있으며 몸과 마음을 취하게 만드는 음악 소리가 하늘에서 들려 온다.

제8부 내가 보는 영계상 195

또 땅에서는 상쾌한 향기가 솟아올라 산들바람에 이리저리 하늘거린다. 그리고 영인들이 밝은 얼굴로 향기속에 펄럭펄럭 흩어져 간다.

궁전 주위에는 영인들이 각각 자기의 마을을 만들어 살고 있는데, 그 집들은 원형으로 배치되어 아름답게 꾸며져 있다. 영인들의 의복은 눈처럼 순백색이고 바람처럼 투명하게 천지에 가득 찬 빛 속에서 잘 조화를 이루고 있다.

이와같은 세계에서 영원한 생명을 누리고 있는 영인들은 아무리 생각해도 천계층의 행복을 충분히 만끽하고 있다고 볼 수 있으나 그들의 삶을 즐기는 방법은 인간과 약간 다르다.

인간이라면 이같은 세계에서 행복하게 살 때, 눈에서부터 즐거움을 느낀다. 그러나 그들 천계층 주민들은 여기에서 눈으로 즐기는 것이 아니고 이들 아름다운 사물들에 의해 표상(表象)되는 영의 마음을 즐기고 있는 것이다.

'영계'를 믿는다는 것

이제까지 '유계' 또 '영계' 그리고 천상계층의 멋진 세계를 묘사하였으나, 그렇다고 죽은 모든 영이 '영계'로 갈수 있는 것은 아니다.

전술한 바와 같이 자기가 죽은 것도 모르며 '영계'에도 못가고 떠돌아다니는 악령이 되어 인간에게 빙의하거나 눈으로는 차마 볼 수 없는 비참한 상태가 되는 경우도 있는 것이다.

물론 지옥계에 떨어지는 경우도 있다.

이제까지 설명한 것과 같이 '정직하게 훌륭히 영계로 건너가기 위해서는 죽음을 올바르게 이해하는 것이 현명하고, 그러기 위하여는 우선 영계가 있다는 것을 철저히 믿어야 되는'것이다.

그러기 위해 동서고금의 지식을 집약시켜 기술한 것이므로 도움이 되리라고 생각된다.

'사후생(死後生)'을 굳게 믿고, 솔직하게 현세를 보냄과 동시에 사후의 세계에 대해 지식을 갖고 있으면 당황하지 않고 쾌적한 영계에서 즐겁게 보낼 수 있으므로 불안감을 가질 필요가 없다.

또 죽음이라는 인생의 종말에서 오는 최대의 불안감을 제거한다면 한 평생의 고민 대부분을 해소할 수 있고, 악착스럽지 않게 인생을 보낼 수 있을 것이다.

바로 이것이 영계에서 보다 좋은 층계(層階)에 갈 수 있는 비결인 것이다.

제9부
과학도 하나의 가설이다

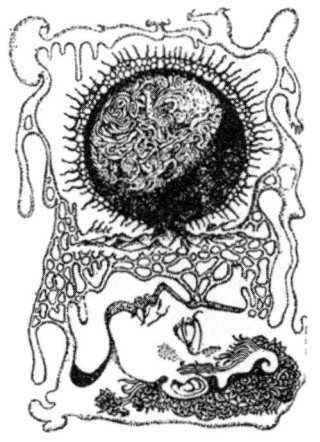

영계는 어떻게 되어 있는가?

방위대(防衛大)에서 시작한 예감 연구

 2차대전 때의 일이다. 미국과 영국을 상대로 싸우고 있는 남편이 어느 날 밤 베개 머리맡에 서 있었다.
 깜짝 놀라 눈을 뜨니 사방은 아직 어둠에 싸여 있는 한밤중이었다. 창문을 통해 달빛이 스며들기는 했지만 방안의 아랫목은 어두웠다.
 그 어두운 구석에서 기척이 들리고 등골이 오싹해졌다.
 '혹시 남편한테 불길한 일이라도……'
 좋지 않은 예감이 머리 속을 스쳐 갔다.
 온 몸에 식은 땀이 흐르고 있는 자신을 느꼈다.
 그런 일이 있은 며칠 뒤, 남편의 전사통지를 받았다.
 〈부군(夫君)께서는 ○월 ○일 나라를 위하여 명예로운 전사를 하셨습니다.〉하고 전달 온 사람이 알렸다.
 야릇하게도 그 ○월 ○일이란 바로 남편이 꿈에 머리맡에 나타났던 그날 밤의 일이었다.

이런 체험을 한 아내들이 많았다는 것이다.
 현재 방위청(防衛廳)의 부속기관인 방위대학교에서는 이런 종류의 '예감' '불안감' '육감' '유령' 따위에 관하여 연구를 시작하고 있다.
 오랫동안 '영계'에 관하여 연구를 해오던 필자로서는 '이제야 겨우 일본에서도 공식적인 연구가 시작되었구나'하는 느낌이 들지만, 한편 어떤 뜻에서는 역시 획기적인 일이라고 평가할 수 있으리라고 생각한다.
 까닭인즉, 일본에선 '염사(念寫)'의 연구로 세계에 그 이름을 떨친 후꾸라이 도모끼찌(福來友吉)박사가 비과학적인 초능력 (超能力)의 연구를 한다고 비난의 대상이 되어 동경제대의 교수직에서 쫓겨난 이후, 이런 종류의 초상현상·초능력·심령현상 따위를 연구하는 일은 금지되어 왔기 때문이다.
 후꾸라이 박사나 초능력자, 영능력자들이 탄압을 받았다. 다이쇼오(大正) 초년 이후부터 약 70년 동안에 걸쳐 일본에서는 이런 종류의 연구는 사회의 한 모퉁이로 밀려나 햇볕을 볼 수 없게 되었다.
 '나잇살이나 먹은 게 그런 비과학적인 코흘리개들이나 속여먹는 일 따위에 정신이 팔려서……' 이렇게 멸시당하고 이단자 취급을 받았던 것이었다.
 최근에 와서 겨우 영계니 심령현상에 대하여 사람들이 관심을 갖게 되었으나 그것도 필자와 같은 사람이나 일부의 열렬한 연구가가 매스콤에서 당당히 자기의 신념과 확신을 공표하기에 이르렀기 때문이어서지, 학문적, 과학적으로는 아직도 등한

시하거나 혹은 매우 차원이 낮은 것으로 멸시당하고 있음에는 변동이 없는 터다.

헌데, 방위대에서 이런 종류의 연구에 본격적으로 착수하여 우선 전쟁 미망인과 구군병사(舊軍兵士)들을 대상으로 한 '예감'연구〔정식으로는 '초상적 체험의 조사'로 불리운다〕에 대하여 방위청에서 연간 100만엔의 특별 연구비가 지급되게 되었다.

이 예산은 1982년부터 책정되었다. 세계 각국의 이런 종류의 연구비 예산은, 이를테면 미국에서는 듀크대학, 버지니어대학 같은 곳을 중심으로 연간 60억엔 이상, 소련에서도 80억엔 이상의 규모에 이르고 있다.

그에 비하여, 일본 방위대의 특별 연구 예산이 연간 100만엔이라니 실로 한심할 만큼 작은 액수이나〔일본 전체로 따지면 연간 1억 5천만엔 정도라지만〕그렇더라도 이런 종류의 연구가 공인(公認)된다는 것은 의미가 대단한 것이라고 생각한다.

방위대에서 이 연구를 추진시키고 있는 분은 오오다니 소오시(大谷宗司)교수이다. 오오다니 교수는 일본 초심리학회의 회장도 맡고 있는 분으로 얼마 안되는 일본의 초심리학 연구를 리드하고 계신 분이다.

이번의 이 연구는 전쟁 미망인 5천명과 구군병사 5천명, 합계 1만명을 대상으로 상세한 앙케이트 조사로, 이 앙케이트에는 싸움터에서 실제로 체험한 보기를 몇 개인가 들고 있다.

선데이 마이니찌의 가사에서 몇가지 소개해 보겠다.

〈위험을 무릅쓰고, 아무래도 뛰쳐나가야만 된다는 강박관념

으로, 느닷없이 참호에서 나간 순간 참호 안에 탄환이 떨어져 목숨을 건졌다.〉

〈혼자 길을 잃고 당황해 하는데, 어머니 모습이 나타나 그녀의 인도로 위기를 면했다.〉

〈육친이 전사한 그 시각에 본가에 그 사람이 나타났다. 또는 시계 바늘이 멈췄다.〉

이와 같은 연구가 더 공식적으로 계속되어 진행될 것을 필자는 크게 바라는 바이다.

일본인은 과학을 오해하고 있다

과학적 사회주의를 표방하는 소련에서 심령연구나 초능력 연구가 성행하고 있음은 이미 알려진 사실이다.

물론 소련만이 아니다. 미국이나 유럽도 그에 대한 연구가 대단하다. 일본에서는 생각조차 할 수 없는 일이나 대학의 정식 강좌에 심령연구가 들어 있고, 많은 과학자들이 방대한 국가 예산의 보조를 받아 가며 그와 같은 연구에 몰두하고 있다.

어째서 일본에서는 과학자들이 심령연구에 손을 대지 않는 걸까?

'과학자가 심령이라니! 그런 비과학적인 일에 돈과 시간을 낭비하는 일 자체가 도대체 가소롭군.'

하는 소리가 들려 올 것만 같다.

그렇다면 유럽이나 미국의 심령연구가들은 비과학적인 것일까? 또한 그것을 인정하고 있는 대학이나 국가 또한 비과학적인 것일까?

　일본의 과학자들도 그렇고, 과학을 절대적으로 신뢰하고 있는 일반 사람들도 그렇고, 대체로 일본인은 과학을 오해하고 있다. 오해한다기 보다는 오히려 일본인의 과학에 기대하는 절대적인 신뢰감은 보다 신앙적이라고 부르는 편이 합당하다는 생각조차 든다.

　현대에선 대부분의 일본인에게 있어 과학이란 '유일(唯一)절대'의 근본이며, 무슨 일이나 '과학의 눈'을 통하여 확인되고, 과학이라는 여과기(濾過器)를 통해 걸러 내지 않은 것 이외는 신용할게 못된다고 생각하는 듯하다.

　그렇다면 과학이란 마치 전지전능의 신이 아닌가!

　일본인의 태반이 과학에 대한 신뢰감을, 필자가 신앙에 가깝다고 말하는 것도 조금도 지나친 말은 아닌 듯하다.

　하지만 과학에 관한한, 일본인의 그와 같은 태도는 분명히 지나친 것이라고 생각한다. 지나치다기 보다 앞서도 말했듯이 과학을 오해하고 있는 것이다.

　소련이나 유럽·미국 사람들이 심령 연구를 당당히 하는 것은, 과학을 정확히 이해하고 있기 때문이다.

　이렇게 말하면 '그건 무슨 뜻입니까? 심령문제 같은 비과학적인걸 연구하는게, 과학을 이해하고 있다는 증거가 되는 겁니까?'

　틀림없이 이렇게 반문하는 사람이 있을 줄 안다.

　그렇지는 않다. 심령문제를 연구한다고 해서 과학을 올바르게 이해하고 있다고는 할 수 없다. 하지만 과학을 올바르게 파악하고 있는 사람은 심령 연구를 허용하며, 물론 색안경을 끼고 보는 일도 없다는 뜻이다. 그러므로 스스로 심령 연구에 뛰어드는 과학자도 당연하지만 많이 있다는 것이다.

그렇다면, 과학을 올바르게 이해하고 있다는 것은 도대체 어떤 뜻일까?

'과학도 또한 하나의 가설을 체계화 한 것이다'라는 과학의 대전제를 명심하는 일, 그거야말로 과학신앙이 아닌 과학적인 태도이며, 과학을 올바르게 이해하는 첫걸음인 것이다.

더 좀 알기 쉽게 설명하고저 한다. 그렇지만 필자는 과학자도 아니고, 오히려 필자 자신이 과학신앙 대신에 심령신앙을 가지고 있다고 말할 수 있으므로, 과학사상 연구가처럼 전문적인 해설은 할 수 없으나, 되도록 편협하지 않게 사실에 입각하여 알기 쉽게 '과학도 또한 하나의 가설을 체계화 한 것이다'하는 뜻을 설명하고저 한다.

까닭인즉, 과학신앙의 힘에 밀려 그늘에서 기를 못필 수 밖에 없는 심령연구(필자와 같은 심령신앙인도 포함함)를 백주 대로로 내놓고 싶다는 뜻이 있기 때문이다.

'상식에 꼭 들어맞는 것'이 절대적인게 아니다

아인슈타인의 '상대성이론'을 아십니까? 뉴우톤 이래의 고전적 물리학에 혁명을 가져다 준 획기적인 이론으로, 현대의 물리학에 급진적인 발전을 이루게 하는 방아쇠가 되기도 한 것이다.

지금이니까 '상대성이론'하면 '아! 아인슈타인의 그 이론!'하는 정도의 반응을 일으킬 정도로 보편화 된 이론이 되고 말았지만, 그 이론을 발표할 당시는, 그 이론을 이해할 수 있는 사람은 세계에 불과 몇 사람 밖에 없을 거라고 떠들썩 했을 만큼 어려운 이론이었던 것이다.

이 이론 가운데, 이를테면 빛은 뉴우톤 물리학에서는 '직진한다'는 게 전제로 되어 있으나, 아인슈타인의 설에 따르면 어떤 중력장(重力場)에 오면, 빛은 중력에 끌려서 약간 '휜다'는 게 증명되었다. 공간 자체도 중력에 의하여 휘고 만다.

헌데 그 물리학적인 계산이 기존의 수학으로는 풀 수 없다. 기존의 수학이란, 고대 희랍의 유크리드가 확립한 유크리드 기하학(幾何學)의 연장선(延長線)에 있는 수학을 뜻하며, 휘지 않은 공간을 전제로 하여 조립된 수학을 일컫는 것이다.

그러므로 아인슈타인은 비(非)유크리드 기하학을 사용하여 그 계산을 한 것이다. 비유크리드 기하학이란 리이먼(1826~1866)과 로바체프스키(1793~1856)에 의하여 각기 별개로 세워진 기하학으로 전자(前者)의 것을 '리이먼 기하학', 나중의 것을 '로바체프스키 기하학'이라고 한다.

필자는 이 책에서 별로 수학사에 대한 강의를 할 생각은 없으므로 명칭 따위는 아무래도 상관없으나, 이야기를 전개하는데 필요하므로 조금만 더 참아 주기 바란다.

필자가 여기서 문제 삼는 것은 아인슈타인 보다는 오히려 이 비유크리드 기하학인 것에 있다.

영혼의 이야기에서 좀 동떨어진 듯 하지만 과학이란 어떤 것인가. 그 성격을 이해하는데 좋은 재료가 되므로 이 보기를 들고 있는 바이다.

헌데 이 두가지 비유크리드 기하학이란 어떤 것이었었나, 이 것이 요점인 것이다.

유크리드 기하학에는 몇가지 공리(公理)·공준(公準)이라 불리우는 것[이른바 전제(前提)가 되는 것]이 있었다. 그 하나에 '평행선의 공준'이라는 것이 있다. 어떤 것인가 하면, '어느 한 점을 지나고, 또한 어느 직선에 평행인 직선은 하나 밖에 없다'는 것이 그 공준이다.

쉽게 말한다면, 여기에 한개의 직선 A가 있다. 그 곳에서 떨어진 곳에 하나의 점 X가 있다. 이 점 X를 지나서 직선 A에 평행인 선은 하나 밖에 글 수 없다는 것이 이 공준의 의미이다. 상식적으로는 타당하다.

이와 같은 공리·공준을 전제로 한 유크리드 기하학이 세워진 셈이다. 우리가 국민학교, 중학교, 고등학교에서 배우는 도형이나 기하학이란 모두 이 유크리드 기하학인 것이다.

헌데, 리이먼과 로바체프스키는 각기 이 '평행선의 공준'에 의문을 품었다. 한 사람은 '어느 한 점을 지나고, 또한 어느 직선에 평행인 직선은 한개도 없다.'

다른 한 사람은 '어느 한 점을 지나고 또한 어느 직선에 평행인 직선은 수없이 많다'고 하는 공준을 세워서 각기 독자적인 기하학을 세운 것이다.

그렇다면 완성된 기하학의 체계는 '상식에 들어맞지 않는'이상한 수학 체계가 되고만 것이다.

하지만 하나의 체계로서는 분명히 모순된 것도 없으며 그와 같은 계산이 성립되는 것이다. 하지만 현실에서는, 다시 말해서 눈에 보이는 곳에서는 그 계산에 들어맞는 현상은 어느 곳에도 존재하지 않는다.

이와 같이 현실에서 관찰할 수 있는 현상에서는 전혀 부합되지 않지만, 이론 체계로서는, 체계 속에 아무런 모순이 없다. 다시 말해서 이론으로서는 모순없이 성립된다 — 이와 같은 것을 인정하는 것이 과학적인 태도인 것이다.

이렇듯, 실제로는 아무런 타당성이 없다고 생각되던 비(非)유크리드 기하학이 어떤 현상에서는〔휘어진 공간에서는〕타당성이 있다는 것을 물리학에서 증명한 것이 바로 아인슈타인의 '상대성원리'였던 것이다.

다시 말해서, 이른바 '상식에 꼭 들어맞는' 기존의 유크리드 기하학도 '절대적'인 것이 아니었다는 이야기이다.

그의 전제로 되어 있는 '평행선의 공준'은 상식적으로는 절대적으로 타당한 듯하지만, 사실은 어떤 상태〔휘어지지 않은 균일한 공간〕를 전제로 한 것으로, 하나의 가정에 지나지 않았다는 것을 알게 되었다.

우리 인간들은 하나의 '가설(假設)의 체계'인 유크리드 기하학을 몇천년 동안이나 '유일한 것, 절대적인 것'이라 믿어 의심하지 않았던 것이다.

일본인의 과학신앙도 이것과 흡사한게 아닐까? 하는 게 필자의 생각인 것이다.

심령이라는, 과학적으로는 아직 충분히 증명되지 않은 현상을, '상식에 들어맞지 않으니까'라고 하여 배척한다는 것은 결코 과학적인 태도는 아니다. 과학 자체도 몇가지 전제〔=가설〕 위에 세워진 체계이지, 그 체계 안에 모순이 없으니까, 성립된 걸 인정한다는 것에 지나지 않는다는 것 뿐이다.

그러므로 현재의 자연 과학에 걸맞지 않은 다른 심령과학의 체계가 모순점 없이 성립되는 것이라면, 그것도 허용한다는 마음가짐이 과학이라는 것을 올바르게 이해한 사람이 취할 태도가 아닌가 한다.

소련이나 유럽, 미국에서 심령연구를 대학에서도, 국가에서도 허용하고 추진시킨다는 것은, 결코 비과학적인 생각에 바탕을 둔게 아니라, 과학이라는 것은 전제〔=가설〕를 분간하고, 그 한계를 알기 때문에, 다른 가설 체계를 모색하고 그걸 규명하는 걸 도와, 새로운 전망(展望)과 시계(視界)를 개척해 나간다는 것을 뜻한다.

필자는 일본이나 한국의 과학자나 과학을 신봉하는 여러분에게, 적어도 심령연구를 백안시하는 일만은 삼가해 달라고 간절히 바라는 바이다.

젊은이일수록 심령현상에 유연한 태도

필자의 극히 개인적인 견해이나, 일본이 전후 과학을 신앙 비슷한 기분으로 특별히 취급하게 된 것은, 2차대전과 전쟁중에 가졌던 정신적인 지주〔기반〕가 전후에 일제히 무너져 버리고 달리 의지할 게 없어져 버렸기 때문이 아닌가 생각된다.

전쟁 전에는 천황(天皇)을 중심으로 하고, 가정에서는 가부장(家父長)과 조상을 중히 여기는 정신적인 전통이 확고히 숨 쉬고 있었다.

전후에, 그와 같은 가치관이 전면적으로 부정되며 붕괴되고, 국민은 정신적 지주를 잃고 말았던 것이다.

일본인이 유럽인이나 미국인에 비하여, '과학신앙'에 강한 이면에는, 이같은 사정이 작용하고 있는 것같이 생각되어 견딜 수가 없다.

헌데, 최근의 젊은이들은 '영(靈)'의 문제에 대하여 꽤 유연한 생각을 갖게 되었다. 과학신앙의 아성이 흔들리게 되었다고나 할까.

그와 같은 경향은 필자의 강연회를 들으러 오면 잘 알게 되겠지만, 이 책에서는 우선 아사히(朝日)신문이 1981년 5월 5일에 게재한 통계를 보기로 하자.

이를테면 '초자연 현상'에 관하여 —

질문 나쁜 짓을 하면 벌을 받는다고 생각하십니까?
- 벌을 받는다고 생각한다 ————————— 72%
- 그렇게는 생각하지 않는다 ———————— 22%
- 그밖에·회답 없음 ——————————————— 6%

질문 사람의 혼은 죽은 뒤에도 남는다고 생각하십니까?
- 남는다고 생각한다 ——————————————— 60%
- 그렇게는 생각하지 않는다 ———————— 30%
- 그밖에·회답 없음 ——————————————— 10%

질문 당신은 사람이나 자연을 넘어선 무언가 위대한 것의 존재를 느끼는 일이 있습니까?
- 있다 —————————————————— 54%
- 없다 —————————————————— 40%
- 그밖에·회답 없음 ——————————— 6%

질문 당신은 부적을 지니고 있습니까?
- 지니고 있다 ————————————— 55%
- 지니고 있지 않다 —————————— 45%
- 그밖에·회답 없음 ——————————— 0%

질문 당신은 신사(神社)나 절에서 행운의 제비를 뽑은 일이 있습니까?
- 있다 —————————————————— 75%
- 없다 —————————————————— 24%
- 그밖에·회답 없음 ——————————— 0%

질문 당신은 금년 설에 어딘가에 참배(參拜)를 하러 갔습니까?
- 갔다 —————————————————— 56%
- 가지 않았다 ————————————— 44%
- 그밖에·회답 없음 ——————————— 0%

앙케이트 결과의 몇가지를 임의로 골라 보았으나, 위의 통계 결과로 보아도 초자연 현상이나 영혼을 믿는 사람은 60%이상이나 된다는 걸 알 수 있다.

더욱이 죽은 뒤의 혼을 믿는 사람은 20대의 젊은이들이 압도적으로 많았다. 30대, 40대가 되면 점점 적어지나, 50대 이상이 되면 다시 믿는 사람 쪽이 많아졌다. 특징으로서는 30대 후반의 남성은 죽은 뒤의 혼을 믿지 않는 사람 쪽이 많다는 것이다.

이는 전쟁 후의 가치관의 역전시기(逆戰時期)에 나서 자란 사람들이다.

같은 통계 숫자는 NHK의 여론조사의 결과에도 나타나고 있다. 이 조사는 아사히 신문보다 1년 후인 1982년 4월에 발표된 것이다.

연령별 결과만을 보기로 하자.

18~22세

- 기적을 믿는 사람 —————————————— 30%
- 신(神)이나 부처를 믿는 사람 ——————— 26%
- UFO를 믿는 사람 ——————————————— 25%
- 예지능력을 믿는 사람 ———————————— 25%
- 죽은 뒤의 세계, 내세(來世)를 믿는 사람 ——— 21%
- 텔레파시를 믿는 사람 ———————————— 16%
- 주역(朱易)·점(占)·제비뽑기를 믿는 사람   16%
- 염력(念力)을 믿는 사람 ———————————— 14%

- 부적이나 돈의 힘을 믿는 사람 ——————— 12%

23~27세
- 기적을 믿는 사람 ————————————— 23%
- 신이나 부처를 믿는 사람 ——————————— 27%
- UFO를 믿는 사람 —————————————— 24%
- 예지능력을 믿는 사람 ———————————— 21%
- 사후세계, 내세를 믿는 사람 ————————— 19%
- 텔레파시를 믿는 사람 ———————————— 14%
- 주역·점·제비뽑기를 믿는 사람 ——————— 10%
- 염력을 믿는 사람 —————————————— 11%
- 부적이나 돈의 힘을 믿는 사람 ——————— 9%

 앞의 NHK의 앙케이트 결과를 보아도 젊은이가 '초자연적인 것' '영'이라고 하는 것을 유연성 있게 받아들이고 있음을 알 수 있다.
 10년 전, 20년 전에 실시한 같은 조사가 있다면 보다 더 비교하기 쉬운데, 애석하게도 필자에게는 그런 것이 없다.
 만약 이에 관하여 아시는 분이 있으면 필자에게 알려 주기 바란다. 하지만 필자의 추측으로는 '영'이나 '초자연'에 대하여 너그러운 태도로 이해하려고 하는, 또는 믿어도 좋다고 생각하는 젊은이는, 옛날보다도 확실히 늘고 있는 것같이 생각된다.
 필자의 강연회는 늘 좌석이 꽉 찼고, 1천 5백명 규모의 회의장에서도 입장을 못하는 사람들이 생길 정도이며, 이런 경향을 여실히 보여 주고 있는 것이다.

영계나 영혼에 관하여 숨어서 몰래 하는 태도가 아니라, 당당히 '난 믿고 있어요.' 이렇게 말하는 젊은이와 일본인이 많아졌다는데 대하여 필자의 영계에 관한 수많은 선전도 사소하나마 조용히 된게 아닌가 하고, 실은 마음 속에서 은근히 자부하고도 있는 터이다.

심령을 경시하는 이면에는 죽음에 대한 두려움이 있다

대체로 일본인이나 한국인이 심령연구를 백안시하는 이면에는, 지나친 '과학신앙'과는 달리 또 다른 하나의 숨겨진 태도가 있기 때문이 아닐까?

그것은 죽는다는 걸 별로 생각하고 싶지 않은 그런 태도가 있다. 한마디로 말한다면 '죽음에 대한 공포'이다. 일본인의 대부분은 스스로가 죽음을 맞을 것에 대하여 마음의 준비가 되어 있지 않은 것이다.

현재로선 불치의 병이라는 암을 선고하는 문제가 있다. 미국이나 유럽에서는 암환자가, 설령 앞으로 반년 밖에 남지 않은 수명이라고 진단이 내리면, 의사는 환자에게 그 사실을 전한다.

물론 환자에게는 쇼크이리라. 그 중에는 추태를 부리는 사람도 있으나 그것은 어느 나라 사람도 마찬가지다.

하지만 유럽이나 미국의 의사들이 환자에게, 굳이 잔혹한 '암선고'를 하는 것은 무슨 까닭일까? 그것은 죽음에 대한 '마음의 준비'를 하게 하기 위함에서다.
  죽기 전에 필요한 신변 정리를 하고, 마음의 정리도 하는 시간적 여유를 주고저 하는 친절한 마음이 바탕에 깔려 있는 것이다.
  이에 대하여, 일본에서는 환자의 수명이 설령 앞으로 반년이라는 진단이 내려져도 결코 본인에게 그걸 가르쳐 주려고 하지 않는다. 감추고 또 감춘다.
  왜 그럴까?
  너무도 이성을 잃고 추태를 부리는 사람이 많은 탓이다. 충격이 강하여 수명을 더 단축시키는 사람조차 있기 때문이다.
  '죽음에 대해 마음의 준비를 하도록' 이렇게 말해도 준비는커녕 정신적인 허약함이 한꺼번에 나타나 당황해 어찌할 바를 모른 체, 추한 최후를 보내고 말기 때문이다.
  일본의 의사들이 암 환자에 '암 선고를 내리지 않는다', '수명이 얼마 남았다고 일러 주지 않는다'고 하는 것은, 이와 같은 경험에 바탕을 두고 있는 것이다.
  흔히 보기로 드는 선종(禪宗)의 고승(高僧) 이야기가 있다.
  이 고승은 좌선(坐禪)으로 수행을 쌓고 깨달음을 얻었다는 사람으로, 본인이 입원하며 의사에게 이렇게 말했다.
  "만약 제가 암으로 진단이 내려지거든 서슴없이 제게 그 사실을 알려 주십시오. 저는 남은 목숨을 다하도록 준비를 할 터이니까요."
  이윽고, 암이라는 게 밝혀지고, 의사는 이 고승이라면 안심하고 암 선고를 내릴 수 있다고 생각하고 그대로 말해 주었다.

헌데, '선고'를 듣는 고승의 얼굴은 그 자리에서 창백해졌다. 입원하기 전의 자신 만만하던 말과는 정반대로, 그러더니 충격으로 침울해지기도 하고, 갑자기 버럭 화를 내기도 하고, 그때까지 먹던 식사도 제대로 목으로 넘어가지 못하는 지경이 되었다. 분명히 정신적인 동요와 육체적인 쇠약이 눈에 띄게 나타났다.

이 고승은 마침내 남은 수명도 못 채우고, 가엾게도 추하게 죽어갔던 것이다.

신앙심이 두터운 고승조차도 이런 꼴이니, 하물며 일반인들이야……의사들이 환자에게 '죽음의 선고'를 내리기를 꺼리는 것도 수긍이 간다.

어째서 현대의 일본인들은 이렇듯 죽음을 무서워하게 되었을까?

대체로 일본의 종교라는 게 극히 현세적(現世的)이다. 신흥종교 가운데, '대(大)'라는 글씨가 붙은 교단(敎團)은 반드시 '현세이익'을 노래하고 있다.

일본에서는 그런 교리가 아니면 번성하지 못한다. 바로 이런 곳에서 일본인의 심성(心性)을 엿볼 수 있다.

'현세이익'을 숭상하는 마음과 유물론적인 과학 숭배는 같은 뿌리에서 생긴 쌍잎과 같은 것이다.

'죽으면 그만'이라고 생각하고, '살아서 호강해야지'하고 생각하기 때문에 오로지 '현세이익'을 원하고, 물질적인 번영의 기초가 되고 있는 물질적인 '과학'에 절대적인 신뢰를 하는 결과가 되고 마는 셈이다.

그러므로 '과학신앙'의 이면에는, 이와 같은 물질주의의 천박함이 뿌리를 내리고 있고, 심령을 멸시하는 이면에는 '죽으면 그만'이라는 사상이 숨겨져 있는 게 된다.

이렇듯, '죽으면 그만'이란 사상은, '자기가 죽는 것을 별로 생각하고 싶지 않은' 경향을 낳고, 그 결과 막상 죽음에 직면하게 되면 '마음의 준비'가 되어 있지 않으므로 당황해서 쩔쩔매게 되는 것이 아닌가 한다.

이렇듯, 현대 일본의 과학 신앙은 심령을 멸시하게 되고, 그런 이면에는, '죽음에 대한 두려움'이 깊이 깊이 새겨져 있는 것이다.

88세 명예교수의 심령삼매(心靈三昧)

현대의 이와 같은 풍조 속에서, 앞서 말했듯이 최근에는 젊은 사람을 중심으로 심령 현상이나 죽은 뒤의 세계에 대하여 관심을 갖는 사람들이 많이 늘었다. 진정 바람직한 경향이라고 기뻐하지 않을 수 없다.

최근 마케팅이나 광고를 취급하는 세계에서 사람들이 '물질 위주에서 벗어나기'의 경향이 화제에 오르고 있다는 말이 들리지만, 그것 또한 물질문명에 포식한 사람들이 많아졌다는 것을 나타내는 증거이다.

심령의 세계를, 공공연히 인정된 공통의 관심사로 만들기에는 아직 시일이 좀 걸려야 된다는 느낌이다.

영혼이나 영계에 대한 가설 체계(假說體系)를 자연과학 체계와 같이 중요한 걸로 인정하게 되기 위해서는, 사람들이 보다 더 대범하게 영에 대하여 말하는 일이 중요하다고 여겨진다.

그런 뜻에서 필자는 마이니찌 신문에서 읽은 다음과 같은 기사는 실로 마음 든든하고 흐뭇하게 여겼으므로, 독자 여러분께 소개하고저 한다.

그것은 바로 도쿄 외국어대학의 명예교수인 가사이 시즈오(笠井鎭夫)와의 인터뷰 기사이다.

〈잘 오는 눈입니다'하고 정원에 휘날리는 눈을 보면서, '옛날에는 눈이 내려도 아름다움을 느낀다는 풍류가 있었습니다. 지금은 귀찮게 취급하죠. 물질문명의 해독을 입은 겁니다. 이대로 나가다간 안된다는 생각이 듭니다.〉

'스페인어(語) 4주간'으로 알려진 스페인어의 권위자, 도쿄 외국어대학에 39년간, 또 와세다 대학, 미나미야마 대학, 도쿄 외대—이렇듯 79세까지 놀랍게도 56년 동안에 걸쳐 교단에 섰었다.

지금은 88세. 방문하기 전 '허리를 다쳐서 건강하다고는 할 수 없으나 기력은 충실합니다.'하고 전화를 통해 말씀하셨습니다. 말씀그대로 '허리 말고'는 매우 건강하셨다.

도쿄 스기나미구의 한적한 주택가. 8년 전에 부인을 앞세우고, 둘째 딸 식구들과 같이 생활. 허리의 병명은 '변형성 척추증'으로 근래는 통 외출을 삼가하고, 서재에서 늘 생활하신다고 한다.

'그래도 내 방 청소는 스스로 하고 있습니다. 내 방에는 신령님을 모셔 놨어요. 아침에 일어나선 반드시 공양을 하고 기도드리고……'

이렇게, 처음부터 신령의 이야기부터 시작했다.

사실은 이 분이, 《근대 일본 영이실록(靈異實錄)》《일본 신이견문전(神異見聞傳)》따위의 저서가 있는 심령학의 연구가이다.

23세 때, 스승과 부친의 죽음이 겹치고, '사람의 죽은 뒤의 일'에 관심을 갖게 된 게 시초였다. '종교인의 이야기에 납득이 가지 않았으므로 스스로……'하고 천지삼신(天地三神)을 두루 예배하는 신앙 편력의 경위를 힘주어 말해 주셨으나, 기력이 충실하신 건 아무래도 신앙심에 있는 것 같다.

"하루 세 번 예배드립니다. 신령님과 이인삼각(二人三脚)의 생활입니다. 꾸중도 듣고, 격려도 받고 하지요."

신령님의 이야기 도중에, 조심조심 세속적인 질문을 던지자, "예, 예, 자꾸 물어보시오."

"식사는 어떻게 하십니까?"

"하루 세 끼 꼭 먹습니다. 식욕은 있지요. 그것이 원천이 되어 살고 있소. 하하…."

"운동은 요?"

"젊었을 때는 허약했어요. 운동은 통 할줄 몰랐으므로, 그대신 잘 걸었지. 외대 시절에는 '가사이의 산책'이라고 유명했었소. 비오는 날도 거르지 않고 산책을 했습니다. 우산을 받고. 하하…."

"서재에서는 무얼 하십니까?"
"주로 독서를 하죠. 최근에는 심리학과 철학 책이 주류를 이룹니다. 물론 스페인어 책도 읽고 있지요. 공부는 계속합니다. 죽은 뒤에도 계속할 작정이예요. 영원히 향상하려고 노력할 겁니다."
'신령님의 뜻대로'가 신조인지.
"허리를 다쳐서, 정신적으로는 플러스가 됐다고 생각되는데."하고 진지하게 말하셨다.
《스페인어 4주간》〔1933년 간행〕은 253판(版)을 찍고, 반세기 동안에 25만부라는 기록에 감탄을 하였더니 '난 그런 일로 평가를 받고 싶지 않습니다.'하고 이야기는 다시금 심령학으로 진행되었다.

도저히 88세라고는 생각되지 않는 쾌활하게 웃는 얼굴 사진과 함께 이 기사가 게재되어 있었으나, 필자는 이것을 읽고 이러한 가사이씨와 같은 감각이 소중한 것이라고 생각했다.
대범하고 솔직하고, 만사에 구애받지 않는—이야말로 우리가 영계와 영혼을 생각할 때의 자세가 아니면 안된다고 생각한다.
또한 이와 같은 기분이, 나아가서는 당신이 죽은 뒤, 영계의 좋은 자리로 당신을 인도하는 일이 되는 것이다.

일본인 본래의 '유체이탈 감각'

원래 일본인은 영혼이나 영계에 대하여 친근한 감각을 지니고 있었다고 필자는 생각한다.

'무사도(武士道)란 의롭게 죽는 것이니라'하는 참다운 무사의 정신과 각오를 표현했다면 좀 심한 느낌이 들지만, 요컨대 죽음을 밥 먹듯이 태연히 여기고, 죽음에 대하여 친근감을 느낀다는 것이고, 영혼이 영원히 산다는 걸 믿는 사상을 무사 나름대로의 그럴싸한 표현을 쓰고 있는 것에 지나지 않으리라. 그렇지 않다면 그렇게 간단히 '할복자살'같은건 할 수 없는 법이다.

또한 보다 더 고대로 거슬러 올라가면 일본인은 산·숲·벌판·들·하천·늪의 이매망량(魑魅魍魎) — 자연령(自然靈) — 과 함께 공생하는 생활을 하고 있었으므로, 자신이 죽으면 영혼이 되어 이 자연으로 돌아가는 것이라고, 소박하게 믿고 있었던 것이라고 생각한다.

물질 만능주의의 독기를 쐰 현대인에도 그런 사고방식의 잔재는 있으리라고 생각된다.

이를테면 다음에 소개하는 야마오리 데쓰오씨의 문장에서 그런 걸 잘 엿볼 수 있을 것이다.

야마오리씨는 미국 캘리포니어주에서 태어난 분으로, 지금 국립 역사민속박물관의 교수이다. 이것은 1982년 7월 15일의 요미우리 신문에 게재된 것으로 공감하는 바가 매우 크므로, 필자 나름대로 설명을 가해 가며 인용해 보고저 한다.

우선 첫머리 부분은 이런 서두로 시작한다.

'필자는 죽게 되면 단식사(斷食死)로 죽을 것이다'고 작정하고 있다.

십 수년 전, 외출한 곳에서 토혈(吐血)하고 쓰러져 응급실로 실려 갔다. 기절한 것이나, 그때 오색찬란한 영상이 가득 차고, 온 몸이 기분좋게 공중에 떠 있는 느낌이 들었다. 정신을 차리고 보니 병상에 누워 링겔을 맞고 있었던 것이다.

그런 다음은 굶주림과의 싸움이 기다리고 있었다. 치료를 위해 강제로 단식하는 생활이 시작된 것이다. 3, 4일째 쯤은 악몽에 시달리고, 비몽사몽 사이에서 뒤채며 괴로워 하였다.

하지만 5~6일이 지나는 사이에 이상하게도 몸과 마음이 다시 깨끗해졌다. 먼 곳의 소리가 들리고, 의식이 투명해지고, 배고픈 느낌이 차츰 멀어져 갔다. 이대로 죽어 간다면, 그대로 좋다고 생각했던 것이다.

이 때의 경험에서 지옥이나 극락의 이미지가 결코 신화나 환상으로 채색된 허황된 게 아니라는 것을 필자는 깨달았다. 그것이 인간의 보편적인 의식 — 표상작용(表象作用)이라는 것을 알게 되었던 것이다.

또한 야마오리씨는 근년에, 등산가를 비롯하여 여러 사람들이 사고 따위로 빈사상태에 빠져, 생사의 갈림길을 헤매고 다녔을 때의 체험과 보고가 정신의학자나 심리학자들의 연구의 대상이 되어 온 일에 주목하고 있다.

이와 같은 '임종이 가까운 사람의 의식에는, 죽음에 대한 공포와 함께 가끔 천상세계의 황홀감과 세속을 초월한 비전이 깃든다고 한다'고 말하고, '죽음에 대한 공포에서, 죽음을 받아들이게 되는 과정을 재음미하는 일이 현대인에게 있어, 삶과 죽음이라는 관문을 풀기 위한 중대한 과제가 된 것이다.'

이렇게 죽음이라는 문제에 대하여 주목해 주기를 바라고 있다.

야마오리씨가 말하는 '임종이 가까운 사람'이란 필자가 평소에 말하는 '근사사를 체험한 사람'을 말한다.

더욱이 야마오리씨는 이 임종이 가까운 사람〔근사사를 체험한 사람〕들의 체험담에 접하고, '신체의 이탈 감각', 다시 말해서 '자신의 시선이, 자신과 자신을 에워싼 사람들과 환경을 높은 곳에서 조감(鳥瞰)하는 감각', '또는 마음과 혼이 몸에서 유리(遊離)하는 감각'에 대하여 말하고 있다.

이와 같은 '몸과 마음이 분리되는 감각', 다시 말해서 혼이 자신의 신체에서 이탈하고 유리되는 감각을 야마오리씨는 '유체이탈 감각'이라고 부른다.

또한 이 같은 '유체이탈 감각'은 되돌아 보면, 우리 일본인들에게는 오랜 옛부터, '극히 친밀한 일상적 감각'이었다고 말하고, '일본인의 마음의 심층 심리에 깃든 고유한 의식작용'이었다고 한다.

'오랜 옛 시대의 기록은 접어 두고라도, 비교적 새로운 보기를 들더라도, 이시까와 다꾸보꾸(石川啄木)나 시가나오야(志架直哉)의 《암야행로(暗夜行路)》의 유명한 마지막 장면을 보기로 들고 '유체이탈 감각'의 설명을 한다.

일본인에게는 이와 같은 감각의 잔재를 얼마든지 볼 수 있다는 것이리라.

이와 같은 감각은 '일본인의 민족성을 밑바닥에서부터 방향을 돌리고 있는 특질'이 아닌가 하고 말하고, 또한 '혼(魂)이

이탈된다는 것은, 근원적으로는 죽음의 의식과 겹쳐지고 있을 것이리라. 하지만 그와 같은 자아의 의식이 급격히 희박해지거나 사라져 갈 때, 이상하게 생명의 충실감과 앙양감이 찾아오는 것이다.

헌데, 이와 같은 자연을 중계 역할로 한, 삶의 의식과 죽음의식의 교체라는 현상은, 서구사회에 있어서는 전무하다고 까지는 할 수 없어도 극히 진귀한 일이 아닐까?'

그 한 보기로서, 유럽과 미국의 호스피스(Hospice)〔암의 말기 환자를 간호하는 병원〕 운동에서 엿볼 수 있는 구미인(歐美人)들의 죽음의 수용 태세와 일본의 전통적인 '생사관(生死觀)'에 있어서, 죽음을 받아들이는 과정의 차이점을 들고 있다.

요컨대, 구미인들의 '생사감각'에서는 삶의 세계에서 죽음의 세계로의 과정에는 단절이 강조되나 일본인의 경우 '전통적인 생사관으로 본다면, 죽음에 임하여 자연과의 공생 또는 통합이라는 소망이 구미인의 경우보다도 훨씬 강하게 살아 왔었다고 생각된다'는 것이고, '그곳에 그 유체이탈 감각이 깊은 연관성을 갖고 있는 게 아닐까' 하고 상상된다고 하는 것이다.

다시 말해서 필자의 방식으로 표현한다면, 근사사(近似死) 체험자의 '유체이탈' 경험은, 일본인에게는 옛부터 친근한 감각이고 일본인들은 옛부터 자연 속에서 그것을 실감해 왔었다. 그러므로 원래 삶에서 죽음에 대한 '단절감'은 없었던 것이다.

죽는 순간의 과정에 있어서, 구미인과 같은 현세에 대한 '단절감'은 없고, 오히려 '생명에 대한 충실감'을 느끼면서, 자연으

로 돌아오도록 '죽음의 순간'을 통과하여 간다는 것이 되는 게 아닐까?

　필자로서는 약간 다른 의견이 있다손 치더라도, 적어도 일본인 본래의 생사관에 대해서는 동의할 수 있다.

　필자가 여기서 말하고저 하는 바는, 현대 일본인은 물질적인 번영에 힘 입어서, 본래의 전통적인 생사관, 다시 말해서 영혼과 친하도록 한다는 태도를 잊어버리려고 하고 있는 게 아닐까, 하는 것이다.

　그와 같은 물질주의의 해독을 입은 태도 가운데의 하나가 거듭 말하거니와 '과학신앙'이며, 또한 '자신이 죽는다는 것을 생각하고 싶지 않은 '현세 이익주의라고 지적하고 있는 바이다.

　하지만 물질적인 번영을 만끽하고, 죽음에 대한 문제와 영계에 대하여 생각하려고 하는 사람도 늘어났다.

　이것은 '새로운' 경향이라기 보다는 '본래'의 전통으로 되돌아가는 흐름인 것이다'라고 말하고 싶다.

　일본인은 옛부터 죽는 순간, '혼의 이탈'이나 '생명의 충실성'을 잘 알고 있었던 터이다. 그러므로 죽음을 두려워하지 않았었다.

　최근에 여기에 착안한 사람들이 늘어나서, 죽음과 죽은 뒤의 세계, 영계에 대하여 순수하고 대범하게 이야기할 수 있게 된 셈이다.

소크라테스는 유체이탈을 할 수 있었다

 말할 것도 없이 영의 소리를 듣거나, 모습을 보거나, '유체이탈'을 경험한 것은 일본인들 뿐만 아니라, 고대의 유럽에도 많았다. 예수 그리스도 시대에는 성경 가운데 많은 곳에 그런 것이 기록되어 있다.
 이를테면, 누가〔그리스도 12제자 가운데 한 사람〕에 의한 복음서에는 ― 주의 사자가 나타나 주의 영광이 그들을 두루 비쳤으므로 그들은 매우 두려워하였다. 주의 사자는 말했다.
 '두려워 말라'보라, 모든 백성들에게 주는 큰 기쁨을 너희들에게 전하노라. 오늘날 다윗의 동네에 너희를 위하여 구주가 나셨도다. ― 이렇게 그리스도의 탄생을 알리는 빛의 대지도령(大智都靈)들의 모습을 본 것이 기록되어 있다.
 며칠 전, 독자분에게서 전화가 걸려 와 맑고 투명한 빛에 싸인 잠자리 날개와 같은 것을 걸친 여성이 곧잘 나타납니다만, 하는 성심을 하는 것이다.
 그 분에게는 영적인 장해는 나타나 보이지 않았으므로, '선령(善靈)이 어떤 사명을 띄고 당신에게 내려온 거겠지요.'하고 대답했으나, 이와 같이 영계에서 그런 나타남이 있을 경우에는 아름다운 빛을 띠고 있는 수가 있다.
 또한 희랍의 철학자 소크라테스는 명상에 잠기게 되면, 그 자리에 몇 날, 몇 밤이라도 선 채 꼼짝도 하지 않았다고 하지만, 영능력으로 본다면 소크라테스는 어느 틈엔가 육체에서 이탈하는 법을 알고, 그대로 천상계로 영으로서 들어갔었음에 틀림이 없는 것이다.

 헌데 필자는 심령학을 전문으로 하는 학자도 아니며, 과학자도 아니다. 또한 특수한 능력을 지닌 영능력자도 초능력자도 아니다.

 여러분과 같은 극히 평범한 보통 사람이고, 어쩌다 배우를 직업으로 삼고 있을 따름이다. 그런 필자의 영계에 대한 강연회에 청중들이 입추의 여지없이 메워 주신다.

 그것은 필자가 영계에 대하여 갖고 있는 확신을 여러분께 널리 전하고 싶다. 알리지 않으면 안된다고 생각하고 있는 그 사명감을, 여러분이 공감하고 감득하여 주시기 때문이 아닌가 한다.

영혼의 과학적 연구

 일본인이 '과학신앙'에 발목을 잡히고 전통적인 생사관 — 영혼과 죽은 뒤의 세계 — 을 부정하고 말려고 하였을 무렵, 혹은 '과학'을 보다 더 넓은 의미로 재검토 하기 위하여, 초자연 과학적인 현상 — 영혼이나 영계 혹은 초능력 — 에 대한 연구에 몰두하는 사람들이 많이 생겼다.

 이와 같은 심령의 과학적 연구의 선구적 역할을 한 것이 영국의 심령연구협회(The Society for Psychical Research : SPR)이다.

 협회의 설립을 서두른 이는, 물리학자인 버레트였다. 1812년에 설립되었고, 회장에는 철학가인 시지위크가 취임하였다.

그 밖에 과학자인 롯지, 마이어즈, 거어니 같은 쟁쟁한 학자들이 참가하였다.

더욱이, 그로부터 3년 후에는 미국 심령연구협회(ASPR)가 설립되고, 역시 인류학자들을 멤버로 하여 연구가 시작되었다. 설립자 가운데에는 미국의 심리학계의 아버지로 불리우는 윌리엄 제임즈도 있었다.

이런 심령의 과학적인 연구는, 우선 유령과 영매를 연구하는 것에서부터 시작되었다.

SPR은 영국 각지에서 영과 유령에 관한 보고를 수집하고, 미신이나 착각이 아닌 진짜 심령현상에 대하여 갖가지 실험과 연구를 하였다.

그 가운데서도 유명한 것은, 에우사피어 퍼러디이노라는 이태리의 여성 영매의 경우이다.

에우사피어는 영의 힘으로 테이블이나 물건을 진동시키기도 하고, 공중에 떠오르게 하기도 하였다.

또한 그녀 스스로가 공중으로 떠오르는 일도 있었다. 더욱이 유령 비슷한 실체가 나타나기도 하고, 발광현상(發光現象)이 생기기도 하였다.

그녀를 조사하기 위하여, 국제적인 학술 조사단까지 조직되었다. 그 멤버 가운데에는 영국의 SPR의 마이어즈를 비롯하여 프랑스 측에서는 노벨상 수상자인 퀴리 부인과 같은 노벨상 수상자인 리슈, 또한 철학자인 베르그송도 참가하였다. 러시아에서는 오효로뷰지가 참가하고, 미국의 호지슨도 초대되었다.

실험은 프랑스에서만 43번이 행해졌고, 영국, 미국에서의 실험을 합치면 50번을 넘었다.

에우사피어가 어떤 '요술'이나 '마술'을 부리는게 아닌가 의혹을 갖는 학자들도 당연히 있었으므로 '요술'을 할 수 없게 하기 위한 연구가 갖가지로 시도됐으며, 역시 영적인 현상이 일어나곤 했다고 한다.

그녀가 일으킨 영적인 현상의 일부는 요즈음 말하는 초능력 가운데의 염동력(念動力)으로 생각된다. 하지만, 현재의 과학으로는 설명이 불가능한 영적 현상을 일으킨 것만은 사실이다.

또한 ASPR의 심령 연구에서 특히 유명한 것은, 제임즈가 발견한 파이퍼 부인의 경우이다.

그녀의 경우, 영시(靈視)하는 능력이 있어서 대면한 상대방의 이를 테면, 부친에 관하여 경력(經歷)·사건·성격까지 자세한걸 투시할 수 있었다.

미국의 연구가들은, 그녀가 어떤 사전 조사라도 하여, 그런 사실을 알고 있었을 가능성도 있다고 여기고, 그런 것을 도저히 알 수 없을 장소와 인물에 대하여 능력을 시험하기 위하여, 영국 측으로 협력해 주기를 신청하고, 영국에서 실험을 하였다.

영국으로 끌려 간 파이퍼 여사는, 롯지 가정에 감금 상태가 되고, 감시인까지 딸렸었다.

그와 같은 상태에서 몇가지 실험이 행해졌다. 이를 테면, 롯지 선친의 유품인 시계를 파이퍼 부인에게 건네주면, 그녀는 시계를 손에 들고 영시한다. 이윽고 롯지의 부친에 관하여 생전의 모습과 사실을 말하기 시작한다.

이를테면, 롯지의 선친은 항상 선원의 복장을 하고 있었다든가, 다리에서 떨어져 부상을 입은 일이 있다든가, 그 뒤로는 다리를 절고 다녔다든가……하는 따위의, 실로 수 많은 사실을 말하였다. 그것은 40항목 가까이나 되었다.

그 사실은 모조리 맞는 것이었다. 그뿐 만이 아니다. 롯지가 듣고 고개를 갸웃둥 할 만한 내용이 있었으므로 나중에 조사해 보니, 롯지도 알지 못했던 사실도 있었다. 물론 그것도 정확히 알아 맞췄던 것이다.

여기서는 대표적인 두 가지 보기만을 소개하였으나 SPR, ASPR을 비롯하여, 유럽과 미국에서 이와 같은 심령의 과학적인 연구가 시작된 지 이미 100년이 지났던 것이다.

그 사이에 수집되고 엄밀히 검증되어 '진정한 심령현상'으로 인정되고 있는 사례는 방대한 양에 이르고 있다.

이런 점에서 보더라도, 일본에서 이런 연구가 뒤지고 있음은 실로 애석히 그지없는 일이라고 생각한다.

그 일은 덮어두고라도, 이와 같은 흐름 속에서 《사후세계의 증명》에서도 소개했듯이, 미국의 듀크 대학의 J·B·라인이 ESP에 관한 연구를 하게 된 것이다. ESP란 '초감각적 지각'을 말함이며, 투시나 텔레파시 따위의 초능력을 말하는 것이다.

심령을 연구하는 일은 말할 것도 없이 지금도 계속되고 있다. 그리고 근사사(近似死)체험의 분석과 죽는 순간의 의학적, 생리학적, 화학적, 물리학적인 실험을 통하여, 영혼의 세계에 관한 가설을 체계화 시키는 일이 진행되고 있는 것이다.

일본인이 물질주의와 '과학신앙'에 흠뻑 빠져 있는 사이에, 유럽, 미국에서는 비(非) 유크리드 기하학이 나오기 직전과 흡사한 '비(非)물질 과학적'인 심령학의 체계화가 착착 진행되고 있는 것이다.

영계의 가설(假設)이란?

앞에서 야마오리씨의 문장을 소개하면서 약간의 의견 차이가 있다고 한 것은 다음과 같은 뜻이다.

야마오리씨는 유럽과 미국의 호스피스 운동 같은 데에서 보고되는 '죽기 직전의 인간'이 죽음을 수용하는 태도가 일본인과는 다르다는 것을 강조하고 있었다.

유럽과 미국인들이 삶의 세계에서 죽음을 받아들이게 되는 과정에는 '단절'이 있고, 일본인의 전통적인 생사관에는 '단절'의 느낌이 없다는 논지(論旨)였었다.

틀림없이 '전통적'인 생사관으로 본다면 야마오리씨가 지적한게 옳다고 생각된다. 하지만, 지금 일본인의 생사관은 물질주의의 해독을 입고 '죽으면 그만, 그 뒤는 허무'한 것이다.

말하자면 죽음의 문제에 대한 판단이 정지된 상태가 밑바닥에 깔려 있는 셈이다.

그러므로 죽은 다음의 일을 생각하려고 하지 않는다. 다시 말해서 죽음은, 옛날의 일본인들이 친근히 여겼듯이 일상생활 가운데서 친근히 여겨지지 않고 있다는 뜻이다.

최근에 와서야, 영혼이니 죽은 뒤의 세계에 관하여, 긍정적으로 여기는 사람이 늘고 있기는 하지만, 그런 사람들일지라도 죽음을 실감나게 생각하거나, 죽은 뒤 세계의 존재를 확신을 가지고 생각하고 계획하고 있는 건 아니다.

따라서 '전통적'인 생사관 — 영혼이나 혹은 재생에 대한 긍정 — 을 부활시키는 일이 필요하다고 필자는 생각한다.

한편, 유럽과 미국 쪽에서도 생사관에 대하여 말한다면, 동양 혹은 일본의 '전통적'인 생사관에 가까이 다가오고 있는 중이다.

또한 '죽음 직전'에서 '죽는 순간' 또한 '죽음 직후'에 이르는 과정에 대하여는, 사실로서 유럽·미국인도, 일본인도 아니, 온 세계의 사람이 조금도 다를 게 없는 터이다.

이 점이 의견 차이의 가장 큰 요점인 것이다.

근사사(近似死) 체험자의 보고는 온 세계, 어느 나라에서도 거의 다를 바가 없다. 또한 죽음 직전의 받아 들이는 태도도 마찬가지인 것이다.

일본인의 경우, 자연으로 돌아간다는 낡은 관념은 잔재가 엿보인다는 것 뿐으로 본질적인 차이는 없다. 사람이 죽어서 자연으로 돌아간다는 것은, 실은 자연계와 흡사한 영(靈)의 세계로 돌아간다는 뜻이다.

이제는 정작 영계에 관한 가설을 말하고저 한다.

다만 필자는 학자가 아니므로 엄밀한 논리의 전개는 할 수 없고, 또한 그럴 필요도 없다고 생각한다.

논증(論證)은 학자들에게 맡기기로 한다. 머지않아 가까운 장래에, 학문적인 뜻에서 '영계의 가설 체계'가 제공될 것이리라.

필자는 다만 오랫동안 연구한 갖가지 증언과 필자 자신이 실감한 것에서 얻은 확신을 말할 따름이다.

그러기 전에 두어 가지 덧붙여 두고 싶은 것이 있으므로, 우선 그것에 대하여 설명하고저 한다.

영계는 이렇게 되어 있다

우선 근사사 체험에 대하여—

근사사 체험이란, 일단 죽은 사람이 죽어 있는 시간 중에, 죽은 뒤의 세계를 체험하고 오는 일로, 기적적으로 소생한 뒤, 그가 체험한 것을 보고한 것이다.

이 유체이탈 체험에 대하여, 심리학이나 생리학·신경학·정신의학·약학 따위의 분야에서 갖가지 검토를 하였으나 근사사에 의한 이상한 사후세계의 체험을 부정하는 자료는 아무 것도 없다는 것이 현재까지 밝혀진 사실이다.

이를 테면, 심리학의 입장에서는, 근사사 체험이란 '죽음에 빠진 상태에서 나타나는 심리의 반영이 아닌가?'하는 관점에서, '죽은 뒤에도 살고 싶다는 소망의 반영이다'하는 설과, '남의 이야기나 책에서 보아 알고 있던 저승을 보고 싶다는 기대감의 반영이다'고 하는 설, 혹은 '죽음으로 자아감을 잃어버리게 되었으므로 인생을 되돌아보고, 죽음의 현실에서 도망치려는 심리의 반영이다'고 하는 설 따위, 몇 가지나 되는 설이 제

출되었으나 실제의 근사 체험은 그 어느 설과도 합치되지 않는다.

마찬가지로, 생리학의 입장 혹은 신경학의 입장에서는, '대뇌(大腦)가 산소 결핍 상태에 빠졌기 때문에 생기는 현상이 아닐까?'하는 관점에서 검토되었으나 산소 결핍 상태에 빠지지 않은 근사사자(近似死者)나, 반대로 뇌에 손상을 입은 근사사자의 경우, 그 근사사 체험은 설명할 수가 없는 것이다.

정신의학의 입장에서는, '죽음에 처한 충격으로 정신 분열 증상을 일으킨 것이 아닐까?'하는 관점에서 검토하려고 할 것이다. 소생된 뒤 어느 근사사 체험자도 즉시 분열증 증상이 완치된다는 일은 절대로 있을 수 없으리라.

또한 약학의 입장에서는 '죽기 전까지 사용하고 있던 치료약의 작용으로 환각 증상을 일으킨 게 아닐까?'하는 관점에서 검토할 수 있겠으나, 실제로는 환각 유발성이 있는 약제나 진통제를 투여받은 사람은 거의 근사사 체험을 하고 있지 않고, 반대로 이같은 약을 사용하지 않은 사람에게 근사사 체험이 많다는 것이다.

또한 이같은 약물에 의하여 생기는 환각은 '이승'에 관한 환각임이 특징으로 되어 있다. 또한 일반적으로, 마약에 의한 환각은 개인차가 심하여, 근사사 체험과 같은 공통된 패턴으로 환각을 보는 일은 있을 수 없다고 한다.

이상과 같은 근사사 체험이란, 현재로서는 과학적 설명이 불가능한 체험인 것이다.〔이 부분은 시마다이죠오 지음《사후의 세계는 실재한다》를 참고하였다.〕

헌데, 이와 같은 근사사 체험자의 보고나, 동서고금의 영능력자의 증언으로 구성된 '필자가 확신하는 영계'의 모습은 이런 것이다.

사람은 육체와 두뇌를 갖고 있으나, 영혼은 그 어느 것도 아니고, 어머니가 수태하였을 때 수정란에다 영계에서 보낸 것이다. 그리고 육체와 두뇌 사이에 갇히게 된 주체인 것이다.

영혼은 물리 화학적인 성질을 전혀 지니지 않은 존재는 아니다. 이른바 순수한 정신세계적인 것도 아니다. 그렇다고 물질적인 존재도 아니다. 물질도 아니며, 비물질도 아닌 이른바 이차원(二次元)의 실체인 것이다.

그러므로 영혼이 육체의 죽음으로, 그때까지 갇혀 지내던 육체에서 이탈하면 육체의 무게는 확실히 줄어든다.

1966년에는 독일의 7명의 과학자 그룹이 거액의 사재를 털어서, 현대과학이 생각할 수 있는 한도의 최고의 영혼 측량 장치를 만들었다.

그들은 사람이 죽었을 때 그 몸에서 빠져나가는 수분(水分)과 개스 따위 모든 물질의 발생량을 측정하는 일에 전력을 기울인 결과, 과학적으로는 아무리 해도 분석할 수 없는 중량이 35g 있다는 걸 알아냈다. 이윽고 '이것이 영혼의 무게이다'라고 발표하여 센세이션을 일으켰던 것이다.

독일의 과학자 그룹이 발표한 '영혼의 무게는 35g이다'는 설에 대하여, '내가 계측한 바로는 69.5g이다'라고 주장한 것은 네덜란드의 제스트 박사이다.

또한 영국의 맥도우걸 박사의 실험으로는, 그 무게는 정확히

2.4온스(약 68.85g)이었다고 한다.

어느 것이나 죽어 간 환자의 체중을 각자의 방법으로 계측한 결과였다. 계측 방법의 차이는 갖가지 시행착오의 결과, 조만간 공통된 것으로 통일이 될 것이다. 그 때야말로 누구나 납득할 수 있는 단일의 계측 결과가 나오리라고 생각한다.

무게가 줄어드는 것과 함께 영혼은 자유롭게 되고, 본래의 2차원(二次元)으로 들어간다. 이 2차원 세계는, 필자의 말을 빌리면 넓은 뜻에서의 영계이다.

이 영계는 인간계를 포섭하도록 존재하고 있다. 공간적으로 표현한다면, 필자의 서재를 영계라고 한다면, 인간계는 책상 위의 지우개와 같은 것이다.

영계에 있어서의 영혼의 거처는 정해져 있다. 그것은 영의 성질과 성격에서 저절로 결정되고 만다.

영계에는, 인간계의 주위를 에워싸고 인간계와 서로 침투하는 부분을 지닌다는, '유계'와 그 밖의 '영계'보다 더 상위권의 신계(神界)가 있다. '유혹세'는 중산 세계이다.

영계는 일곱 가지 층으로 나누인다. '지옥계(地獄界)' '부유계(浮游界)' '정령계(精靈界)' '영계층(靈界層)' '천계층(天階層)' '천상계(天上界)' '신계층(神界層)'이 그것이다.

이 가운데 '부유계'는 '유계'에 속하고 '신계층'은 흔히 '신계'라고 말한다.

'정령계'는 '영계'의 일부이나, 다른 '영계'와 '유계'와의 사이에 있어서 특수한 역할을 맡고 있다.

일반적으로 '영계'로 불리우는 것은 '영계층' '천계층' '천상계'

의 3층이다.

또한 '지옥계'는 특수한 '영계'로서, 다른 '영계'와 크게 양상을 달리하고 있다.

'영계'의 주민은 인간계로 보내진 특정한 영혼을 일정 기간 지도하고 관찰하는 역할을 맡는다.

이것을 인간계에서 보면, '보호령(保護靈)'·'배후령(背後靈)'·'지도령(指導靈)'이라고 한다.

'보호령'은 필요에 따라 사람과 통신을 교환하는 일이 있다. 특히 '보호령'의 통신을 수신하는 능력을 가진 사람을 영매(靈媒)라고 한다.

이상이 지금까지의 책에서도 썼으나 영계에 대한 대체적인 스케치이다.

더욱이 필자가 확신하는 영계의 이와같은 존재 방법에 대하여 구체적인 구조와 상태는 뒷장에서 논할 셈이다.

여기서는 선악이라는 가치 판단을 두지 않고 영계의 존재를 말하였으나, 영혼의 성질과 성격이라는 것이 인간계에 있어서의 선악의 가치 판단에 연관되는 것은 말할 것도 없다.

다음 장에서는 당연히 그것을 포함시켜서 설명하게 된다.

제 *10*부
심령현상의 가짜와 진실

심령현상은 존재하는가?

심령현상은 틀림없이 존재한다

심령현상에 대하여 뿌리 깊은 불신감이 있는 것은, 우선 '가짜'의 심령현상이 제법 많기 때문이다. 그것은 필자도 부인하지 않는다.

또한 심령현상은 진짜로 일어났다고 하더라도, 그것에 대처하는 영능력자가 가짜라는 일도 있을 수 있다. 이는 우리들 비전문가, 일반인들에게는 진짜와 가짜의 판단이 서지 않으니까 골칫거리이다.

그래서 '가짜 영현상'과 '가짜 영능력자'로 나누어서, 그것을 식별하는 법을 생각해 보고저 한다.

다만, 사전에 확인해 둘 일이 있다.

첫째, 과학으로는 설명할 수 없는 영현상이 현실로는 존재한다는 것이다.

영국의 심령연구협회(SPR)이나 미국의 심령연구협회(ASPR)

을 비롯하여 구미 각국의 연구 기관에서는, 일본과 달리 많은 과학자 '물리학・의학・생리학・정신병리학・심리학, 그밖의 학문'을 연구하는 학자와 철학자들이 참가하고, '요술'이 아닌 영현상의 실재를 되풀이 하여 시험한 뒤에 확인하고 있는 것이다. 그에 대하여는 앞에서 든 보기 뿐만 아니라, 이 장이나 다른 장에서도 몇가지 보기를 들고 있으므로 참조해 주기 바란다.

또한 유럽과 미국의 그와 같은 실험보고와 사건의 보고를 아울러 소개한 책도 많으므로, 그런 책들을 직접 확인해 준다면 더 바랄 나위가 없겠다.

심령현상을 과학적인 방법과 객관적인 방법으로 확인해 온 유럽과 미국의 심령 연구는, 이미 100년 이상의 실적을 거듭하고 있다. 그 정밀하고 엄밀한 측정 방법과 확인 방법, 혹은 그 노하우는 경험이 얕은 일본에 비할 바가 못된다.

일본인은 그 사이 유럽인, 미국인들이 확립시킨 과학을 흡수하여 소화시키기에 여념이 없었고, 과학 아닌 것은 모조리 미신이라며 배척하고, 과학을 초월하는 현상에 부딪치면 눈을 감고 무시해 왔던 것이다. 그와 같은 것을 깨닫게 된 것은 겨우 최근의 일이었다.

그러므로 심령현상이 실재로 존재한다는 것, 또한 그것이 의심할 수 없는 사실이라는 것. 이런 것들을 잊지 말아주기 바란다.

그것은 말하자면 대전제이며, 그런 다음에 가짜 심령현상을 추방하고저 하는 바이다.

갖가지 심령현상

우선, 미리 확인해 두고 싶은 것의 두번째는 심령현상의 다양성에 대해서다.

흔히 심령현상이라고 불리우는 일은 많다—이를테면 곡꾸리〔끄덕이는 것〕막대 모으기, 마법의 추, 테이블 회전술, 프랑셰트, 자동서기(自動書記), 독심술, 유령, 여우 홀리기, 생령(生靈), 망령(亡靈), 정신감응, 천리안(千里眼), 미래예지, 투시, 영시(靈視), 영청(靈聽), 영언(靈言), 빙의령(憑依靈), 보호령(保護靈), 영계통신(靈界通信), 교령(交靈), 심령사진, 유령사진, 염사(念寫), 포르터가이스트, 심령치료, 심령수술, 염동력(念動力) 그 밖에도 재생, 건강한 사람에 의한 유체이탈체험이니, 근사사(近似死)체험자에 의한 '사후생(死後生)'의 체험—영계체험—따위도 첨가할 수 있을 것이다.

이와 같은 갖가지 현상 가운데 이것 저것 모두를 심령현상이라고 하는 심령연구기도 있는기 하면, 반대로 지나치도록 엄격하게 엄격한 기분으로 체크하고, 극히 얼마 안되는 현상만을 심령현상으로 인정하는 엄격한 심령과학 연구가도 있다.

하지만 어느 것이건, 최소한 다음과 같은 전제만은 인정하고 있다고 말할 수 있으리라.

— 인간은 육체가 죽은 뒤에도 영혼으로서 생존을 계속하고 있다. 그것은 희박한 일종의 유체이며, 일정한 무게, 그리고 실질량을 지니고 있다. 육체가 죽은 뒤, 영이 사는 세계는 지구의 주위를 싸고 있는 영계이며, 인간과의 사이에 교신을 유

지하는 게 가능하다.

또한 현재의 과학으로는 아직 해명할 수 없으나, 심령 작용은 인간에게 놀라운 힘을 발휘하게 할 수 있다.

또한 현재의 과학으로는 아직 해명할 수 없으나, 심령 작용은 인간에게 놀라운 힘을 발휘하게 할 수 있다.

또한 이와 같은 '영계와 영혼의 존재'를 증명하는 대표적인 영현상이라고 필자가 생각하고 있는 것은 다음과 같은 것이다.

영시(靈視)와 심령사진(心靈寫眞) — 유체(幽體)는 일정한 중량, 그리고 부피가 있으므로 적절한 방법을 강구한다면 볼 수도 사진을 찍을 수도 있는 것이다. 하지만 확실한 영시를 할 수 있는 능력을 지닐 때 까지는 엄격한 수업과 정신 통일을 필요로 하는 일이 많다. 하지만 영적인 능력이 원래부터 있는 사람은, 어떤 순간에 영을 보거나, 사진을 찍었을 경우 영이 찍히는 수가 있다.

영청(靈聽) — 영이 내는 소리나, 영이 사람에게 말을 걸어오는 경우이며, 비몽사몽인 상태에 있을 때에 흔히 일어난다.

영언(靈言) — 죽은 사람의 영 따위가 영능력자의 입을 통하여 말하는 현상이다.

자동서기(自動書記) — 본인의 의사와는 전혀 관계없이, 그 사람에게 있는 영이 작용하여 그림이나 문장 소설을 쓰게 하거나 작곡을 하게 한다. 영이 들린 사람은 원래 그와 같은 재능을 본인이 지니고 있지 않은데도 영이 작용하는 동안에는 초인적인 속도로 쓰거나 한다.

빙의현상(憑依現象) — 넓은 뜻에서는 자동서기도, 영언도,

영청도, 또는 포르터가이스트 같은 것도 포함될 수 있으나 평상시에 어떤 영장(靈障)을 일으키는 심령현상을 말한다.

보호령(保護靈) — 같은 사람을 일정 기간 동안 계속하여 보호하여 주는 영으로, 그 사람의 인생 행적에 중대한 영향을 끼친다. 사람에 따라서는 교신할 수도 있다.

영계통신(靈界通信) — 이것도 넓은 뜻에서는 영언이나 영청이나 자동서기를 뜻할 수 있으나, 보통은 사람 쪽에서 자진하여 영계와 통신하는 것을 말한다. 음성현상 같은 과학적인 장치로 잡을 수 있는 심령현상을 대상으로 삼는다.

심령치료(心靈治療) — 영장(靈障)으로 생긴 병을, 제령(除靈)이나 인연을 풀어줌으로서 치료하는 일. 또는 일반 병을 영의 인도로 외과적인 방법으로 수술 치료하는 일.

이상과 같은 것 이외도, 연구 조사한 것으로 실증된 재생이나 건강인, 근사사자(近似死者)에 의한 유체이탈 체험, 영능력자나 근사자에 의한 죽은 뒤의 삶 체험 같은 것도 영계나 영혼의 존재를 증명하는 유력한 현상이라고 생각된다.

또한 영적인 현상의 종류로는, 크게 나누어 물리적 현상과 정신적 현상의 두 가지로 나눌 수 있다.

영혼이나 영계로 이어지는 것은 주로 정신적인 현상이나 '가짜영 현상'은 처음에 든 모든 현상에 대하여 '하려고 마음만 먹으면 할 수 있다'는 것이다.

그러므로 다음에 '가짜 심령현상'의 실례를 보기로 한다.

가짜 유령(幽靈)

　옛부터 우리 인간에게 친숙한 영적 현상이라고 한다면, 누구나 우선 유령에 대한 걸 생각할 것이다.
　'유령은 존재하는가, 존재하지 않는가?'하는 질문은 이미 초보적인 질문이랄 수 밖에 없다. 분명히 존재하기 때문이다.
　다만 일본인의 경우 괴담의 이미지가 지나치게 강하여, 유령이라고 하면 '원한령(怨恨靈)'·'원염령(怨念靈)'이라는 편협한 이미지와 연결하고 마는 경향이 있다.
　하지만 진짜 유령은 반드시 '원염령'이라고만은 할 수 없다. 명랑한 유령도 있고 조용한 유령도 있고, 그 가운데에는 케이티 킹의 영처럼 물질적인 육체를 지닌 유령도 있다. 그러므로 무서운 존재라고만도 할 수 없는 것이다.
　그렇더라도, 이렇게 말하는 사람이 있다.
　"아니 유령 같은 건 절대로 없다. 그건 환각에 지나지 않는다. 잠재의식이 만든 환각인 것이다."
　그렇다면 우선 대답하기로 하자. 실제로는 환각으로 본 유령을 실재로 존재하는 것처럼 착각하는 경우가 많은 것이기 때문이다.
　그러므로, 그와 같은 '착각'에 의한 유령과 진짜 유령과를 혼동하지 않아야 된다.
　그래서 우선 인위적으로 잠재의식에서 환각을 만든 재미있는 보기를 소개하고저 한다.
　이 실험은 프랑스에서 행해졌다. 파리의 사르뻬뜨리에르 병원의 봐쌍씨가 실험을 하였다. 피실험자(被實驗者)를 가령 A씨라고 하자.

봐쌍씨는 경찰관에게 입회를 바라고, A씨에게 최면을 걸었다. A씨가 꽤 깊은 최면 상태에 빠진 상태에서 봐상씨는 살인을 하도록 암시를 걸었다.

'잠이 깬 다음, 당신은 이 병실의 침상에 자고 있는 여성을 덮어 놓고 죽이고 싶어진다. 그렇다 당신은 그녀를 죽이지 않으면 안된다. 잠이 깨면 반드시 그녀를 죽인다.'

이것은 후최면(後催眠)이라고 하여, 최면이 깬 뒤의 행동을 조정하는 최면술이다.

봐쌍씨는 다시금 암시를 계속하였다.

'탈 없이 살인이 끝나면, 그 뒤에는 깨끗이 잊어버리는 거다. 당신이 그녀를 죽인 일도, 내가 당신에게 살인을 지시한 일도 모두 깨끗이 기억 속에서 사라지고 만다.'

흔히 이 같은 살인 따위의 반도덕적인 암시는, 피실험자 측에서도 무의식적으로 저항하고 걸리기 어려운 것이나 피실험자가 극단적으로 암시에 약한 체질의 사람이거나, 실험자와 피실험자와의 사이에 강한 신뢰관계가 있거나 할 경우에는, 깊은 최면상태에서 이 같은 암시를 거는 일도 가능하다.

A씨는 완전히 암시에 걸렸다.

최면이 깬 뒤, 봐쌍씨와 입회인이 방에서 나가자, A씨는 왠지 방 안에 남아 있고 싶어서 구실을 대고 병실에 머물렀다.

병실 안에는 물론 침대에 자고 있는 여성 이외에는 아무도 없다. 그 여성의 모습을 보고 있는 사이에, A씨는 까닭없이 그녀를 죽이고 싶다는 충동에 사로잡혔다.
그리고 마침내 방 안에 있던 칼로 그녀를 찔러 죽이고 말았다.
실은, 이 여성은 정교하게 만들어진 모형인간, 이른바 인형이었던 것이다. 하지만 A씨는 틀림없이 '죽이고 싶다'고 생각하고 죽인 것이다.
다만 그는 인형을 인간이라고 생각하고 '죽인'것이다. 이것은 최면술이 시키는 짓이다.
더욱, 같은 최면술로 A씨는 자신이 저지른 '살인사건' 그 자체를 깨끗이 흔적도 없이 잊고 만다.
실제로 이 실험에 입회한 경찰관은 A씨에게 이것저것 신문해 보았으나 A씨는 범죄를 실행한 일도, 또한 자기에게 그렇게 하도록 지시한 공범자의 이름도 전혀 기억하고 있지 않았던 것이었다.
최면술의 실험으로서는 이것은 완벽한 결과를 보여주고 있다.
하지만, 우리에게 있어 흥미 깊은 문제는, 그 뒤의 이야기이다.
A씨는 며칠 뒤 다시 병원으로 왔다. 이윽고 여윈 얼굴로 봐쌍씨에게 하소연하였다.
'그 날 이후로 저는 밤에 잠을 이룰 수 없게 되었습니다. 어떻게 해주십시오.'
자못 비통한 표정이었다. 고민과 불면증에 시달려 지쳐 버린 몰골이었다.

"무슨 일이 있었습니까?"

"예……실은 밤마다 한 여자의 유령이 나타나는 겁니다. 그리고 왜 나를 찔러 죽였느냐고 무서운 얼굴로 원망을 하는 겁니다. 제게는 그런 기억이 없다고 하는데 말예요……"

아마 A씨는 사실 이 여성의 유령을 본 것일 게다.

또한 만약 A씨가 최면술에 의하여 죽인 게 인형이 아니라 진짜 사람이었다면 A씨가 본 유령에 대하여 의논이 두 갈래로 나누어질 것이다.

'유령 긍정파'일 경우, 이렇게 주장할 게 틀림없다.

"설령 A씨가 최면술의 힘으로 살인했다는 사실을 잊어버렸다손 치더라도, 살해당한 여성의 영혼은 원한을 잊지 않고 나타난 것이다. A씨가 기억할 리 없는 여성의 유령을 보았다는 것 자체가 바로 유령이 존재한다는 것을 증명하고 있다."

반대로 '유령과 부정파(否定派)'일 경우, 다음과 같이 반론할 것이다.

"그럴 리가 없다. 설령 A씨가 최면술에 의하여 사실을 잊어버렸다손 치더라도, 살인을 범했다는 현실의 행위는 잠재 의식 속에 새겨져 있다. 의식의 표면에는 나타나지 않더라도, 자책하는 마음이 심층 심리 속에서 뒤엉키고, 그것이 유령이라는 환각이 되어 표면으로 뿜어나온 것이다."

살해된 여성이 인간이었다면 두 가지 논리가 성립될 수 있다.

하지만, 이 A씨의 경우 실제로는 살해된 것이 '혼이 없는 인형'이었던 것이다. 그렇다면 '유령 긍정파'의 주장은 성립되지 않는다.

　인형에는 영혼이 없기 때문이다. A씨가 본 유령이라는 것은 이 경우 분명히 '환각'이었다는 게 된다. 다시 말해서, '유령 부정파'의 이론이 이겼다는 게 되는 셈이다.

　하지만, 그렇다고 해서 '모든 유령은 잠재의식이 낳은 환각이다'라고 하는 논리는 될 수 없다.

　A씨의 경우에서 말할 수 있는 것은 '환각에 의하여 유령을 보는 경우가 있다'고 하는 것이지, 그 이상의 의미는 있을 수 없다.

　하지만 실제 문제로서는 유령을 보았다고 보고 하는 것 중의 태반은 환각이나 착각일 가능성이 많으므로 조심해야겠다고 말할 수는 있을 것 같다.

진짜 유령

　잠재의식이 만든 환각도 눈의 착각도 아닌 진짜 유령의 보기를 다음에 소개하고자 한다.

　앞에서도 잠깐 말했듯이 세계의 심령과학 연구사상 매우 유명한 케이티 킹의 영이다.

　이 유령은 물질화 현상의 두드러진 보기로서 공표되고 있으므로 아는 분도 있을 것이나, 의심할 여지가 없는 유령의 실례로서 꼭 소개하고자 한다.

　저명한 물리학자이며 권위있는 영국 학사원장(學士院長)이기도 했던 크룩스는 1874년 쿡크라는 여성 영매(靈媒)의 실험회(實驗會)를 약 반년 동안에 걸쳐 주최하였었다.

쿡크는 그 2년 전, 15세 때부터 영능력을 나타내기 시작하여, 크룩스 박사가 그녀를 주목하고, 그녀의 영매로서의 능력을 실험적으로 확인하기 위해 1974년에 크룩스 박사 자신의 집에 묵게 하고 실험을 거듭하였다.

쿡크가 트란스상태〔정신분리(精神分離)·황홀상태(恍惚狀態)〕로 들어가면, 케이티 킹 이라고 이름을 대는 소녀의 유령이 반드시 나타났다.

크룩스 박사는 다른 과학자나 철학자를 실험에 참가 시키고, 엄밀히 체크하게 하였다. 실험회에 출석한 사람 가운데에는 《탐정 샤록크 홈즈》로 유명한 작가 코난 도일도 있었다.

코난 도일은 탐정소설, 추리소설의 작가로서 매우 유명하였으나 원래의 직업은 의사였었다. 그러므로 영매 쿡크나 유령 케이트 팅의 생리학적 상태를 조사하기에는 안성맞춤인 셈이었다.

그도 그럴 것이 아 케이트 킹의 유령은 환삭이나 작각과는 달리 실제로 손으로 만져지는 '물질화 된 육체'를 지니고 있었던 것이다. 코난 도일의 말에 의하면,

'영매 쿡크가 트란스 상태로 들어가고, 케이티 킹의 영이 나타나면 쿡크의 체중이 분명히 감소되는 게 확인되었다. 나 자신이 측정한 것이니까 틀림이 없다'고 하는 것이다. 쿡크가 만일 '가짜 영능력자'여서 어떤 '요술'이나 '마술'을 써서 케이티 킹으로 변신하고 있을 가능성도 있을 수 있다고 하여, 실험중의 쿡크는 작은 캐비넷 안에 밀어 넣거나, 완전히 칸막이한 다

른 방에 가두어 두곤 하였다. 말할 것도 없이 감시꾼은 쿡크 옆에서 잠시도 떠나지 않고 지켜보았다. 당연히 체중이나 맥박의 측정 따위도 그와 같은 상황 아래에서 이루어졌던 것이다.

헌데, 그럼에도 불구하고 케이티 킹의 유령은 나타났다. 캐비넷 같은 곳에 갇힌 쿡크가 트란스 상태에서 거의 실신(失神) 상태일 때, 케이티 킹의 유령은 실험회의 출석자들과 이야기를 하기도 하고 마음대로 걸어다니기도 하였던 것이다.

크룩스 박사 일행들은 실험회에서, 이 육체를 지닌 유령의 사진을 찍거나 또 함께 찍기도 하였다. 그 많은 사진은 지금도 남아 있다.

이윽고, 실험이 시작된 지 반년 가까이 지난 어느 날, 역시 실험 중에 케이티 킹의 유령이 나타나 여늬 때와 다르게 굴었다.

케이티 킹의 유령은, 트란스 상태에서 실신하고 있는 영매인 쿡크를 자꾸 흔들어 깨우는 것이었다. 이윽고 쿡크가 간신이 눈을 뜨자, 이렇게 말하고 작별을 고하는 것이었다.

"나는 이제 돌아가지 않으면 안됩니다. 우리가 서로의 마음이 통한다는 걸 확인한 일은 정말 뜻있는 일이었다고 생각합니다. 나에게는 머지 않아 저곳〔영계〕에서 마중을 옵니다. 그렇지만, 우리는 다시 만날 수 있습니다. 당신이 지상에서의 역할을 무사히 마치고 이곳으로 돌아오게 되면 다시 만날 수 있습니다. 쿡크님, 그때까지는 내가 이곳에서 늘 당신을 지켜보고 있겠습니다. 안녕……"

이렇듯 쿡크와 크룩스 박사 일행이 지켜 보고 있는 앞에서 아름다운 유령 케이티 킹은 차츰 발 밑에서부터 모습이 사라져 갔던 것이다.

물리학자 크룩스 박사는, 이 케이티 킹의 유령에 대하여 〈영국과학연보〉에 보고하고 이렇게 말하고 있다.

"나의 합리적인 정신으로 볼 때, 내가 이렇게 실제로 목격하고 입회한 현상은, 원래는 있을 수 없는 불가능한 일이다. 하지만 이 현상이 진짜임을 인정하지 않을 수 없다."

가짜 영현상(靈現象)

고꾸리라고 말하는 '심령현상'이 일본에서 폭발적으로 유행했던 것은 1887년 무렵이었다고 한다. 한자로는 孤狗狸라고 쓰고 '고꾸리'라고 읽는다.

이것은 최근에도 아이들이 재미있어 하며 곧잘 하는 모양이다.

"장난 삼아 놀고 있는 사이에, 질이 좋지 않은 동물령이 빙의되어 심한 영장(靈障)이 생기는 수가 있으니 절대로 해서는 안된다."

이렇게 주장하는 사람도 있으나 대체로 고꾸리의 영이 나타나서 빙의된다는 일이란 것을 우선 생각할 수 없다.

"고꾸리님, 고꾸리님, 잠깐 여쭤볼 게 있으니 나와 주십시오. 오셨으면 오셨다는 표시로 다리를 하나 들어주세요."

가느다란 막대기 셋을 조립한 초령 장치 위에 세사람이 손가락을 얹고 고꾸리가 나타나기를 기다리면, 그러는 동안 고꾸리의 한가닥 다리가 약간 움직여서, 한번 드는 셈이 된다.
 이윽고 이것 저것 질문을 하는 것이다. 이를테면—
 "고꾸리님, 당신은 남자입니까? 여자입니까? 남자라면 한 번, 여자라면 두 번 다리를 들어 주세요."
 "당신은 몇 살입니까? 나이 수효만큼 다리를 들어 주세요."
 "고꾸리님, 제가 잃어버린 지갑이 어데 있는지 가르쳐 주세요. 도둑 맞았으면 한 번, 떨어뜨렸으면 두 번 다리를 들어서 신호를 하여 주세요."
 "잃어버린 지갑이 이곳에서 동쪽 방향에 있다면 한 번, 서쪽 방향이라면 두 번, 남쪽이라면 세 번, 북쪽이라면 네 번 신호 하여 주세요."
 "내일 여행을 떠납니다만, 날씨가 어떨까요? 맑으면 한 번 흐리면 두 번, 비가 올 것 같으면 세 번, 눈이 올 것 같으면 네 번 신호하여 주세요."
 이렇듯 질문하는 종류는 가지가지이다.
 요즈음 아이들은 이 초령 장치를 간소화 시켜서, 흰종이의 한가운데 우물 정(井)자를 쓰고 그 둘레에 숫자나 한글 같은 것을 빙 둘러 쓰고, 우물 정자 한 가운데에 동전 같은 것을 놓고, 역시 셋이서 손가락을 얹고 놀고 있는 모양이다.
 이 고꾸리는 대답을 하는 수도 있고, 하지 않는 수도 있다. 답이 맞는 수도 있고, 맞지 않는 수도 있다.
 때로는 미친 듯이 움직이기 시작하는 일도 있어서, '아무도 힘주지 않았는데……'하며 약간 으스스 해질 때도 있다고 한다.

하지만 고꾸리 현상의 대부분은 참가자의 자기 암시에 의한 것이다. 그러므로 질이 나쁜 동물령이 빙의된다는 일 따위는 있을 수 없다고 해도 좋을 것이다.

대체로 동물령이라고 하는 것은, 있다고 하더라도 나쁜 영장을 가져 오는 영(靈)이라고는 생각할 수 없다. 교활함이나 잔인함에 있어서는 사람보다 더한 것은 달리 없기 때문이다.

흔히 인간에게 빙의되는 악령·저급령으로 동물령이라고 생각되는 것은 원래 인간의 영, 더욱이나 질이 나쁜 인간의 영이 동물을 가장하여 빙의되고 있는 것이다.

헌데, 고꾸리 현상에 대해서 만약 정말로 영이 빙의된다면 달리 특별한 장치에 세 사람이 손을 얹고, 그것을 움직이지 않아도 되는 것이고, 극단적인 이야기이지만 세 사람이 모두 손을 뗀 상태에서도 움직이거나 신호를 하거나 할 수 있을 것이다. 진짜 빙의현상에서는 그런 일이 얼마든지 있기 때문이다.

고꾸리에서는, 정말로 빙의령이 나타나는 드문 경우를 제외하고는 기의가 '가짜 영 현상'이라고 불러도 상관없을 것이다.

이 일은 '막대 기대기' '점 치는 막대기' '테이블 회전술(回轉術)' '프랑세트' 따위의 대해서도 마찬가지로 말할 수 있다.

잘 알려진 '마법의 진동추'도 그런 것이다.

이것은 엽전 같은 구멍 뚫린 동전이나 혹은 반지 같은 것을 실에 매달고 손가락으로 그 실 끝을 잡고 염력(念力)을 보내면, 염력을 보낸 방향으로 움직이거나 회전하거나 하는 것이다.

이것은 최근에는 최면술이나 명상을 유도하기 시작할 때 자기 암시에 걸리기 쉽게 하기 위하여 이용되고 있는 정도로, 원래 자기 암시의 산물인 것이다.

당연히 '심령현상'이라고는 말하기 어렵다.

염력체험(念力體驗) '경기(驚氣)벌레'

이것은 필자의 체험은 아니다. 하지만 우리들에게는 아직도 알려지지 않은 이상한 현상이 실제로 존재하는구나 하고 매우 흥미로웠던 일이므로 내친김에 소개하기로 한다.

이것은 염력에 관계된다. 이야기의 내용은 나중에 인용하기로 하고, 일반적으로 '가짜'가 아닌 심령현상으로서 현재 세계에서 연구하고 있는 게 염동력(念動力)으로 번역되는 '싸이코키네시스'의 현상이다.

이른바 초능력〔필자의 견해로는 영능력과 같은 것〕으로서 연구의 대상이 되고 있는 것은, 이 싸이코키네시스〔염동력(念動力)〕외에도 텔레파시〔정신감응, 천리안(千里眼) ― 원격지각(遠隔知覺)〕투시·미래예지 따위이다. 여기에 염사(念寫)를 더하는 경우도 있다.

초심리학에서 주로 연구하는 것은 텔레파시이고, 다음 싸이코키네시스이다.

필자의 생각으로는 초심리학은 본래 심령과학의 일부이고, 심령현상 가운데 물리·화학적인 실험의 대상이 될 수 있는 현상을 초상현상(超象現像)이라고 부르고, 초심리학의 대상으로 삼고 있는데 지나지 않는다. '초상현상'도 본래는 '심령현상'의 일부분인 것이다.

그러므로 텔레파시〔정신감응〕이건 염동력이건 천리안·투시·미래 예지이건 간에 심령적인 표현을 한다면 각기 텔레파시=영적지각(靈的知覺), 염동력=영적(靈的)동력(動力) 또는 염력(念力), 천리안=영시(靈視), 투시(透視)=영시(靈視), 미래예지(未來預知)=계시(啓示), 이렇게 바꿔 말할 수 있는 게 아닐까 생각한다.

이런 것들의 이른바 초능력 가운데 염력에 대해서도 아직 해명되지 않은 것들이 많으나, 여기에서 소개하는 것은 조금 다른 염력(念力)인 것이다.

염력으로 '경기벌레'를 몸 안에서 빼내는 것이다.

이상한 일이라고 생각하는 분도 많을 것이다. 필자도 그렇게 생각했었다. 기회가 있으면 직접 확인하여 보려고 생각하고 있으나, 이 이야기는 이 연구가 중의 한 사람인 니이꾸라 이와오 씨의 《속(續)당신의 모르는 세계》에서 그대로 인용하기로 한다. 〈이상도 하여라. 경기 벌레가……〉이런 제목의 이야기이다.

옛부터 아이들이 신경질적으로 울거나 하면 '경기 벌레가 있군'하는 말들을 하였으나 나는 그것 자체를 본 일은 없었다.

의학적으로 말해서, '경기 벌레'란 무엇인지 알지 못한다.

정신 집중을 못하고 걸핏하면 화를 잘 내는 사람을 가리켜 '저 놈은 칼슘이 부족하다'하는 험담을 하는 수는 있지만…….

몇년 전, 도쿄 공대(東京工大)명예교수인 이따야마쓰기 공학박사 댁을 방문했을 때 시험관 안에 박사가 연구하여 수집하고 계시다는 '경기 벌레'라는 것을 보았다.

 나와 동행한 방송작가인 가미야마 가즈기씨도 흥미있다는 듯이 시험관을 손에 들고 들여다 보고 있었다.

 전에도 소개한 일이 있으나 이따야박사는 심령과학 영역의 연구에도 정열을 기울이고 여러 해에 걸쳐 조사를 진전시키고 계신 분이다.

 헌데 그 '경기 벌레'에 대해서지만 도대체 사람 몸의 어느 부분에서 빼낸 건가를 여쭤 봤다.

 그날은 심령현상에 대하여 박사의 의견을 여쭤볼 셈으로 간 것이어서 박사는 영능력자인 후나고시 여사를 자택에 불러 기다리고 계셨다.

 주제(主題)에서 벗어나 어떻게 하여 '경기 벌레'의 이야기가 되었는지는 생각이 안난다.

 "경기 벌레는 말씀이죠. 손바닥이라든가 손가락 끝에서 곧잘 나옵니다. 소원이라면 이 후나고시 여사의 염력으로 지금 금방이라도 나옵니다. 하하하……."
하고 웃으셨다.

 "염력으로 '경기 벌레'가 나옵니까? 설마……."

 "니이꾸라씨, 가미야마씨, 잠깐 제 앞에 손을 벌려 내놓아보세요."

 좀처럼 해서 얻기 어려운 기회이기도 하고 여사가 말하는 대로 두 사람은 두 손을 내밀었다.

 하지만, 여사는 우리의 손을 만지는 것도 아니며, 오직 잠시 동안 바라다 보고 있었는가 싶더니,

"보세요, 나왔죠, 잘 봐주세요."

어! 우리 두 사람은 반신반의 하면서 눈을 가까이 대고, 뚫어져라 하고 손 끝을 보았다.

"아! 정말이다. 니이꾸라씨 내 엄지손가락에……에그, 이게 뭐야!"

하고 가미야마씨의 놀란 목소리가 들렸다. 자세히 보니 보인다, 보인다.

그의 손가락 끝에서 명주실 같은 반투명한 가느다란 것이 서서히 마치 살아있는 것처럼, 피부 속에서 나오는 것이었다.

"니이꾸라씨도 나왔어요."

후나고시 여사에게 채근을 받고 잘 보니, 나의 두 손에서도 꿈틀꿈틀, 육안으로도 뚜렷이 보였다. 이른바 '경기 벌레'라는 것이 나타나기 시작했다.

박사의 시험관에 가득 채워진 실모양의 그것은 상당한 수효였다.

대이나시 처음 본 '경기 벌레'는 마치 '콩나물'이 콩에서 싹트는 듯한 모습으로 얼굴을 내미는 것이다. 마침내 어떻게 나온 건지 알지 못한 채 돌아왔지만, 그런 뒤 가미야마씨와 나는 있지도 않은 염력으로 열심히 시도해 보았으나 헛수고였다.

그 이야기를 다른 기회에 영능력자인 와따나베씨에게 말하자 벌레를 나오게 하는 한가지 방법을 전수해 주었다. 그것은 벼루에 소금을 조금 넣고 먹을 갈고, 두 손바닥에 경문 가운데 한자, 이를테면 '묘(眇)'라는 글씨를 세 군데에 쓴다. 잠시 후 두 손을 잘 씻고, 말린 다음 부비고 기다리면 나온다는 것이었다.

　마침 그 무렵, 딸의 어린 애, 그러니까 외손자가 좀 심하므로 모두가 실험삼아 해보자는 걸로 의견이 모아져, 결과는 박사댁에서 본 것과 마찬가지로 가는 것, 굵은 것, 사람마다 다 달랐지만 틀림없이 벌레가 나온 것이다.

　아이는 쉴새없이 움직이므로, 어른 만큼 선명하지는 않았으나 생각 탓인지 전보다 우는 게 덜 심한 것 같았다.

　먹과 소금으로 부비면, 물리적인 작용이 있는 건 당연하겠지만 여러분도 한번 시험해 보시는 게 어떨까 한다.

　세상이 떠들썩하니까 한 사람이라도 더 신경질인 사람이 줄면, 주변 사람도 마음이 놓이고, 명랑해지기도 한다.

　말할 것도 없이 박사의 '경기 벌레'의 연구는 학술적인 목적으로 이루고 있는 것이며, 이미 오랜 기간 외국의 학자와 연구성과를 교환하고 있다고 들었다.

　다만 나로선 도저히 알 수 없는 건 후나고시 여사가 물끄러미 바라다만 보는 것만으로, '경기 벌레'가 얼굴을 내밀었다는 것이다. 박사의 도락이었는지 알 수 없으나 아직도 이상하다.

　염력(念力)의 위력이라고 말할 수 있을 것이다.

　이 니이꾸라씨의 이야기에 나오는 '경기 벌레'는 '과학적'인 상식으로 본다면 알 수 없는 현상이나, 다른 사람의 이야기로도 들은 일이 있으니까 사실 그와 같은 현상이 있으리라고 나로서는 수긍이 간다.

　니이꾸라씨는 같은 시리즈의 다른 책에서, 과학자이기도 하고 심령연구가이기도 한 니시마루 신자이씨의 다음과 같은 말을 소개하고 있으나, 필자와 꼭 같은 의견이며 매우 참고가 되므로 인용하기로 한다.

"아무리 과학이 발전했다고는 하나 한계가 있는 법. 이 대자연을 상대로 어느 만큼이나 해명이 된 것일까? 덮어놓고 심령현상을 부정하지 말고 보다 겸허하게 도전해야만 한다. 무조건 부정하는 사람들은 너무나 교만하고 방자하기만 하다."

필자도 동감이다.

특히 물리, 화학적 성격을 지닌 초상현상이나 초능력은, 과학자와 영능력자가 서로 협력하여 해명하는데 노력해야 될 것으로 생각한다.

심령연구가 사이에서도 찬반이 엇갈리는 심령수술

필자의 책의 열렬한 독자라고 말하는 어느 남성에게서 다음과 같은 편지가 왔다 심령현상에 관한 책을 곧잘 읽고 있는 사람같고, 그 방면에 대한 연구에도 꽤 조예가 깊은 듯 했다. 도쿄에 사는 K·I 씨라고 한다.

요약하여 소개하기로 한다.

〈항상 선생님의 저서를 읽고 감격하고 있는 사람입니다.

저는 기본적으로 심령현상이 실재한다는 것, 또한 영능력자에게는 특수한 영능력이 있다는 걸 믿고 있습니다.

하지만, 그런 저도 의심스럽게 생각되는 게 한가지 있습니다.

그것은 심령 수술입니다. 심령치료 모두가 그렇다는 게 아니라, 심령 수술이 아무래도 의심스럽게 생각되어 견딜 수 없습니다.

선생님의 저서 《사후세계의 증명》에는 필리핀에서 심령 수술을 받고 유방암이 완치됐다는 S·A라는 여성의 편지가 수록되어 있지만, 그 수술이 아닌 지술(指術)이 저로서는 수상하다고 생각됩니다.

심령치료에는 네 종류가 있다는 걸 같은 저서에서 지적하셨습니다.

첫째, 악령에 의한 영장(靈障)을 없애서 고치는 방법.〔일반 영능력자에게 많다.〕

둘째, 인연을 없애줌으로써 치료하는 종교적 색채가 강한 방법.

셋째, 부재자(不在者)치료. 케이씨의 휘지칼 리이딩이나 전화에 의한 원격치료.〔강력한 영능력자라면 가능〕

넷째. 이른바 심령 수술. 여기에도 두 종류가 있고, (A) 영계에 있는 의사의 영의 지도를 받으며 보통 의사가 하는 것과 꼭 같이 집도하는 수술. (B) 자기 자신의 영능력으로 메스 따위는 일체 쓰지 않고, 손가락 끝으로 환부(患部)를 열고 암 같은 것을 제거하는 수술.

이상입니다만, S·A님의 편지는 위의 항목 가운데 넷째번의 (B)로 치료된 것을 기뻐하는 내용이었습니다.

헌데, 제가 의심스럽게 생각하는 것도 이 네번째의 (B)입니다. 그 까닭을 말하겠습니다.

우선, 첫째 둘째 셋째에 대해서입니다만, 이것들은 '순수한 심령치료'라고 할만한 것입니다. 여기에는 진짜와 가짜, 또는 영능력이 강한 사람과 약한 사람과의 차이는 있겠으나 영장(靈障)을 제거하는 데는 공통되고 있습니다.

저는 빙의령으로 인한 병은 틀림없이 있다고 믿고 있으므로 〔실은 저와 아주 가까운 사람 가운데 그런 사람이 실제로 있었던 겁니다. 그 일은 다른 기회에 알려드리려고 생각합니다.〕진짜 영능력자에게 치료를 받으면 틀림없이 나을 거라고 생각하고 있습니다. 만약 낫지 않는다면 그 영능력자는 가짜라고 단정해도 좋다고 생각합니다.

하지만 손가락으로 하는 심령 수술은 그럴듯한 '마술'이나 요술이 아닌가 생각됩니다. 진짜 영능력자라면 환자의 몸에 대지 않아도 고칠 수 있을 겁니다. 그럴듯하게 복부나 말랑말랑한 부분에 손가락을 세우고, 손끝을 '피투성이'로 숨길 필요는 없을 겁니다.

분명히 심령치료를 하는 능력자 가운데에는, 진짜 영능력자가 있을 가능성은 있습니다만, 만일 진짜라면 본인 스스로가 '마술'을 부리지 않아도 환자를 고칠 수 있다는 자각이 있을 것입니다. '손님을 끌기 위함'으로 '마술'을 부린다면 볼장 다 본 겁니다.

그렇다면, S・A님과 같이 실제로 나은 사람이 있는 것은 무슨 까닭인가 하면, 그것은 어쩌다 만난 심령치료사가 진짜 영능력자였던가, 아니면 S・A님에게 빙의되었던 빙의령 S・A님의 '살아야겠다는 의지'와 '자기 치유력'에 져서 도망쳤던가

하는 어느 쪽이었을 것이라고 생각합니다.

어떻든 간에 저 '지술'만은 가짜입니다.

심령지술을 할 경우, 심령치료사가 피 한방울도 내지 않고, 또한 그러면서도 손가락이 환자의 피부에 구멍을 내고〔인도의 요가 행자(行者)중에는 송곳으로 자신의 피부를 뚫어도 한 방울의 피도 흘리지 않는 사람이 몇 명이나 있습니다.〕환부 다시 말해서 내장으로 손가락이 닿은 상태를 보여 준다면 신용도 하겠지만, 지금까지 그런 일을 하는〔할 수 있는〕심령치료사는 한 사람도 없습니다. 배 위의 피투성이는 손에 숨겨 둔, 손 장난에 지나지 않습니다.

더욱이 빙의령에 의한 병이라면, 제령(除靈)을 하지 않고 환부만을 적출한다면 나중에 재발할 것은 뻔한 일입니다.

실제로 필리핀에서 심령 지술을 받은 후 귀국한 지 1년 이내에 죽은 사람을 알고 있습니다.

죽은 뒤에도 빚을 남길 정도로 심령 지술에 돈을 쓸어 넣었음을 알기 때문에 분통이 터질 노릇입니다. 요컨대 그 사람의 경우 가짜 마술사에게 돈을 털린 것 뿐입니다.

당돌한 말만 썼습니다만, 단바 선생님의 고견(高見)을 듣고 싶습니다.〉

필자는 현재 심령치료에는 가짜와 진짜가 뒤섞여 있다고 생각한다.

필자 자신은 영능력자가 아니므로, 진짜와 가짜를 분별하는 힘은 없으나 틀림없이 이 편지의 주인공 K·I씨의 친지와 같이 마술사에게 돈을 털렸을 뿐이라는 사람도 있을 것으로 생각한다. 진심으로 애석하다고 생각할 수 밖에 없다.

이 같은 환자의 절실한 소원이나 약점을 이용하여, 사기 행위를 일삼는 못된 족속들, 다시 말해서 가짜 영능력자는 그 혼의 추악성으로 미루어 죽은 뒤에도 '지옥계'의 주민이 되기에 마땅할 것이고, 이 세상에서도 온전한 죽음을 맞지 못할 것이다.

그거야 어떻든 간에 K·I씨가 말하는 것에는 일리가 있다고 생각했으므로 감히 소개한 바이다.

필자도 또한 심령치료의 모두가 가짜라고는 생각하지 않고 있고, 실제로 영능력자의 제령에 의한 치료로 병이 나은 사람이 있는 것도 알고 있다.

하지만, 이 편지에 있는 것과 같은 피해〔그것은 또한 비극이기도 하다〕를 피하기 위해서는 터무니없는 사례를 요구하는 자칭 '영능력자'를 선택하지 않는 것이 가장 좋다고 생각한다. 일본뿐만 아니라 외국에서도 마찬가지다.

돈벌이 위주의 영능력자라는 것은, 설령 다소의 영능력을 실제로 갖고 있었다고 해도, 자기의 사회적 사명이나 인간계에 있어서의 역할을 자각하지 않은 '저급(低級)'한 영능력자에 틀림이 없기 때문이다.

염사(念寫)도 가짜인가?

심령현상 가운데, 염사도 가짜 현상이 아닌가 하는 의견을 보내온 게 있다. 오오사까의 T·Y씨에게서 온 편지이다.

〈저의 경우, 단바 선생님과는 다소 의견이 다를지도 모릅니다만, 가르침을 받고자 붓을 들었습니다.

저는 심령 현상 모두를 인정하는 건 아닙니다. 하지만 사후의 세계가 있는 것은 확실하다고 생각하고 있습니다.

그런 점에서, 선생님이 책이나 강연에서 말씀하시는 '영계'의 이미지는, 제게 있어서 큰 용기를 주는 감동적인 내용입니다.

선생님의 강연도 한 번 들었습니다만, 사후의 세계나 영계에 대하여 당당한 태도로 보급에 힘쓰고 계신 그 모습에 크나큰 공감과 존경하는 마음을 품었던 것입니다.

다름이 아니오라 가르침을 원한다고 생각하고 있는 것 가운데의 하나는 염사(念寫)에 대해서입니다.

심령 현상의 모두를 인정할 수 없다고 말씀드린 것은, 이 염사에 대하여 석연치 않은 걸 느끼기 때문입니다.

이를테면, 텔레파시라면 잘 압니다. 마음과 마음이 직접 통신하는 일이므로 있을 수 있는 일이며, 현재 각국에서 연구하는 중입니다. 영의 세계가 개재(介在)하고 있으므로 통신이 가능한 것이라는 해석도 허용할 수 있습니다.

하지만, 염사란 어떤 것일까요?

이와 같은 현상이 있을 수 있다는 것을 세계에 알린 후꾸라이도모기찌 선생님은 분명히 위대하다고 생각합니다. 그렇지만 그 원리를 이해할 수 없다는 겁니다.

영이 제멋대로, 영 자신의 의지로, 자신의 건판 필름 위에 일정한 거리에서, 자기의 얼굴이나 손이나 온 몸을 피사체로서 찍으려고 한다는 것은 생각할 수 있습니다. 영의 존재를 인정하는 한 이런 일은 긍정할 수 있다고 생각합니다.

하지만 산 사람이, 자기의 사념(思念)을 건판 필름 위에 찍히게 한다는 것은 무슨 이치일까요?

이를 테면 염사 능력이 있는 사람이 여기 있다고 합시다. 그를 A씨라고 합시다. A씨는 물론 산 사람입니다.

그 A씨가 우에스기 겐싱의 초상을 머리 속에서 생각하여 그립니다. A씨가 겐싱의 초상(肖像)을 생각한다는 것은 A씨의 대뇌피질 속에서 신경전달이라는 물질적인 활동이 행해지고 있음을 뜻합니다.

이 신경 전달 활동을 하고 있는 동안에는 전기적(傳奇的), 화학적(化學的)인 신호의 변화가 생기고 있을 뿐입니다. 신경세포 속을 겐싱의 초상이 그대로 이동하고 있는 건 아닙니다.

여기에 가령 B씨라는 테레파시 능력이 있는 사람이 있다고 한다면, B씨는 그 초물질적인 지각능력으로 영적인 전달매체 —전달공간—를 따라 온 A씨의 뇌 속의 신경활동을 잡습니다. B씨는 이번에는 자기의 머리 속에서 A씨와 꼭 같은 전기적, 화학적 신화의 변화를 생기게 합니다. 그렇게 되면 B씨의 머리 속에는 겐싱의 초상이 그려집니다. 혼의 활동이라고 해도 좋겠지요.

지금 설명한 일이 순간적으로 생기는 것이 텔레파시라고 생각합니다.

다시 말해서 A의 뇌속의 물질활동〔혼의 활동〕→전달 공간→B의 뇌 속의 물질활동이라고 하는 것이 지금 설명한 텔레파시의 과정입니다만, 염사라는 것은 이 과정을 A의 뇌속의 물질활동→ 전달 공간→ 사진의 건판이라고 하는 것에 지나지 않는 셈입니다.

이런 일이 있을 수 있을까요?

텔레파시의 경우는 'A라는 산 사람'과 같은 'B라는 산 사람'이 있었기 때문에 '겐싱의 초상을 머리 속에 그린다'고 하는 'A의 뇌속의 물질활동'이 B라는 산 사람의 '뇌속의 물질 활동'의 속에서 재생된 셈입니다.

이를테면, A가 텔레비전 방송국이고 B가 텔레비전 수상기와 같은 것입니다.

헌데 염사는 텔레비전 수상기도 없이 오직 백지 한 장에 의해 전파로 되어 보내오는 전기 신호를 재생하는 것과 같은 것을 뜻합니다.

저는 영계의 존재나 영혼의 존재를 인정하고 있습니다. 하지만 염사만은 의심스럽다는 생각이 듭니다. 다만 염사라고 말해도 이것만은 생각할 수 있습니다.

'죽은 사람의 영'이라도 좋고, '산 사람의 육체에서 유체이탈한 혼'이라도 좋습니다만, 요컨대 유체라는 반물질적 모양을 지닌 영이, 사진의 건판 위에 감광(感光)한다고 하는 뜻에서의 '염사'라는 것은 있을 수 있다고 생각합니다.

저도 좋아서 심령 관계의 책을 잘 읽지만, 분명히 러시아의 오효로뷰치 박사가 이 방법으로 유체[유령]의 손을 사진 건판 위에 감광시키는 데 성공하였다고 하는 문장을 읽은 기억이 있습니다.

다시 말해서 저는 영 자신[유체 자신]이 피사체로서 찍히는 일은 충분히 있을 수 있다고 생각하는 셈입니다.

하지만, 혼이건 두뇌이건 그 속에서 생각하고 그려 본 것은 혼이 없는 사진의 건판이 캐치하거나 재생하거나 하는 것은 불가능하다고 생각합니다.〉

조금 긴 문장이라고 생각되었으나 정력을 기울여 쓰신 의견으로 많이 참고가 되리라고 여겼으므로 소개한 바이다.

최근에는 심령적인 체험담이나 질문뿐만 아니라 이 같은 의견을 주장한 편지도 간간히 볼 수 있으므로, 영계에 대한 관심이 한층 높아진 것으로 느껴져 마음 든든한 바이다.

헌데, 이 염사에 대해 지적하신건 굉장히 날카롭게 정곡을 찌른 것이라고 생각된다.

특히 '우에스기 겐싱의 초상'을 보기로 인용한 대목과 같은 건 상당히 염사에 관한 기록을 조사한 흔적이 엿보인다.

까닭인 즉, 염사로 유명한 미다고오이찌가 예전에 '우에스기 겐싱의 초상'을 염사한 일이 있었기 때문이다.

필자의 대답을 쓰기 전에 잠시 곁길로 새서, 이 미다 고오이찌의 '겐싱 초상'의 내력을 설명하고저 한다.

1918년 8월, 미다 고오이찌는 나가노껭이 이다마찌로(長野縣飯田町)로 초청을 받고 염사의 실험을 하였다.

후꾸라이 도모지끼 박사는 잡지 《변태심리(變態心理)》 제4호에서 그 실험회의 모습을 보기로 들고, '가장 엄밀하게 이루어진 염사 실험'이라고 칭찬하고 있다.

간단히 설명하면 실험회의 모습은 이러했다.

우선 처음에 관중을 앞에 놓고 투시하는 실험을 하였다. 이 중에서도 관중을 감동시킨 것은 5년 전인 1913년에 작고한 이이다 국민학교의 교장인 나까무라 시찌고로오와 같은 무렵에 작고한 이이다 중학교의 교장인 시마지 고로꾸로오의 두 사람의 용모를 꽤 정확하게 알아 맞춘 일이다.

이윽고 염사하는 실험을 하게 되자, 입회인인 이이다미찌 경찰서의 이께다 경위보가,

'서장의 명에 의하여 경찰서를 대표하여 건판(乾板)을 제공하고 싶다.'고 지원하였다. 이것은 구경꾼 다수의 지지로 그렇게 하기로 결정을 보았다.

이윽고 무엇을 염사하는가 하는 제목을 정하는 단계가 되자 관중 속에서, 조금 전에 투시한 나까무라 시찌고로오〔국민학교 교장〕와 시마지 고로꾸로오〔중학교 교장〕을 염사해 주기 바란다는 의견이 나오고 대다수의 사람이 그것을 희망하였다.

그 사이에, 이께다 경위보와 아오야마 순경은 임시로 설치된 암실로 들어가, 그곳에 미리 놓아 둔 두 장의 건판을 상자 속에 넣고 미다 고오이찌 앞으로 가져 갔다. 이윽고 탁자 중앙에 놓았다.

미다 고오이찌는 탁자에서 1미터쯤 떨어져 의자에 앉아서 정신 통일을 하기 시작하였다.

2분 쯤 지나자 미다 고오이찌는 말했다.

"염사는 끝났습니다. 곧 현상(現象)하여 보십시오."

아오야마 순경은 이 말을 듣자, 건판을 잡고 이께다 경위보와 같이 경찰서로 향하였다. 서 안에 있는 현상실에서 이 두 장의 건판을 현상하여 보니,

한 장째에는 '제목'그대로 나가무라 시찌고로오의 초상이 찍혀 있었다.

두장째에는 '제목'의 시마지고로 꾸로오가 아니라 우에스기 겐싱의 초상이 찍혀 있었던 것이다.

이 실험을 후꾸라이 박사는 '가장 엄밀한 실험'이라고 불렀다.

그 뒤 미다 고오이찌는 전국 각지를 순회하고 다녔고, 다음 해 1918년에 상경하여, 도쿄에서 실험회를 개최하였다.

헌데, 이 도쿄에서의 두번째 실험은 실패로 끝났을 뿐 아니라, 현상실 안에서 미다 고오이찌가 필름을 뒤바꿨다는 의심을 받고, 미다의 염사는 '사기술'이라는 소동이 벌어지는 결과가 되었다.

하지만, 그 후에도 후꾸라이 박사는 미다의 염사 능력을 믿고 연구를 계속했다.

1914년에서 35년까지, 통산 21년 동안 미다 고오이찌는 염사를 연구하는 대상으로서 후꾸라이 박사가 아꼈던 것이다.

헌데, 앞서 말한 T·Y씨의 질문에 대답하고저 한다.

미다가 사기술(詐欺術)을 쓴 경우는 있었으리라고 생각한다. 1918년의 도쿄에서 가졌던 실험회에서처럼 필름을 바꿨다느니 바꾸지 않았다느니 하는 저차원(低次元)의 논쟁 보다도 T·Y씨의 이론적인 염사 비판 쪽이 훨씬 설득력이 있다고 생각한다.

하지만 T·Y씨의 염사 비판을 전면적으로 승복하는 것은 아니다.

우선 씨의 테레파시와의 아날로지 — 유추(類推) — 로 염사를 생각하고 계시지만, 그렇지 않을 가능성도 검토해 볼 필요가 있을 것이다.

인간 A를 텔레비젼 방송국이라고 하고 인간 B를 텔레비젼 수상기라고 하는 비유법을 써서 말했지만, 정신 감응의 과정은 어쩌면 그렇게 비유해도 이치에 맞을지도 모른다.

인간 A가 마음[혼]속으로 그려 본 것은, 어느 영적인 전달 매체에 의하여 인간 B의 마음에 닿고, 그곳에서 재생된다는 과정은 틀림없이 텔레비젼 방송국→전파→텔레비젼 수상기라고 하는 과정과 비슷하다.

그러므로 재생 장치를 가지고 있지 않은 건판(乾板), 필름에 인간 A의 상념[마음 속으로 그린 것]이 새겨질 까닭이 없다 — 따라서 염사는 있을 수 없다고 하는 이치도 모르는 바는 아니다.

인간 A를 영화의 촬영소, 그의 상념(想念)을 영사용(映寫用) 영적인 전달 매체를 '영사기(映寫機)', 건판을 스크린이라고 한다면 어떨까?

건판〔乾板:스크린〕—그 자체에는 물론 재생 능력은 없다. 오히려 영적인 전달 매체〔영사기〕쪽에 재생 장치와 능력이 갖춰져 있다면 그것으로 된다.

그와 같은 재생 장치와 능력을 갖춘 영적인 전달 매체가 실제로 존재하는지 어떤지—그것은 필자로선 알 길이 없다. 하지만, 있다면 염사도 불가능하지는 않게 된다.

이와 같은 가능성도 생각해 볼 필요가 있는 게 아닐까 하고 생각해 본다.

이야기가 좀 지나치게 추상적이었는지 모르므로, 다음에 구체적인 문제로 지적해 두고 싶다.

1933년 미다 고오이찌는 기후시에서 염사의 실험회를 개최하였다. 그 때 회장에서 다음과 같은 억지를 부리는 말이 튀어나왔다.

'달의 뒷면을 염사하라!'

그에 응하여 미다는 달의 뒷면을 염사하였다. 물론 그 당시 일본인 뿐만 아니라 온 세계의 사람은 아무도 달의 뒷면 따위를 본 일이 없었으므로 건판에 큼직한 달의 뒷면의 모습이 정확한 건지 어쩐지 판단할 방도가 없었다.

헌데 그로부터 26년이 지난 1959년 소련의 우주위성 루나 13호가 인류로선 최초로 달의 뒷면을 촬영하는데 성공하였다.

그 사진을 보고 깜짝 놀란 사람들이 있었다. 심령 연구가들이었다. 실제의 달의 뒷면 사진은, 그 옛날 미다 고오이찌가 염사한 모습과 흡사하였기 때문이다. 하지만, 이것은 각도의 차이를 생각한 다음에 더더욱 신중이 취급하지 않으면 안된다고 필자는 생각하고 있으나, 미다의 염사한 원판은 지금도 보존되고 있다.

염사가 심령현상으로서 엉터리냐 진실이냐 하는 해답은 잠시 보류해 두고저 한다.

영능력자(靈能力者)의 가짜와 진짜

지금까지 주로 '심령현상'의 엉터리와 진짜를 보아 왔으나, 다음으로 '영능력자'의 가짜와 진짜에 대해서도 언급하지 않으면 안된다.

앞서도 말했으나 우리들 '아마츄어', 일반 사람에게는 누가 진짜 영능력자인지, 누가 가짜 영능력자인가 하는 것에 대하여는 거의 판단이 서지 않는다.

하지만, 자주 언급했듯이 영능력자인가 아닌가의 진위, 또는 영격(靈格)의 고저(高低)를 분간하는 지표가 꼭 하나 있다. 터무니 없는 사례를 요구하느냐? 요구하지 않느냐? 하는 것이다.

대체로 우리가 심령능력자를 찾아 도움을 청하는 것은 속수무책이기 때문이다.

이를테면 현대의학에서도 손 들고 있는 난치병, 고질병, 혹은 중증인 정신장애, 신경성 노이로제, 또한 원인 불명의 기병(奇病), 심한 가정 불화 따위에 대하여 방도가 없어서, 이른바 지푸라기라도 매달리려는 심정으로 영능력자에게 상담을 한다.

그럴 경우, 대부분의 영능력자는 현재의 좋지 않은 상태는, '빙의령의 영장에 의한 것이니까 제령(除靈)을 하는 게 선결 문제이다'하고 그 같은 충고를 한다.

다음의 보기도 그런 것이다.

〈저는 M·F라고 합니다. 지난 달 환갑을 지냈으니까 '할머니'라고 불러도 상관 없습니다.

다만 선생님은 제가 젊었을 때부터 영화에 출연하셨었는데, 아직도 텔레비전에서 뵈면 젊으셔서 부러울 지경입니다.

선생님께서는 여러 영능력자들과 잘 아신다는 말을 들었으므로, 좋은 분을 소개해 주셨으면 하고, 또 저의 경험한 바를 알아 주셨으면 하고 편지를 올렸습니다.

저의 집은 대대로 여자의 혈통에 만성 류머티스의 지병이 있어서, 저도 30대부터 이 병으로 괴로워하고 있습니다.

지금까지 몇사람의 영능력자를 찾았는지 모릅니다. 영능력자를 찾기 진에는, 온천, 한방약, 침, 좋다는 건 무엇이나 해보았으나 좋아지지 않았습니다.

영능력자도 사람에 따라 말이 달라서, A님〔구체적인 영능력자의 이름은 밝히지 않음—다만 주(註)〕은 '당신의 집은 방향이 나쁘다. 하지만 금년과 내년은 이사하면 나빠. 후년에 이사가!'하고 말했으므로 영감님을 간신히 설득하여 이사를 갔습니다. 딸과 외손자가 싫은 소리를 하더군요. 그런데도 류머티스가 좋아진 기색은 없습니다.

B님은 '당신이 젊어서 유산시킨 아기의 영이 보인다. 아직도

원한을 갖고 영계로 가지 않았어. XX산의 기도소에 가서 공양을 하라'고 말하셨으므로, 기도소에 갔더니, 하나에 몇십만엔이나 하는 석상(石像)을 사게 하고 천도를 하였으나 건강이 좋았던건 일주일 동안 뿐이었습니다. 헌데 딸에게도 류머티스 증상이 나타났으므로 다시 상담하러 갔더니, B님은,

"딸도 데리고 오시오. 함께 공양을 하지 않으니까 전염이 되지."

이렇게 말하셨습니다.

하지만, 딸에게 그런 말을 하면 야단맞을 것은 뻔하였으므로 혼자서 C님에게 의논하여 보았습니다. 이 영능력자는 잡지에도 실린 일이 있는 사람으로 번창하고 있었습니다. 저의 이야기를 들어주신 건 10분동안 뿐이었습니다. 그런 뒤 5분동안 기도하고, 꽤 비싸게 먹혔습니다

"이것으로 영적 장애가 사라질 거니까 안심해. 만약 걱정되거던 X날에 또 와."

이렇게 말하시고, 곧 '다음 분'하고 부르시므로 어쩐지 께름칙했습니다.

류머티스는 좀 좋아졌습니다만, X날이 되자, 또 심해졌습니다. 그래서 다시 찾아갔습니다. 그러자,

"오늘은 지난번에 빙의되지 않았던 영이 보여. 동물령 같다. 댁에서 혹시 고양이를 키우고 있으면, 곧 남에게 주어. 동물령이 왜 그런지 노해서 당신 허리를 물어뜯고 있어."

이렇게 말하시고, 이번에는 20분 쯤 걸려서 제령을 하여 주셨습니다.〉

·········(이하 생략)·········

이 M·T라는 여인의 편지는 이런 투로 한없이 계속되고 있다.

필자는 이 편지를 읽고, 이렇게 말하면 실례가 되겠지만, 이런 일만 되풀이 하고 있다간, 무의미한 지출만 늘고, 게다가 가족들과의 알력이 되풀이 되며, 조금도 영능력자의 고마움도 느낄 수 없게 되리라고 생각하였다.

성격적으로도〔기탄없이 말하겠지만〕비뚤어지고 지나치게 미신을 쫓는 듯한 인상을 받았다. 자기 마음 속에 줏대를 세우고, 자연 치유력을 믿는 자력 갱생에 힘쓰는 게 어떨까 생각한다.

필자가 판단하건데, A님도 B님도 C님도〔여기서는 생략했으나〕D님, E님, F님도 모두 대동소이하고, 영능력자로서는 저급한 부류에 속하는 사람들이라고 생각된다. 말할 것도 없이 이는 M·F여사의 편지를 읽고시의 필자의 판단〔이라기 보다 독단〕이므로, 이와 같은 경솔한 말투는 잘못된 건지는 모르겠으나, 아마 오십보 백보일 것이다.

거의 '가짜 영능력자'에 가깝다.

M·F여사에게 필자가 한마디만 충고한다고 하면,

"그런 일만 되풀이 하고 있으면 영의 세계의 숭고함을 알지 못한 채 죽음을 맞이하게 됩니다. 당신의 진짜 병은 만성 류머티스 같은 게 아니라, 영장(靈障)만을 걱정하는 약한 마음이 병의 진짜 원인인 겁니다. 류머티스의 통증이 대단하다는 건 필자도 듣고 있습니다만, 당신의 약한 마음이, 하나 아픈 걸 열배 스무배로 불리고 있는 것 같습니다. 당신은 사악한 빙의령에게 빙의된 게 아니라 빙의령을 스스로 불러들이고 있을 따름인 겁니다."

영에 관한 미신에서 해방되시오

사람의 약점을 이용하는 '가짜 영능력자'나 '저급한 영능력자' 같은 이른바 '엉터리 영능력자'는 세상에 많다.

영계의 존재를 확신하고, 영계를 연구하여 그에 관한 지식을 세상에 널리 전하기를 원하는 필자와 같은 사람에게 있어서, 아니, 필자 뿐만 아니라 진솔한 영계 연구가 모두에게 있어서 '엉터리 영능력자'는 굉장히 곤란한 존재이다.

또한 말할 것도 없이, 진실로 영장으로 괴로워하는 사람들에게 있어서는 더더욱 곤란하기 그지없는 존재일 것이리라.

그러므로 영능력자들이 다루고 있는 갖가지 미신 가운데서 필자가 그렇다고 생각되는 몇 개를 다음에 실어서, 독자 여러분에게 참고가 되게 하려고 생각한다.

- 병의 원인을 여우·너구리·뱀 같은 동물령의 빙의현상이라고 하는 일.
- 병의 원인을 집의 구조, 방향에 있다고 하는 일.
- 병의 원인을 무덤의 구조, 방향에 있다고 하는 일.
- 법회(法會)·법요(法要)·제사, 따위에 대하여 마음 쓰는

일.
- 부적, 부적 주머니, 정월에 신사(神社)에서 파는 재수 좋으라고 파는 물건, 불상(佛像)이나 불단(佛壇)의 형식 같은 것에 마음 쓰는 일.
- 이것 말고도 유산시킨 아기의 영(靈)만 다룬다든가, 생령을 전문으로 하는 것처럼 재난이나 병이 생기는 원인을 한 가지의 전문 분야에만 연결을 지어서 설명을 하려고 하는 것은 미신이라고 말해도 좋을 것이라고 필자는 생각한다.

아무 것이나 덮어 놓고 빙의령이라고 떠들어 대는 것은 오히려 우수운 일일 게다.

특히 동물령에 빙의되어 있다고 하는 미신에는 뿌리 깊은 것이 있다. 하지만 조금만 생각해 본다면 '역시 이상하다'고 생각되게 되는게 아닐까?

물론 동물에게도 영혼은 있다. 그것은 오까베 긴지로오 박사도 분명히 말씀하신 그대로다.

하지만, 당신은 여우에게 원한을 살만한 일을 한 일이 있나? 여우는 인간보다 교활한가? 당신은 어째서 돼지의 영이 빙의되지 않는 걸까?……

"뭐라고? 무슨 뜻이지?"

이렇게 되묻기 전에 잘 생각해 보기 바란다.

가령 저급한 영이 고급령(高級靈)에 빙의되어 영장(靈障)을 일으켰다고 하자. 그것은 저급령이 고급령을 조종할 수 있다는

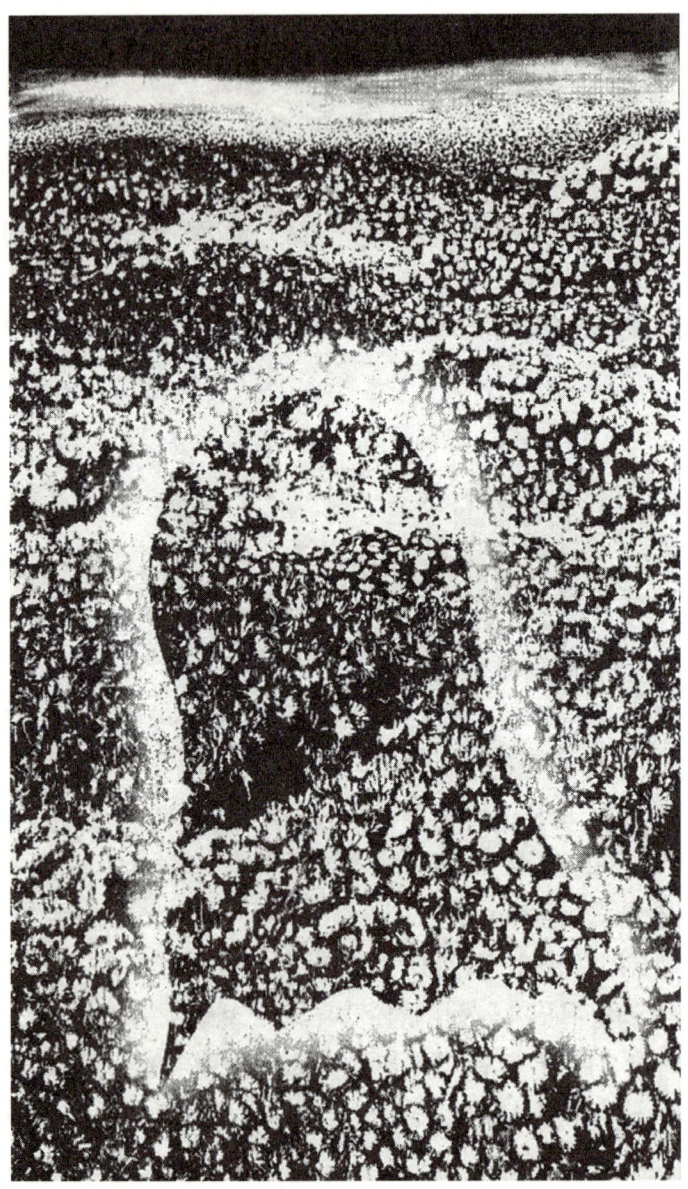

걸 뜻한다. — 하지만 그렇다면 높은 영격(靈格)을 지닌 영능력자는 저급령을 제령(除靈)하는 일 같은 건 할 수 없을게 아니겠는가?

그렇다면 원한령의 능력이 강하다는 문제일까? — 하지만 그렇다면 날마다 당신에게 살해당한 일도 없는 여우의 원한보다, 거의 날마다 당신에게 먹히고 있는 돼지 쪽이 원한이 강한 셈이 아닐까? 어째서 돼지나 소의 영은 빙의되지 않는 걸까?

그건 그렇고, 그렇다면 교활함이나 잔인성의 문제일까? — 하지만 인간보다 교활하고 잔인한 동물이 도대체 이 지구상의 어느 곳에 있단 말인가? 아셨을 것이리라. 동물령은 존재하지만 인간에게 '해를 끼치'거나 '영장'을 줄 만큼의 힘은 없는 것이다.

그렇다면 빙의령 같은 건 존재하지 않는 걸까?

그렇지 않다. 분명히 있다. 엄연히 존재한다.

스웨덴보그와 빙의령

빙의령의 존재를 가장 잘 증명하고 있는 것은 정신병 환자들이다 — 이렇게 말하면 당신은 놀라겠는가?

사실은 미국의 정신과 의사인 듀센이 상세히 조사 연구한 결과 마침내 몇년 전에 정신병 환자와 빙의령의 관계를 밝혀낸 것이다.

유감스럽게도 필자는 현재 이 듀센의 레포트를 읽을 기회를 얻지 못하였으므로, 그 내용을 쉽게 설명하고 있는 이마무라

고오이찌씨의 문장을 소개하고저 한다. 이마무라씨는 다 아는
바와 같이 스웨덴보그를 비롯하여 심령학자들의 연구를 솔선
하여 번역 소개하여 온 분이시다.

〈캘리포오니어 주립병원에서 오랫동안 정신병 환자의 치료
를 맡고 있었던 듀셴은, 스웨덴보그를 연구하는 사람으로서도
알려져 있다. 또한 스웨덴보그가 200년 전에 말한 것이 정확
했다는 것을 상세한 조사를 통하여 뒷받침하고도 있다.

스웨덴보그는 영이 인간에게 관여할 때에는 그 70%는 나쁜
영향을 끼치기 위하여 관여한다고 말했다.

듀셴은 정신과 의사로서 오랫동안 수천명의 환자를 조사하
고, 그 중에는 영의 영향으로 정신병의 증상이 나타나는 경우
가 많다는 걸 밝혀냈다.

또한 그 경우의 거의 80%에서 나쁜 영적인 영향력이 엿보
였다고 말하고 있다. 물론 영적인 영향 가운데에는 좋은 영향
을 끼치는 것도 있으나, 나쁜 영향을 끼치는 쪽이 단연코 많다
는 것이다. 이것은 우리에게 관여하는 영이 대부분의 경우 워
크란드 박사가 밝힌 것 같은 지박령(地縛靈)이기 때문이라고
생각하는게 좋을 듯 싶다.〉(이마무라 고오이찌 저(著)《사후
또 하나의 세계의 수수께끼》에서)

여기서 말하는 '지박령'이란 필자식의 말투를 쓴다면 이른바
빙의령을 말하는 것이며, 이 빙의령이란 지박령이나 부유령
(浮游靈)을 포함한 나쁜 영〔악령(惡靈):사령(邪靈)〕이다.

계속하여 이마무라씨의 문장을 인용하고저 한다.

〈듀센이 이와 같은 조사를 함에 있어 취한 방법은, 예전에는 없었던 일이라고 해도 지나치지 않다. 그는 많은 정신병 환자를 자세히 관찰하는 동안에 중요한 것을 알아차렸다. 그것은 환자로서 병원에 입원은 하였으나, 그들 가운데에는, 실은 정신병 환자가 아닌 사람이 꽤 많다는 사실이었다. 다시 말해서 이런 사람들은 베넌과 마찬가지로 영의 영향력을 얼핏 보기에 이상하긴 하지만, 무슨 까닭으로 그렇게 되었는지를 분명 자각하고 있는 경우이다. 그들은 이렇게 고백하고 있다.

"무엇인지는 잘 모르지만, 자기 이외의 누군가가 자기를 협박한다. 그래서 자신은 이상한 행동을 취할 수 밖에 없는 것이다. 하지만 그런 것을 말해도 자기가 정신병자 취급당하는 게 십상이니까, 자기는 그런 말을 하지 않는 것 뿐이다.〉

그들을 협박하고 있는 건 영이었다. 하지만 그런 이야기는 말해도 남이 믿어주지 않는다. 그렇기 때문에 자기는 그 이야기를 말하지 않는다고 그들은 듀센에게 이야기했던 것이다.

이만한 자각이 있는 사람을 정신병 환자라고 말할 수 없는 줄로 생각한다.

하지만, 그들은 몇 시간씩이고 하늘을 보고 꼼짝도 안하고 있거나 한다. 이것은 남이 보면 틀림없이 미친 사람으로 보인다. 하지만 그들은 자기 이외의 누군가의 명령을 받고, 그렇게 하지 않으면 죽인다고 하는 따위의 명령을 받고 그렇게 하고 있는 것이다.

위크런드 박사도 많은 '이상한 사람'을 취급하였으나, 그것은 듀센이 취급한 환자와 본질적으로는 같았다. 또한 그들은 영이 빙의되기 쉬운 타입의 사람들이었다.

영이 빙의되기 쉬운 인간이기 때문에, 영의 영향을 받는다는 점에서, 그들은 일반 사람들과 영매(靈媒)의 중간 비슷한 인간이었다고 해석하여도 좋을 줄 안다.

그래서 듀센은 그들의 일종의 영매로서 그들에게 빙의되어 있는 영과 직접 대화를 한다는, 이전에 어느 정신과 의사도 한 일이 없는 방법을 택하였다. 위크런드 박사가 영매 능력을 지닌 부인의 힘을 빌어서 한 것과 같은 일을 그는 보다 직접적인 방법으로 했다고 생각해도 좋으리라.

듀센은 이와 같은 방법으로 정신병적 증상을 띄우고 있는 사람들과 영의 영향과의 관계를 밝혀냈다. 또한 그렇게 함으로써 영적으로 영향을 끼치는 것의 정체를 자세히 포착하였던 것이다.

듀센이 이 레포트를 발표한 것은 몇 년 전 일이다. 그러므로 그의 레포트는 정신병적 증상과 영의 관계가 밝힌 가장 새로운 것이라고 해도 지나친 게 아니다. 또한 그것은 옛부터 많은 정신병 의사나 심리학자, 심령과학의 전문가들이 지적해 왔던 것의 진상을 가장 자세하게 밝인 레포트로 되어 있다.

이것은 놀랄만한 일이 아닐까? 하지만, 동시에 우리가 예상했던 것에 합치되는 일이기도 하다.

인간과 동물처럼 영격(靈格)에 큰 차이가 있을 경우, 적어도 저급령이 고급령에 빙의되는 일은 있을 수 없다.

정신병 환자의 보기에서 추정할 수 있듯이, 인간에게 빙의되는 것은 인간의 영이다. 이 빙의하는 쪽의 영은 지박령(地縛靈)이기도 하고, 부유령(浮遊靈)이기도 하지만, 통털어 빙의령(憑依靈)이라고 부를 수 있다.

그렇다면 빙의령은 어떤 사람에게 빙의되는 걸까?

필자의 생각으로는, 영혼의 영격(靈格)의 높이에 따라 각기 다른 영파를 내보내고 있다. 이 영혼의 파장(波長)은 일정한 범위 안에서 공명(共鳴)하는 것으로 생각된다.

그러므로 빙의령은 다소의 차이는 있겠으나, 어느 정도 비슷한 파장의 영파를 지닌 사람에게 빙의된다. 다만 그것은 영파의 파장이 공명하는 범위 안에는 있다는 것이지, 성격이나 성질에 같다거나 비슷하다거나 그런 뜻은 결코 아니다.

또한 '영파(靈波)'의 출력이 어떤 때 극도로 강해지는 사람 ─ 이와 같은 사람을 영능력자라고 말하는 것이리라. 다른 말로 한다면 영매라든가 초능력자라고도 할 수 있을 것이다.

반대로 영파의 출력이 안정되어 있는 사람 ─ 그것이 우리들 일반 사람일 것이다.

또한 정신병 환자의 80%〔빙의된 사람들〕는, 영능력자와 마찬가지로 어떤 때는 특별히 '영파'의 출력이 강해지는 사람일 것이다. 하지만, 영능력자 출력에 강약을 스스로 콘트롤 할 수 있는 것에 대하여, 빙의된 사람들은 그것을 콘트롤 할 수 없고, 자제력을 잃는 걸로 생각된다. 또는 전자는 영격이 높은 경향을 지닌데 반하여 후자는 그다지 영격이 높지 않은 것인지도 모른다.

하여튼 필자의 짐작으로는 이와 같은 형태로 영에 의한 빙의현상이 생기는 것이라고 생각이 된다.

빙의령은 정신병뿐만 아니라, 육체의 병도 만드는 것이리라.
다음 장에서는 이 빙의령의 사례에 대하여 쓰기로 한다.

제 *11* 부
악령에 빙의된 사람들

제령과 공양은 어떻게 하는가?

빙의현상을 부정하는 사람들에게

영(靈)에게 포로가 되는 것을 빙의된다고 말한다. 물론 이 정도의 것은 누구나 아시리라 생각되지만, 이 빙의현상을 어디까지나 '본인의 이상심리가 빚어 낸 소행이다'하면서 인정하지 않으려는 사람들이 있다.

틀림없이 빙의현상이라고 보고된 사실 가운데에는, 분명히 본인의 '지기암시'의 소신이라고 분석된 것도 있다. 이른바 잠재의식의 자동표출이라고나 표현해야 될 행위인 것이다.

심령현상을 연구하는 이들 가운데에도 빙의라는 것을 인정하지 않는 사람이 있다. 심리학적으로 또는 정신분석학적으로 해석이 되는 것은 모두 심령현상은 아니라는 것이다.

말할 것도 없이 학문적인 입장의 하나로서, 그와 같은 견해가 있어도 좋을 것으로 생각한다.

하지만, 심리학이건 정신분석학이건, 인간의 '마음'에 관한 학문 분야는, 사실 아직 완성된 과학이라고는 말하기 곤란한

면을 많이 남기고 있다. 요컨대 인간의 마음에 관한 일은 아직 잘 모른다는 면이 많은 것이기 때문이다.

그러므로, 최근 심리학은 행동심리학과 같은 동물의 자극과 반응의 실험을 통계적, 수학적으로 처리하거나 자극과 반응의 상관관계를 해명하는 쪽으로 중점을 옮기고 있는 셈이다.

상관관계와 인과 관계는 다르다.

이를테면, 암이라는 병이 그런 것이다. 이렇듯 의학·과학이 발달된 현대에서도, 암이 어떤 메커니즘으로 인체에 발생하고 그 결과 인간을 죽게 만들 정도의 무서운 위력을 떨치는 건가 하는 병의 원인에서부터 증상에 이르기까지의 인과 관계는 아직도 해명되지 않고 있다.

헌데, 암 발생에 관한 부분적인 상관관계는 알려져 있다.

이를테면 담배를 하루에 스무 개피 이상을 피우는 사람의 폐암 발생률과 전혀 한 개피도 피우지 않는 사람의 폐암 발생률과를 비교하면 통계적으로는 전자의 발생률이 후자의 그것의 2배 이상이 된다고 하는 것은 잘 알려져 있는 사실이다. 그러므로 흡연과 폐암과의 사이에는 어떤 상관관계가 있다고 말하고 있다. 하지만 그 인간관계는 알지 못한다.

더욱이, 상관관계가 있다고는 하여도, 그렇다면 담배를 피우지 않는 사람에게는 전혀 폐암이 발생하지 않느냐고 하면, 그렇지 않고, 사실 담배 같은 건 한 번도 피운 일이 없고, 게다가 술도 싫어하여 마시지 않는다는 사람이, 폐암이나 위암이나 간암에 걸린 사람도 많이 있는 것이다. 발생률이 적다는 것 뿐이지, 절대로 발생하지 않는다는 것은 아니다.

그러므로 현대 심리학의 수법인 상관관계를 추구하는 것은, 결정적인 결론을 유도해 내는 힘이 약하다. 그렇다고 해서, 마음의 문제는 살아있는 사람을 상대로 하는 것이므로, 물리학이나 화학에서 같을 수는 없다고 하는 딜레마에 빠지게 되는 셈이다.

필자가 생각하기에, 심령연구가 사이에서 조차 빙의현상을 인정하지 않는 사람이 있다는 것은, 심령 현상을 엄밀한 과학적인 입장에서 해명하려고 하는 나머지 오히려 심리학이나 정신분석학이라는 사회적 공인된 학문을 절대시 한다는 지나친 잘못을 범하고 있는게 아닌가 생각된다.

심령과학은 분명히 아직도 사회적으로 공인된 학문은 아닐지 모르나, 그렇다고 해서 그런 것에 열등감을 느끼고 심리학이나 정신분석학에 추파를 던질 수는 없는 것이라고 생각된다. 보다 더 당당하게 전혀 다른 관점에서 인간의 '마음'과 '생명'에 대한 가설 체계를 만들고 빙의현상을 포함한 심령의 인간관계를 이론화 하여, 그깃을 학문직[과학직]으로 검증하도록 하는 편이 훨씬 실속 있는 학문이 되는게 아닐까 한다.

하지만, 필자는 학자도 아니고 과학자도 아니다. 필자는 인간의 삶과 죽음의 문제, 혹은 마음이나 혼의 문제에 관심을 품고 문외한이면서 그와 같은 분야의 책을 읽고, 전문가·영능력자 같은 이의 이야기를 듣고, 자기 나름대로 확신할 수 있었던 것을 알려드리는 것에 지나지 않는다. 어째서?

한 사람이라도 더 많은 사람이 행복해지기를 바라기 때문이다. 필자가 확신한 영혼, 죽은 뒤의 세계, 생명의 영원함 따위는 사람들의 죽음에 대해 공포에 떨 필요가 없을 만큼 멋진 것이고, 그것을 여러분에게 알려주고저 함에서이다.

그와 같은 필자의 확신에서 미루어 보면 빙의현상, 빙의령이라는 것은 틀림없이 있다. 심령과학도 심리학도 정신분석학도 이와 같은 현상을 포함하는 학문이 될 수 있도록 재검토 되기를 바라고 싶은 생각이다.

지박령(地縛靈)의 하소연

미국에서 있었던 이야기이다.

1842년, 뉴욕주의 하이즈빌이라는 작은 마을에서 일어난 일이었다.

폭스씨 일가가 그 당시 살고 있던 집에서 밤마다 현관 문을 똑똑하고 노크하는 소리가 들렸다. 그것은 이 집에 이사 와서 아직 며칠도 지나지 않은 무렵이었다.

이같은 랩 현상은 매일 밤마다 계속되었다. 처음에는 누군가의 장난인줄 생각하고 폭스씨와 집안 식구가 현관문을 열어 보았으나, 그때마다 아무도 없는 것이었다. 그러는 사이에 장난질에도 한계가 있는데 하고 노크 소리가 들리면 현관문을 열고 뛰어 나가 큰 소리로 소리 지르기도 하였으나, 물론 아무도 없고, 도망치는 발자국소리도 들리지 않았다.

이런 일이 계속되자, 화가 머리 끝까지 오른 폭스씨는 밤에 현관문 안쪽에 숨어 곤봉을 들고 노크소리가 들리기를 기다렸다. 그러자, 역시 똑똑……. '이 놈아!'하며 그가 문을 열고 덤

볐으나, 역시 아무도 없었다. 그는 등골이 오싹 했다.

매일 밤 이런 일이 계속되므로 폭스 일가는 완전히 수면 부족에 걸리고 말았다. 더욱이 이 사건은 작은 마을 안에서 유명해졌다. 그럼에도 불구하고 랩현상은 계속되었다.

그러는 사이에 폭스씨는 어떤 일을 깨닫게 되었다. 그것은 노크 소리가 두 딸이 집에 있을 때에만 들린다는 것이었다.

이것은 나중에 안 일이었으나 심령 과학자 그룹의 조사, 실험을 하느라고 폭시 가문의 두 자매, 마갈렐라 케이트는 영능력자의 소질을 지닌 영매적 체질의 소유자였었다.

매일 밤 노크 소리를 내는 '영'은 그녀들에게 어떤 하소연을 하려고 했던 것이었다.

그런 줄도 모르고 폭스씨는 딸들이 집에 있는 날을 이용하여, 다음과 같은 것을 생각해 냈다. 노크소리가 유령의 짓이라면 오늘 밤도 틀림없이 나타날 것이다. 딸들이 여기에 있으니까. 이윽고 만약 나타나거든 유령과 통신을 해보리라. 이야기를 알아듣는 유령이라면 틀림없이 무엇인가 대답할 터이다…….

똑똑……시작되었다. 그래서 폭스씨가 말을 시작하였다.

"유령님, 제 이야기를 알아듣습니까? 우리 가족들은 당신이 두드리는 노크 소리에 당황하고 있소. 우리에게 무슨 말하고 싶은 게 있으면 일러 주시오. 그래서 내가 질문을 하겠소. 만약 예스라면 똑 하고 노크 소리를 한 번, 노오일 경우는 똑똑 하고 두 번, 이런 표시로 대답해 주기 바라오. 알아 듣겠소?"

"똑."

유령이 대답을 한 것이다. 사람의 이야기를 알아듣는 것 같았다. 폭스씨 일가는 몸이 오싹오싹 하지만, 이 유령과의 대화를 계속하였다. 그것은 굉장히 끈기를 요하고 참을성을 요하는 노력을 필요로 하였으나, 대략 다음과 같은 일을 알 수 있었다.

이 유령은 머리 글씨가 C·A라는 이름의 남자였었다. 폭스 일가가 이 집으로 이사오기 훨씬 전, 사실은 이 집에 도적질을 하러 들어 왔었다. 하지만 집안 식구에게 들켜 살해되고 말았다. 자기의 시체는 이 집 지하에 묻힌채로 있었다. 이래서 죽어도 한이 남아 있다는 것이 유령의 하소연이었다.

폭스씨는 놀랐다. 곧 경찰관을 부르고, 심령과학자와 종교인들에게 도와주기를 부탁했다.

폭스씨의 설명을 듣고, 반신반의로 경찰관은 지하실을 조사하여 보았다. 그러자 1층과 지하실을 연결하는 벽 속에 무엇인가 바른 흔적이 있었다. 파내 보니 그곳에서 나온 것은 백골화된 시체였었다.

이 사건은 미국 뿐만 아니라 유럽에도 큰 충격을 주었다. 이른바 객관적인 증인이 있는 '소령(騷靈)' 또는 '지박령'의 존재가 분명했기 때문이다.

그 후의 조사로, 폭스씨의 두 자매에게 영매적인 소질이 있음을 알게 되었으나, 아마 C·A의 영은 이 자매에게 통신을 보내고 있었을 것이리라. 그것은 노크소리였던 것이다.

이것은 미국에서 확인된 지박령의 실례인 것이다.

14세 소녀에게 빙의된 18세 아가씨의 영

앞서 말한 폭스 집안에 나타난 지박령은 현관 문을 두드린다는 랩현상을 일으켰을 뿐, 특히 '나쁜 짓'을 한 건 아니다. 요컨대 '면목없는' 죽음을 당한 자기의 죽음 '뒷치닥거리'를 해주기 바란다고 하소연 했을 따름이다.

일본식으로 말한다면 우선 공양(供養)해 주기를 바랐던 지박령이라고나 할까. 이 경우의 공양이란 자기의 시체를 찾아내어 자기를 죽인 사람을 벌해 줄 일이, 이 지박령에게 있어서 공양하는게 된 것이다.

지박령이 기독교 신자일 경우에는, 그의 신앙에 따라 극진히 장사지내는 것 또한 공양하는게 될 것이다.

지박령을 공양한다는말 끝에 덧붙여 둘 것은, 이것은 나중에도 말하겠거니와 필자는 일반적으로 지박령이나 빙의령은 공양에 대해서는 이렇게 생각하고 있다.

지박령이나 빙의령을 공양하는 데에는 어떤 특정한 종교적인 의식에 의하지 않으면 안된다든가, 혹은 특정한 영능력자의 제령을 받지 않으면 안된다거나 하는 것이 아니라, 영 그 자체의 '방황'을 끝내고, 영 자신이 납득될 만한 처리를 해 준다면 그것으로 충분히 공양하는게 된다고 생각하고 있다.

지박령과 부유령(浮遊靈) — 룸펜 영이라고도 한다 — 이건 사람에게 빙의되는 이른바 빙의령은 자기가 죽었다는 자각이 없고, 어디까지나 이 세상에 미련과 집착 혹은 원한을 남기고 있는 셈이어서 죽었다는 것을 납득시키고, 영계로 돌아가게 하면, 이미 영장(靈障)이라고 불리우는 것은 해소되는 셈이다.

달리 값진 무덤을 만들거나, 막대한 비용을 들여서 법요(法要)를 한다거나 하지 않아도, '공양'하는 방법은 얼마든지 있다고 생각된다.

다음에 소개하는 것도 미국의 빙의령이다.

이 영도 살아있는 인간의 생활을 무너뜨릴만한 영장을 가져온건 아니므로, 결코 악령이라고는 말할 수 없으나, 이 세상의 생활에 미련을 남기고 있었으므로 빙의된 것이다. 빙의된 인간이, 그 영이 바라던 생활을 하여 주니까, 어느 날을 경계로 하여 빙의령이 떠나고 말았다. 이것도 하나의 '공양'하는 방법이라고 말할 수 있는게 아닐까?

미국의 심령연구협회의 호디슨 박사가 보고한 사례이다.

빙의된 사람은 위쎄커라는 마을에 사는 14세의 소녀로, 이름은 베넌이라고 하였다.

빙의된 영은, 이 사건의 13년 가량 전에 죽은 로후라는 여성으로 죽었을 때의 나이는 18세였었다.

다시 말하여, 루란시이가 태어난 지 얼마 되지 않은 한 살 전후 무렵, 메리는 18세의 젊은 나이로 죽은 셈이다.

베넌은 1864년 태생으로 루란시이가 태어난 뒤, 베넌 집안은 몇 번인가 이사를 한 다음 1871년, 다시 말해서 루란시이가 일곱살 때 웨쎄키의 동네로 이사를 하여 로후씨 집의 바로 옆집으로 이사를 하였다.

하지만, 이곳에서는 4개월 정도 밖에 살지 않고 베넌 집 식구들과 로후 집안과 친해지자마자 곧 워쎄키의 다른 지구(地

區)로 다시 이사를 하였다. 그곳은 로후씨 집과는 훨씬 떨어진 지역이었다.

그곳에 살기 시작한 지 7년이 지난 1878년에 14세의 소녀 루란시이 베넌은 빙의가 되었다.

이미 지난 해부터 루란시이는 원인모를 정신적 발작을 일으키게 되었다. 때로는 몽유병 증상과 같은 상태가 되기도 하고, 때로는 의식불명인가 싶을 정도로 심한 트란스 상태에 빠지기도 하였었다.

그것이 차츰 심해지더니 사건이 나던 해 다시 말해서 1878년이 되자, 하루에 몇 차례나 이런 발작이 일어나게 되었다. 베넌의 집안 식구들은 루란시이가 미쳤다고 생각하고, 정신병원에 입원시키는 편이 나을 거라고 생각하고 의사인 스티븐스 박사에게 왕진을 청하였다.

어느 날 저녁, 역시 스티븐슨 박사가 왕진을 왔을 때, 루란시이는 심한 발작 증상이 일어났다. 또한 거의 광란상태가 되어, '나는 악령에게 빙의되어 있다!'고 소리쳤다.

스티븐슨 박사는 루란시이를 안정시키려고 필사적인 노력을 하였으나 발작은 가라앉지 않았다. 14세의 소녀 루란시이는 차례로 영의 이름을 부르고, '이 영이 내게 빙의되려고 한다!'고 소리쳤다.

그와 같은 상태가 한동안 계속된 다음 마지막으로 소리쳤다.

"메리 로후예요! 내 속으로 오고 싶어 하는 것은 메리 로후예요!"

그렇게 말한 다음부터 루란시이는 아주 다른 사람처럼 되었다.

　루란시이는 자신을 메리 로후라고 말하고, 정신을 차리지 못하고 울면서,

　"난 집에 돌아가고 싶어. 엄마와 아빠를 만나고 싶어. 동생도 만나보고 싶어. 날 집으로 보내 줘!"

　이렇게 말하는 것이었다. 되풀이 하여 그렇게 말하며 고집을 부렸다.

　그것이 너무나 실감이 났으므로 다음날 아버지인 베넌씨는 로후씨 집을 방문하여 사정을 설명하고 의논을 하였다.

　그러나 로후씨의 이야기로는 13년 전에 죽은 딸 메리 로후도 사실은 아이 때부터 원인불명의 정신적 발작에 시달린 아이로, 17세 때에는 자살 미수까지 저질렀다고 한다.

　발작은 점점 심해지고 18세 때에는 이미 가족들의 얼굴조차 분간할 수 없을 정도의 광란상태로 증상이 악화되어 마침내 사망하였다는 것이었다.

　의논을 한 결과, 로후씨는 루란시이를 잠시 맡아서 우리 집에서 생활하게 하여 보겠습니다'하고 약속하였다.

　1주일 뒤, 메리의 어머니인 로후 부인과 메리의 언니인 알타 부인(당시 이미 결혼하여 다른 동네에서 살고 있었다)의 두 사람이 베넌씨 집을 찾아 왔다.

　그 때 루란시이는 집의 창문에서 밖의 거리를 보고 있다가, 로후 부인과 알타 부인의 모습이 눈에 띄자, '우리 엄마와 언니 나아뷔가 왔다!'고 하고 크게 기뻐하며, 두 사람이 집안으로 들어오자 떨 듯이 좋아서 두 사람의 목에 메달리는 것이었다.

루란시이가 소리친 '나아뷔'라는 이름은 메리의 언니인 소녀 시절의 이름으로, 원래는 루란시이가 알 까닭이 없는 이름이었 더.

그 뒤 2월에 루란시이는 로후씨 집으로 가, 약 3개월 동안 완전히 메리가 되어서 생활하였다.

"메리, 너 언제까지 우리 집에 있을 수 있니?"

하는 가족들의 물음에, 그녀[이미 메리로 둔갑을 한 루란시 이]는,

"5월 쯤까지."

하고 대답하였다.

또한 로후씨 집에 머무르고 있는 동안, 루란시이는 생전의 메리가 아니면 알지 못하는 사실을 자못 당연한 것처럼 가족 [로후씨 집안 사람들]과 이야기 하고, 생전에 알았던 사람들과 만나면 상대의 이름도 정확하게 외우고는 했다고 한다.

로후 부부는 이와 같은 루란시이의 모습을 보고 있으면, 죽 은 메리의 영이 빙의되어 있다는 것을 믿지 않을 수 없었으나, 그래도 몇가진가 넌지시 테스트를 하여 보았다.

이를테면 생전에 메리가 애용하던 모자를 찾아내어 거실의 스탠드에 걸어 두었다. 정원에 있던 루란시이는 물론 로후 부 부가 테스트 하고 있는 줄은 꿈에도 모르고 거실로 들어온다. 그러자 스탠드에 걸린 모자를 보더니,

"어머, 이거 내 모자잖아! 머리를 짧게 깎았을 때 늘 쓰던, 내가 좋아하던 모자가 이런 곳에 있다니!"

하고 감회가 깊은 듯한 태도이다. 이윽고 그녀는,

"엄마, 내 편지 상자 어디 있죠? 그거 아직도 있어요?"

로후 부인이 메리의 유품인 편지 상자를 가져 오자. 루란시이는 기쁜 듯이 상자를 열고, 안에 들어 있는 편지들과 편물을 꺼냈다. 또한 그 편물은 자기가 짠 것이라는 것과 하나 하나의 편지와 물건에 얽힌 추억담 같은 것들, 생전의 메리와 로후 부부가 아니면 알 턱이 없는 일들을 자세히 이야기하는 것이었다.

그 에피소드는 다 쓸 수가 없다.

그런 다음, 5월이 되자 루란시이는 로후씨 가족에게 작별을 고하고, 원래의 베넌 집으로 돌아왔다. 그 날 이후로 메리의 영은 사라지고 루란시이는 건강을 회복하고, 그 전의 발작도 일어나지 않았다.

이것은 호디슨 박사가 보고한 그대로, 누가 생각하여도 메리 로후의 영이 빙의되었다고 밖에는 생각할 수 없다.

빙의된 베넌은 그 당시 14세로, 자기가 한살짜리 애기였을 때 죽은 메리 로후와 그의 가족의 생활하던 모습을 기억할 까닭이 없기 때문이다.

로후의 영은, 아마 가족과의 생활을 실컷 누리고 이 세상에 남긴 미련을 해소시키고 영계로 떠난 것이 분명하다고 생각이 된다.

정신이상은 빙의령의 소행

그런데 객관적 증인을 몇 사람이나 지닌 앞서의 두 가지 보기에서 보더라도, 빙의령이 사실로 존재하는 것은 이미 의심할 여지가 없다.

　말할 것도 없이 빙의령에 관한 보고는 미국 뿐만 아니라, 일본에도, 그 밖의 나라들에서도 많이 있다. 그들 많은 사례 가운데에는 증인이나 증거를 찾을 수 없는 경우도 많으나, 그렇다고 하여서 그것은 빙의령의 존재를 부정하는 이유는 될 수 없다.

　오히려 객관적인 증언이나 증거를 가진 사례는 드물다고 해도 좋고, 따라서 대개의 빙의현상은 정신장애로서 처리되고 마는 편이 허다하다.

　하지만, 빙의령은 이미 보았듯이 엄연히 존재한다.

　또한 필자가 확신한 바에 의하면, 빙의현상〔객관적인 증거가 없는 사례이므로〕정신장애에 기인한 것으로 결정을 내리는 일반적인 풍조는 극히 안이한 태도라고 생각한다.

　그것은 객관적인 증거가 있는 경우에만 마지못해 빙의현상을 인정한다고 하는 모순된 태도에 연결되기 때문이다.

　오히려 반대로 필자는 '정신장애로 진단된 사례의 대다수는 실은 빙의현상이다'라고 확신하고 있는 터이다. 마약이나 각성제 따위의 약물 중독에 의한 정신장애 — 이것은 원인이 뚜렷하다.

　하지만 그 밖의, 이를테면 노이로제나 자폐증(自閉症) 따위의 신경증이나, 정신분열이나 조울증 따위의 정신병의 태반은 사실은 빙의령에 의한 영장으로 보이는 경우가 더 많은 것이다.

다음에 그와 같은 보기를 소개하고저 생각한다.

우선 정신장애로 진단된 케이스로 필자가 빙의령의 소행이 틀림없으리라고 생각하고 있는 것이, 1982년의 일항기(一般機)사고이다.

이것은 《수호령단(守護靈團)》의 머리말에서도 자세하게 썼듯이, 그 사고 그 자체가 충격적이고, 텔레비전에서도 중계 방송되어, 크게 떠들썩한 정도였으니까 기억하고 계실 분도 많을 것이다.

당시 사고를 일으킨 조종사인 기다끼리 기장은 심신증(心身症)의 전력(前歷)이 있었다고 하여 세상에 심신증이라는 말이 유행한 일도 있었으나, 심신증은 의학적으로 보아 일상생활은 말할 것도 없이, 조종사라는 일에도 부적당하다는 일은 없다〔심신의학(心身醫學)의 이게미유 우지로오 규우슈우대학 교수〕—고 하는게 상식이다. 그래서 결국 심신증이 일으킨 사고도 아니며, 정신병이 원인이 된 사고도 아니라고 판단되었다.

그래서 필자는 '그 원인은 악령의 빙의현상에 의한 것으로밖에 생각되지 않는다'고 결론을 내렸다.

까닭인즉, 그 당시 일본 항공기 정기 검진에서는, 가다끼리 기장에게 정신장애는 없다고 진단되었기 때문이다.

하지만, 그 후 검찰 당국이 실시한 정신 감정에 의하면, 역시 정신병으로 진단이 내려진 것이었다.

가다끼리 기장이 착륙 직전에 들은 '가는 거다' '가는 거다'하는 환청을 비롯하여, 사고가 나니 이전에 그가 자택에서 '도청기가 장치되어 있다'라든가 '카메라가 몰래 장치되어 찍힌다'하며 소리 친 이상한 언동이라든가에 대하여는 그 당시부터도 알려져 왔으나, 거듭 실시된 정신 감정에 의하여 정신분열증임이 인정된 셈이다.

그런데, 현재의 필자의 견해로 미루어 볼 때, '심신증 탓도, 정신병의 소행도 아니므로 사고는 빙의령의 소행이다. 이렇게 말하는 게 아니라 악령에 빙의되었으므로 정신에 이상을 일으켜 그것이 원인이 되어 사고를 일으켰다.' 이런 식으로 말하는 편이 옳을 것이라고 생각한다.

같은 책에서 필자가 소개한 또 하나의 사례는 '정신 착란을 일으킨 덤프차 운전수의 12대 충돌사고'도 같은 식으로 말할 수 있을 것이라고 생각된다.

그 덤프차의 운전수는 경찰의 조사에서 '전파의 지령이 있어서 속력을 내라! 속력을 내'하는 할머니의 목소리가 들렸다'고 뜻이 통하지 않는 말을 횡설수설하였다.

이 운전수도 당연히 정신 감정을 하였을 것으로 생각되나 그 뒤의 경위에 대하여는 필자는 들은 바가 없어 알지 못한다. 하지만 가령 '정신병'이라고 진단을 받았건 아니건 이와 같은 이상한 사태, 이상한 언동, 그 자체가 빙의현상의 특징인 것이다.

그렇기 때문에, 필자는 《사후세계의 증명》에 있어서 '도쿄 렌마(鍊馬)의 일가족 5명 참살 토막시체사건'이니 '오다와라(小田原)에서 일가족 4명을 단총(短銃)으로 죽이고 본인도 자살한 억지 동반 자살사건'을 취급하고 이와 같은 잔인한 살인사건도 빙의령에 의한 것으로 단정한 것이다.

이런 것들은 모두 현세[이승]에 원한을 품은 부유령이 전파, 다시 말하여 영혼의 파장이 맞은 사람에게 빙의되어, 그 사람을 충동질하여 일으킨 사건인 것이다.

이와 같이 인간에게 빙의되는 영은 말할 것도 없이 부유령에 한정된 건 아니다. 지박령이 빙의현상을 일으킨다는 것도 잘 알려진 사실이다.

지박령(地縛靈)의 갖가지 빙의현상

'마(魔)의 건널목'이라든가, '사고가 많이 발생되는 지점'이라든가 '자살의 명소'라든가 하는 것이 있다.

그것들의 대부분에는 지박령이 눌러붙어 있는 장소라고 생각된다.

그렇다고 하여, 필자는 그와 같은 평판이 있는 곳은 모조리 지박령이 있다고 극단적인 말을 할 셈은 아니다. '무엇이나 몽땅 빙의령의 소행'의 한마디로 결론짓는다는 건 말도 되지 않는 이야기이기 때문이다.

그 같은 '마의 건널목'이라고 불리우는 지점에는, 지박령이 성불(成佛)이 되지 못하고 떠돌고 있고, 영장을 일으키는 일이 많다고 말하는 것이지, 반드시 있다고는 말할 수 없다.

특히 '자살의 명소'로 불리우는 도오신 보오, 미하라산, 니시끼게포(捕) 같은 곳은 자못 풍경이 아름답고 로맨틱한 분위기를 이루고 있는 장소이므로, 자살 지원자가 즐겨 선택한다고 하는 요소가 강한 것이 아닐까?

'자살의 명소'라고 하는 것은 원래 자살하고 싶다고 생각하고 있는 사람이, '자살하기 쉬운 장소' '자기의 죽음을 아름답게 장식해줄 수 있는 장소'로서 선택하는 곳이므로 자살 지원자에게 공통된 심리적 요소 쪽이 강한 것이리라.

오히려, 죽을 계획이 조금도 없는 보통사람이 전차의 건널목 있는 곳까지 와서는 갑자기 비틀거리며 빨려들어 가듯 선로에 발을 내딛고, 전차에 치고 말았다는 것 같은 게 지박령에 의한 빙의의 대표적인 것이리라.

이와 같은 건널목이야말로 '마의 건널목'이라고 할 수 있지 않겠는가? 글자 그대로 확실히 마(魔) — 지박령(地縛靈) — 가 숨어 있고 강렬한 죽음을 바라는 염(念)의 자장(磁障)이 되어 있는 것이다.

이런 종류의 지박령은 다른 곳에서도 말하는 것처럼 자기가 죽었다는 자각이 있다.

나중에 자세히 설명하겠으나 인간이 죽어서 곧 가는 '유계(幽界)'에서는 인간의 5체(五體)는 생전 그내로로 아무 것도 손상된 곳이 없다.

설령 전차에 치어서 손 발이 토막났어도 말이다.

그렇다면 전차 사고로 죽은 사람의 영은 순간적으로 차에 친 것이 믿기지 않아 유계에서 자기의 시체를 보고도 도저히 저것이 자기라고는 생각되지 않는다. '정령계(精靈界)'에서 마중을 와서 '당신은 죽은 거다'고 말해도 '유계'에서 5체가 다 갖춰진 자기의 몸을 보더라도, 죽었다고 믿기지 않고 또 믿고 싶지도 않다.

그래서 '정령계'로 자기를 완강히 거부하고, 죽은 장소에 머문다. 이것이 '지박령'이다. 생전의 육체로 돌아갈 수도 없고, 지박령이 되어 현세에 남긴 집착의 포로가 되고 마는 것이다.

이와 같은 지박령은 마침 자기와 영파가 맞는 인간이 그곳을 지나가면 실리고 만다.

보통의 빙의는 같은 마음을 지닌 사람들이나 인연이 있는 사람에게 빙의되지만, 무차별 빙의가 되면 상대를 선택하는 일이 없어 같은 파동을 가지고 있는 인간에게 즉시 빙의되는 것이다.

그렇다면 어째서 지박령은 빙의된 인간을 죽음으로 이끌어 가려고 하는 걸까?

사실 지박령의 '마음'의 움직임까지는 알 수 없으나, 굳이 추측해 본다면 —

① 자기가 죽지 않았다는 것을 확인하기 위하여, 다시금 전차에 뛰어들어 보고, 역시 자기는 5체(五體)가 다 갖추어져 있고, 죽지 않았다는 것을 알고 안심한다. 물론 지박령의 5체가 다 멀쩡한 것은 유체이기 때문이지만, 그 사실이 납득되지 않아서 같은 일을 되풀이 한다.

② 같은 사고가 몇 번이고 발생하면 당연히 그 장소에 사는 지박령이 늘어나는 셈이지만〔물론 이 유계에 머무르지 않고 납득이 되어 정령계로 가는 영도 있겠으나〕지박령들은 같은 '영파(靈波)'를 가진 인간을 찾아내면, 서로 앞을 다투어 빙의되려고 한다.

③ 죽은 지 오래 된 지박령은, 자기가 살아있는지, 죽은 건지

하는 것보다 현세에 대한 원한, 집착만이 '사는 보람'이 되어 이른바 '원념(怨念)'의 덩어리가 되어, 현세와의 접촉점을 갖기 위하여 빙의되거나 해를 끼치거나 한다.

앞서 말한 것 같은 일은, '마의 건널목'사고가 많이 발생되는 지점 따위에 대하여 말할 수 있으나, 그 밖에도 지박령이 빙의되는 방법은 가지가지다.

다른 책에서도 쓴 일이 있지만, 필자가 아직 스물 입곱살에 GHO의 통역으로 있었을 무렵, 근무를 마치고 그 당시 살고 있던 오기꾸보 역에 도착한 다음 이런 일이 있었다.

늘 역 앞의 시장을 지나 포목점 모퉁이를 돌아서 집으로 향하는 코오스로 돌아가고 있었는데, 그 날 포목점 모퉁이를 돈 순간 왼쪽 어깨에 철썩하고 뭔가 무겁게 느껴졌다. 순간 의아하게 생각했으나 별로 주위에 이상한 기미도 보이지 않았다.

"이상하다, 신경과민일까……."

이렇게 생각하며 걸었으나, 아무래도 어깨가 짓눌리는 무거운 느낌은 없어지지 않았다.

집으로 오자, 앞에서 이웃의 아주머니를 마침 만났으므로 무심히,

"어쩐지 좀 이상해요……."

하고 말했다. 달리 어깨가 어떻다느니 구체적으로 말하지 않는 셈이다.

하지만, 그 아주머니는 '어데 좀 볼까'하고 필자를 보더니 다

짜고짜 필자의 아픈 부위를 손바닥으로 꽉 잡더니 문지르는 듯한 시늉을 하였다.

그러나 순간적으로 어깨의 아픔이 싹 가시고 말았다. 필자는 여우에게 홀린듯한 느낌이었다.

저 철썩하는 느낌은 이제 와서 생각해 보니 지박령에게 빙의된 순간의 감각이었던 것이다. 이웃의 아주머니는 손바닥으로 떼어내는 능력을 지닌 영능력자였던 것이다.

필자의 경우, 지박령에게 빙의된 경험이 있다고 하더라도, 이 정도로 끝난 것은 행운이었다고 할 수 있겠다.

흔히 지박령에게 빙의되면 제령하는데 굉장히 고생한다고 한다.

유력한 영능력자들의 영시(靈視)

필자가 직접 잘 아는 영능력자(靈能力者)들에게서 직접 간접으로 빙의현상과 그것을 해결하기 위한 영시(靈視)와 제령(除靈)하는 모습을 보고, 듣고 하였으므로 그런 보기를 소개하고저 한다.

어느 유명한 영능력자에게 이런 때가 있었다.

앞으로 2년만 있으면 70살이 된다는 A씨라고 하는 남자가, 목이 아파서, 밥은 고사하고, 침도 삼키는 게 고통스럽다고 어떤 영능력자에게 와서 하소연을 하였다. 말할 것도 없이 의학적으로는 판명되지 않는 것이었다.

영시를 해보니, 20살이 조금 넘은 날씬한 여성의 미치광이 모습이 나타났다.

　그래서 그 남성에게 젊었을 때 여성을 괴롭혔던 경험이 없느냐고 물었으나 '절대로 없다'고 하였다.

　이윽고 제령을 해주면 그 때는 괜찮아지지만, 일주일 쯤 지나면 다시 아프다고 하며 찾아온다. 몇 차례 영시를 하고, 제령을 하여도 마찬가지이므로 그때마다 '젊은 혈기로 한번쯤 그런 잘못이 있었던 게 아니오?'하고 물어도 '아뇨, 자기에게는 절대 그런 일 없오!'하고 딱 잡아 뗀다.

　영능력자가 화가 나서, '당신이 진정으로 마음의 문을 열고 진심으로 부탁한다는 마음이 되지 않는 한 절대로 해결되지 않습니다'하고 말해도 막무가내다.

　마침내 암도 아니고, 원인모를 목의 부기로 얼마뒤 그 남성은 죽었다고 한다.

　헌데, 그가 죽은 뒤 친척되는 사람의 이야기는, 죽은 남성의 부인이 영시에 나타난 그대의 모습을 한 사람이며, 자택에 다른 여자를 자구 끌어들이는데 실망하여 슬프고 분한 나머지 정신 이상을 일으켜 마침내 죽고 말았다는게 판명된 것이다.

　정말로 능력이 있는 영능력자는 이 정도의 일은 곧 꿰뚫어 보고 마는 것이며, 이같은 특수한 집념의 빙의령은 '오다 가다 실린 빙의령'과는 달리 빙의 당하는 쪽에 중요한 원인이 있는 것이므로, 당한 쪽의 마음을 고치지 않는 한 아무리 영능력자가 노력을 해도 납득하지 않는다는 이치이다.

아기의 지박령도 있었다

이것은 쓰르다 데루꼬씨라는 영능력자가 제령(除靈)을 한 케이스이다.

쓰루다씨는 필자가 처음 만났을 때 필자의 선조를 영시하고 정확히 알아 맞춘 사람이다.

이 쓰루다씨는 우리 집안 사람들만이 알고 있는 가계(家系)의 시조(始祖)를 알아맞춘 것이다.

덧붙여서, 그 당시의 일을 말하겠다.

필자가 '영감을 떠올리게 하려면 신령님 앞에서 합장하고 기도드린 뒤에 떠오르게 되는 건가요?' 하고 물어 보았다. 그러자 쓰루다씨는,

"그런 일은 하지 않습니다. 이렇게 마주보고 이야기하고 있어도, 영감을 떠올리게 하려면 언제든지 가능합니다. 만약 원하신다면, 단바(丹波) 집안의 시조되시는 분을 영시할까요?"

이렇게 말하므로, 필자는 즉석에서 부탁을 하였다.

"단바씨 옆에 중국 옷을 입은 분이 보입니다. 그리고 단바씨 앞에 놓인 커피 스푼이 약을 푸는 수저로 보입니다. 당신의 시조(始祖)께서는 중국의 의사셨군요."

바로 맞춘 것이다.

우리 집안 족보에는 우선 중국 고대의 후한(後漢)의 영제(靈帝)라고 씌어 있다. 이것은 겐지(源氏)가 세이와(淸和) 천황(天皇) 헤이께(平家)가 강무 천황(天皇)을 시조로 삼는 것과 같은 장식적인 뜻으로도 보이나, 단바 가문의 시조가 중국인

것은 분명하다. 계보에 의하면, 영제에서 6대쯤 내려 와서 일본으로 귀화하여 단바의 나라에서 약초 재배를 시작했다고 한다.

더욱이 조정(朝廷)직속의 의사로서 근무를 하였었다. 그러므로 높은 관직에 오른 한방의사였다.

그 핏줄을 받아서, 단바 가문에는 대대로 의사가 많다. 배우가 될 필자 같은 이는 돌연변이인 것이다.

그러므로 시조가 '중국의 의사였었다'는 것은 틀림이 없다. 필자는 진심으로 감탄하고 말았다.

헌데 이 쓰루다씨의 《기적의 영능술입문》이라는 책에는, 아기의 지박령에 대한 것이 씌여 있다.

아기 영이라는게 희귀하므로, 요약하여 소개하고저 한다.

이즈(伊豆)의 N이라는 아가씨의 케이스이다.

아가씨는 스무살이라는데 밤낮없이 아기 소리를 내어 울거나, 아기가 하는 짓거리를 하여 가족들을 힘들게 하고 있었다. 의사가 진찰을 하였으나 원인 불명.

곤궁에 빠진 끝에 쓰루다씨에게 상담을 한 셈이지만, 쓰루다씨의 영사에 의하면 N 아가씨의 집은 옛 전쟁터였던 곳이다. 옛날에 이곳에서 처참한 죽음을 한 사람들의 영이 지박령이 되어 떠돌고 있었다. 그 가운데 아기로서 죽은 영이 아가씨에게 실린 것이었다.

그래서 쓰루다씨는 제령을 하고 N아가씨의 집안에서도 지박령을 달래는 방법을 가르쳐 주고, 그렇게 하게 하였다. 그 후 아가씨의 괴상한 행동은 없어졌다는 것이다.

필자가 생각하기에, 이 같은 보기는 아주 드문 경우라고 생각된다.

아기는 이 세상에 대한 집착이나 원한이 생기기 전에 죽은 것이므로, 지박령이나 부유령(浮遊靈)이 되어 떠도는 일은 적다고 생각되지만, 아마 이 아기의 영은 이를테면 배가 고파서 젖을 찾고 있는 도중에 엄마와 함께 참살(慘殺) 당했든지 하여 어른의 원한과 일체화(一體化)된 면이 있었던게 아닐까 생각이 든다.

내친 김에 말하겠거니와 아기보다도 더 작은 생명, 즉 출생 이전의 태아에 대하여는, 흔히 낙태시킨 뒤 '유산시킨 아기의 영'으로서 빙의되거나 영장을 일으킨다고 하였으나 필자가 항상 말하듯이, 태아는 이 세상의 괴로움을 알지 못한 채, 살기 좋은 '영계'로 돌아갔으므로 이 세상에 원한을 남길 일은 있을 수 없다.

유산시킨 뒤, 영장과 비슷한 것이 있다면 그것은 오히려 유산시긴 죄익감으로 괴로워하는 사림의 마음의 틈을 타서, 다른 부유령 같은게 밀고 들어와서 빙의가 된 것으로 생각된다.

낙태는 결코 칭찬할 만한 일은 못되지만, 하지만 덮어 놓고 미신(迷信)에 휘둘림을 당하는 건 아주 좋지 않은 일이다.

제령(除靈)과 공양에 대하여

헌데 지금까지 보아 온 것 같은 영장을 일으키는 악령, 다시 말해서 부유령이나 지박령 따위의 빙의령은 낌새를 알았을 때

일찌감치 제령하는 일이 필요하다.

　제령이란 이른바 공양하는 일이나, 그 공양하는 방법도 가지가지다. 반드시 영능력자라야만 된다는 법도 없다.

　우선 첫째로, 빙의된 영이 무엇을 원하고 있는가를 알 것. '공양'을 원하고 있다면 '공양'을 할 것. 하지만 그것은 무슨 무슨 종류이라야만 된다는 건 아니다. 요는 원하는 바를 들어주는 일이다.

　그것은 폭스 집의 예에서처럼 시체를 발견해 주는 일일지도 모르고, 메리 로후의 영처럼 일정한 기간 동안 가족과 단란하게 보내는 일일지도 모른다.

　두번째로, 성의를 다하여 영을 설득시킬 것.

　"당신은 이미 죽은 겁니다. '영계'만큼 멋진 곳은 없을 것입니다. 당신은 그것을 모르고 있을 뿐이니까 빨리 알아듣고 돌아가세요."

　하고 의연하게 명령하는 것도 필요한 일이다.

　그래도 영장이 가라앉지 않을 경우 또는 악령이 까닭없이 빙의되어 진정시킬 도리가 없을 경우 영능력자의 힘을 빌리는 수밖에 없다.

　그래서 세번째로, 믿을 수 있는 영능력자에게 상담하고 제령을 받게 된다. 이 책에서 이름을 든 사람 외에도 영능력이 있는 영능력자는 많다. 다만, 막대한 비용을 요구하는 영능력자는 잠시 생각해 볼 일이다. 진짜 영능력자라면 자기의 사회적인 사명과 보다 널리 인간계에 있어서의 사명을 자각하고 있는 터이므로 터무니 없는 요구를 한다고는 생각되지 않는다.

헌데 네번째로, 좀 기상 천외한 제령 방법을 소개하려고 한다. 이것은 제령이라기 보다 악령을 방지하기 위한 보호령 강화법이라고 생각되는 것이다.

보호령의 거의 대부분은 조상령이라고 하는데, 이 조상령을 '공양'하는 것으로서, 보호령의 가호(加護)를 강화해 주기 바라며 빙의령 따위의 악령에서 손수 지켜 달라는 방법이다.

'지패(紙牌)'를 모시는 것이 그것이다.

이 지패라는 것은 '위패(位牌)'와 같은 것이라고 생각되지만, 특정한 종교의 색채를 띄는 것을 싫어하는 사람이나, 보호령이나 조상령을 자기의 가까운 곳에 눈에 띄는 형태로 모셔두고 싶은 사람, 또 영장을 가져 오는 빙의령을 어디까지나 자기의 힘으로 공양하여 주고 싶다고 생각하고 있는 사람과 같은 이들에게 적당하다고 할 수 있다.

만드는 법은 간단하다. 한 장의 반절지를 여러 겹으로 접고, 접은 긴 네모꼴의 종이의 한 쪽 면에, 당신이 '공양'하려고 하는 영의 이름[계명(戒名)이라도, 속명(俗名)이라도 좋음]을 쓴다. 이름을 모를 경우에는 '조상님의 영'이라고 써도 좋고, '보호령님'이라고 써도 좋을 것이다. 요는 마음 속으로 '공양'하겠다. '모시겠다'고 하는 성의가 담겨 있으면 되는 것이다. '지패(紙牌)'는 그 역할을 충분히 다 해줄 것이다.

또한 끝으로, 이것이 가장 중요한 일이지만, 항상 보호령님과 커뮤니케이션을 갖고, '악령에게 빙의되지 않도록 지켜 주십시오'하고. 이것이 빙의령을 예방하는 알파요 오메가이다.

〈5권에서 계속〉

저자약력

충남 홍성에서 출생. 법호는 靈山, 滋鏡이며 본명은 지세웅이다. 21세가 되던 해에 불교에 귀의하여 인도, 태국, 대만, 티벳트, 일본 등지에서 불교 수행하였다. 일반불교학, 철학, 도학, 주법, 심리학 등 연구 수학. 종교의 실천과 조사를 계속하였다, 동시에 국내 및 아시아의 다종교 세계를 더듬어 종교의 근원을 집중탐구하였다. 금강법계원 법주, 캐나다 토론토 법계원 법주.
저서: 「인간의 질서」 「눈빛 한소리」

개정판 | 2021년 5월 15일

발행처 | 서음미디어
등록 | 제7-0851호
서울시 동대문구 난계로 28길 69-4

지은이 | 지자경
기획·편집 | 이광희
발행인 | 이관희
교 정 | 이정례

표지일러스트 | Juya기획
본문편집 | 은종기획

Tel | 02) 2253 - 5292
Fax | 02) 2253 - 5295

이 책은 저작권법에 의해 보호를 받으므로
무단복제, 전제를 금합니다
ⓒ seoeum
값 20,000원